1

2

ROUANET
ACADÊMICO
GERALDO HOLANDA
CAVALCANTI
PRESIDENTE DA ABL
3

4

5

6

7

8

HENRIQUE
THOMAS
MARCILIO
MARQUES
CANDIDO MENDES
LUIZ FERNANDO
GALLEGO
9

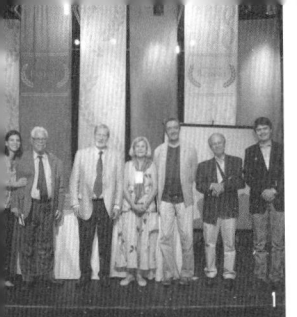

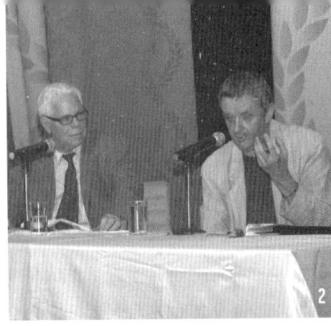

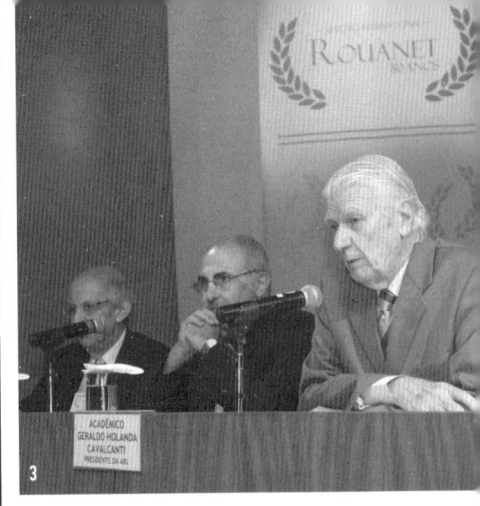

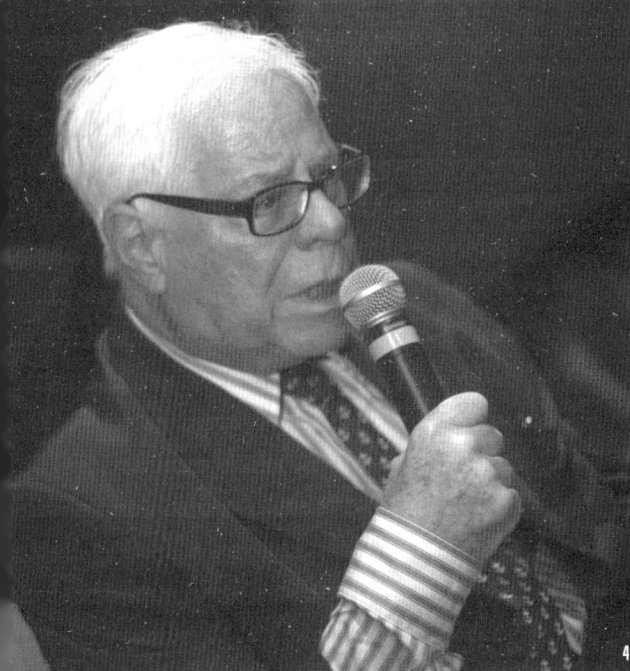

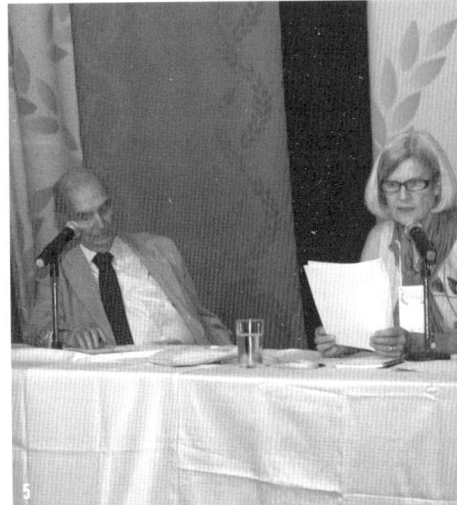

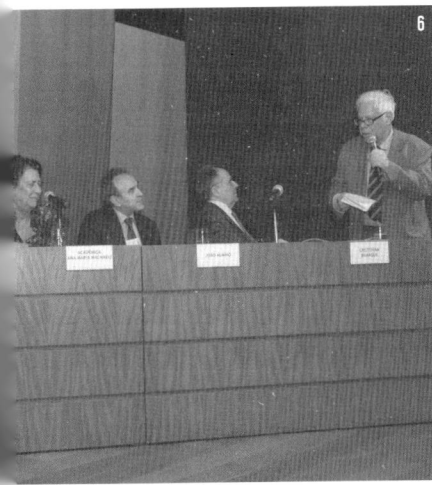

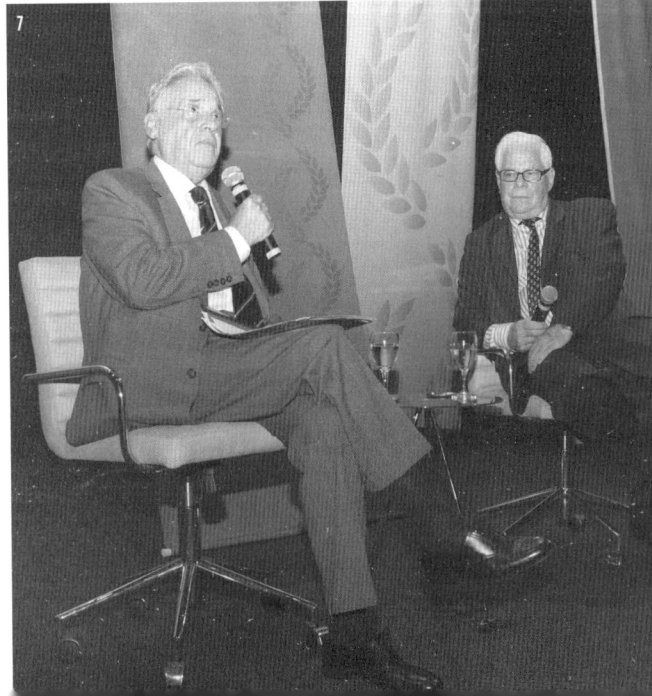

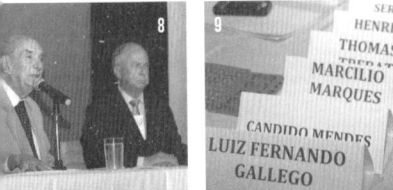

LUIZ PAULO ROUANET | ADRIANA ROUANET BASSI | WILSON LEVY

ROUANET 80 ANOS

DEMOCRACIA, MODERNIDADE, PSICANÁLISE E LITERATURA

É Realizações
Editora

Copyright © Luiz Paulo Rouanet, Adriana Rouanet Bassi e
Wilson Levy Braga da Silva Neto
Copyright desta edição © 2016 É Realizações

EDITOR | Edson Manoel de Oliveira Filho

PRODUÇÃO EDITORIAL | É Realizações Editora

PROJETO GRÁFICO | Mauricio Nisi Gonçalves

CAPA | Pedro Lima

PREPARAÇÃO DE TEXTO | Anna Buarque

REVISÃO | Marta Almeida de Sá

CRÉDITO DAS FOTOS | Sete Artes Produções

Reservados todos os direitos desta obra. Proibida toda e qualquer reprodução desta edição por qualquer meio ou forma, seja ela eletrônica ou mecânica, fotocópia, gravação ou qualquer outro meio de reprodução, sem permissão expressa do editor.

CIP-Brasil. Catalogação na Publicação
Sindicato Nacional dos Editores de Livros, RJ

R764

Rouanet 80 anos : democracia, modernidade, psicanálise e literatura / organização Luiz Paulo Rouanet, Adriana Rouanet Bassi, Wilson Levy Braga da Silva Neto. - 1. ed. - São Paulo : É Realizações, 2016.
272 p. ; 23 cm.

ISBN 978-85-8033-267-4

1. Psicanálise e literatura. 2. Democracia. I. Rouanet, Luiz Paulo. II. Bassi, Adriana Rouanet. III. Silva Neto, Wilson Levy Braga da.

16-33375 CDD: 150.195
         CDU: 159.964.2

É Realizações Editora, Livraria e Distribuidora Ltda.
Rua França Pinto, 498 · São Paulo SP · 04016-002
Caixa Postal: 45321 · 04010-970 · Telefax: (5511) 5572 5363
atendimento@erealizacoes.com.br · www.erealizacoes.com.br

Este livro foi impresso pela Paym Gráfica e Editora em junho de 2016. Os tipos são da família Adobe Garamond Pro e Wire One. O papel do miolo é o Norbrite 66 g, e o da capa cartão Ningbo Gloss 300 g.

SUMÁRIO

Apresentação ... 7

Rouanet: a construção de um pensamento
BARBARA FREITAG ROUANET ... 17

Diálogo entre Fernando Henrique Cardoso e Sergio Paulo Rouanet ... 24

DEMOCRACIA

PODEM AS DEMOCRACIAS NACIONAIS SUSTENTAR-SE SEM UMA DEMOCRACIA MUNDIAL?

Podem as democracias nacionais sustentar-se sem uma democracia mundial?
CELSO LAFER ... 34

Rouanet
CRISTOVAM BUARQUE ... 42

Sobre Rouanet e democracia
MARCÍLIO MARQUES MOREIRA ... 46

Habermas, Rouanet e o *ethos* democrático brasileiro: modernidade, Iluminismo e utopia
NYTHAMAR DE OLIVEIRA ... 57

MODERNIDADE

TRATA-SE DE UM PROJETO FALIDO OU, COMO AFIRMA HABERMAS, DE UM PROJETO INCOMPLETO?

Interrogando a pós-modernidade
CANDIDO MENDES ... 74

O projeto da modernidade: fracassado ou ainda incompleto?
ELMAR ALTVATER ... 79

Pós-modernidade: projeto incompleto
GIANNI VATTIMO ... 93

Modernidade e intersubjetividade
MIROSLAV MILOVIC ... 99

PSICANÁLISE

Podemos ainda, em nossa época pós-freudiana e pós-marxista, considerar realizável a ambição dos freudo-marxistas dos anos 1930 de fazer uma síntese das duas teorias?

Iluminismo e perversão do Iluminismo no Ocidente
 ELISABETH ROUDINESCO 118

Psicanálise do antissemitismo
 HENRIQUE HONIGSZTEJN 139

Podemos ainda, em nossa época pós-freudiana, considerar a psicanálise como um instrumento válido para compreender a produção cultural cinematográfica?
 LUIZ FERNANDO GALLEGO 150

Homenagem a Sergio Paulo Rouanet: para colocar uma questão
 OSWALDO GIACOIA JUNIOR 178

LITERATURA

Podemos falar ainda em literaturas nacionais, ou devemos mover-nos para outro paradigma, aprofundando o conceito goethiano de *Weltliteratur*?

Viajando entre culturas, texto e línguas
 BERTHOLD ZILLY 196

Sergio Paulo Rouanet e a literatura
 EDUARDO PORTELLA 219

Literatura nacional ou *Weltliteratur*? (A sintaxe das pedras e palmeiras)
 GERALDO CARNEIRO 222

O Ocidente não existe: universalismo em Amartya Sen e Sergio Paulo Rouanet
 JOÃO ALMINO 229

Weltliteratur e a biblioteca mundial de Machado de Assis
 KENNETH DAVID JACKSON 263

Apresentação

Discorrer sobre os dados biográficos de Sergio Paulo Rouanet impõe o desafio de não incorrer em longa exposição hagiográfica. Aos 82 anos, o diplomata, tradutor e ensaísta carioca é, reconhecidamente, um dos maiores intelectuais brasileiros vivos.

Bacharel em Ciências Jurídicas e Sociais pela Pontifícia Universidade Católica do Rio de Janeiro, desenvolveu estudos pós-graduados em Economia (Universidade George Washington), Ciência Política (Universidade Georgetown) e Filosofia (na prestigiosa New School for Social Research, de Nova York) e doutorou-se em Ciência Política pela Universidade de São Paulo, sob a orientação da saudosa professora Ruth Cardoso.

Durante sua carreira diplomática, foi cônsul-geral em Berlim e Zurique e embaixador do Brasil na Dinamarca e na República Tcheca, além de ter atuado em delegações e embaixadas em Washington e Genebra e na Missão do Brasil na Organização das Nações Unidas. Lecionou como professor convidado no Instituto Rio Branco, na Universidade de Brasília (UnB) e na Universidade de Oxford.

Autor de quase vinte obras e de um sem-número de capítulos de livros, artigos publicados em revistas especializadas e textos jornalísticos que abrangem um amplo horizonte de temas, é dono de um estilo literário refinado, que se soma à postura crítica sempre elegante e ao tratamento metodologicamente cuidadoso conferido aos seus principais interesses de pesquisa.

É, também, destacado homem público, tendo sido responsável, nos anos 80 do século XX, pelo desenho da Escola Nacional de Administração Pública, que deu origem à Escola Superior de Administração Pública (Esaf), e pela carreira de especialista em políticas públicas e gestão governamental e, na década seguinte, pelo Programa Nacional de Apoio à Cultura (Pronac), concebido quando de sua assunção do cargo de secretário nacional da Cultura, instituído pela assim denominada Lei Rouanet (Lei Federal n. 8.313/1991).

Acadêmico da Academia Brasileira de Letras (ABL), ocupa desde 1992 a cadeira de número 13, cujo fundador foi o Visconde de Taunay e tem como patrono o também diplomata Francisco Otaviano. Sergio Paulo Rouanet foi laureado em 2004, em Weimar, com a Medalha Goethe, por sua efetiva contribuição à cultura alemã. É também o principal tradutor pátrio da obra do filósofo alemão Walter Benjamin.

Coordena, na ABL, o projeto de sistematização da produção epistolar de Machado de Assis, iniciado em 2008, cujo quinto volume, correspondente aos anos derradeiros do fundador da ABL, foi publicado em julho de 2015. Obra de fôlego e verdadeiro trabalho de Sísifo, como ele próprio diz, porque ainda não totalmente esgotado.

É autor de dezenas de livros, que foram reeditados inúmeras vezes e são frequentemente citados em pesquisas em nível de mestrado e doutoramento. Este dado seria um dado trivial não fosse o fato de o autor não as ter concebido no interior de programas de pós-graduação *stricto sensu*, sob regras estritas (e estéreis, no mais) definidas por órgãos de avaliação e agências de fomento, mas sim dentro de um verdadeiro programa vital de pesquisa.

Casado com a socióloga Barbara Freitag Rouanet, professora emérita da UnB, é pai do professor universitário Luiz Paulo, do tradutor Marcelo e da produtora cultural Adriana, e legou à descendência o apego às letras e aos idiomas: além de Marcelo, Adriana e Luiz Paulo são, também, esmerados tradutores.

Ativo e produtivo, Rouanet mantém intensa agenda de debates, com participação em inúmeros seminários e congressos no Brasil, tais como os ciclos de debates promovidos pelo jornalista Adauto Novais, e frequentes incursões de reflexão na Europa, tendo como principais interlocutores o pensador alemão Jürgen Habermas, o filósofo francês Michel Maffesoli e o italiano Gianni Vattimo.

Esse foi o quadro intelectual – de enorme e evidente envergadura – que orientou o Simpósio Internacional Rouanet 80 Anos, realizado no mês de abril de 2014 na cidade do Rio de Janeiro, sob os auspícios da Secretaria Municipal de Cultura, da ABL e da Universidade Candido Mendes, com curadoria de Adriana Rouanet Bassi e Wilson Levy.

Justa homenagem, aliás, à qual a nacionalidade não está habituada, talvez pela obtusa inclinação brasileira de recusar o reconhecimento de suas grandes personalidades. Idiossincrasia que raramente se vê em nações estrangeiras desenvolvidas, sempre ciosas de suas histórias, e que aparece por aqui na forma de um elogio à mediocridade que ora se confunde com indefectível *complexo de vira-latas*, ora se traduz em inadequada compreensão do sentido transcendente que tais personagens têm na construção da narrativa histórica nacional, para além de qualquer culto personalista.

Dar nova significação a esta inclinação renitente é etapa fundamental para a tarefa hercúlea de reorientar a edificação de um projeto de nação, providência que a sociedade brasileira conferiu, de maneira precária – porque incompleta – à Constituição Federal de 1988. Como concretizá-la sem a força de um horizonte desprovido de referências a exemplos pessoais?

O Simpósio Internacional Rouanet 80 Anos foi realizado ao longo de três dias, por meio de quatro eixos temáticos, trabalhados em mesas-redondas. O fio condutor envolveu a tarefa de revisitar sua obra e o aprofundamento da reflexão em torno das categorias do pensamento que marcaram seu percurso intelectual.

Como pano de fundo, a reafirmação do projeto filosófico da modernidade como um projeto emancipatório e complexo, cujas interfaces abrangem desde uma dimensão política – cristalizada, no plano das nações, na democracia, e em âmbito global, na comunidade de nações baseada na ideia kantiana da paz perpétua – até uma dimensão cultural, aqui materializada na ideia de literatura universal (*Weltliteratur*) de Johann Wolfgang von Goethe.

Essa baliza não impediu os expositores de inovar nas abordagens e, por vezes, de divergir das posições adotadas por Sergio Paulo Rouanet. Tudo dentro de clima amistoso, com base em perguntas que atendiam à missão de provocar o debate sobre pontos-chave do já referido programa de pesquisa vital.

Na verdade, a persistência de temas ligados ao Iluminismo é a reafirmação de uma trincheira cosmopolita. Trincheira generosa, porque aberta à crítica que somente é viável se assume, como ponto de partida, a razão como árbitra do confronto de ideias e o objetivo último de (re)construir, de maneira permanente, os caminhos para a saída da humanidade de seu estado, ainda não superado, de menoridade.

A abertura ocorreu no belíssimo Museu de Arte do Rio (MAR), recentemente reformado no contexto da operação de requalificação urbana denominada Porto Maravilha, e contou com um debate entre o homenageado e o ex-presidente Fernando Henrique Cardoso, com a presença do ex-ministro da Cultura Gilberto Gil. O foco da discussão foi a atualidade da obra de Sergio Paulo Rouanet e, principalmente, dos problemas teóricos e práticos sobre os quais se debruçou ao longo de sua trajetória.

No dia seguinte, a sede das discussões foi a Universidade Candido Mendes, com a moderação de Candido Mendes. Ali, foram desenvolvidas as mesas "Democracia: podem as democracias nacionais sustentar-se sem uma democracia mundial?" e "Modernidade: trata-se de um projeto falido ou, como afirma Habermas, de um projeto incompleto?", sem censura às polêmicas que uma ou outra abordagem podem suscitar.

O encerramento ocorreu nas instalações do histórico edifício da ABL, com os temas "Psicanálise: podemos ainda, em nossa época pós-freudiana e pós-marxista, considerar realizável a ambição dos freudo-marxistas dos anos 30 de fazer uma síntese das duas teorias?", conduzido por Geraldo Holanda Cavalcanti, e "Literatura: podemos falar ainda em literaturas nacionais, ou devemos mover-nos para outro paradigma, aprofundando o conceito goethiano de *Weltliteratur*?", com a mediação de Ana Maria Machado.

Cada expositor ofereceu um texto contendo a síntese de sua fala para a composição desta obra coletiva.

Na mesa sobre o tema da modernidade, a primeira fala foi da esposa do homenageado. Barbara Freitag Rouanet é alemã, mas já inscreveu seu nome no rol dos grandes intelectuais brasileiros. Professora emérita da UnB, pupila de Florestan Fernandes e leitora rigorosa da Teoria Crítica da Escola de Frankfurt, Barbara Freitag Rouanet nos brinda com a narrativa da trajetória intelectual de Sergio Paulo Rouanet com a peculiaridade de uma partícipe ativa e interlocutora que mantém vivo o estímulo pelo debate.

Berthold Zilly, professor visitante da Universidade Federal de Santa Catarina (UFSC) e professor aposentado da Universidade Livre de Berlim, que participou da mesa temática sobre literatura, apresenta um balanço da obra de Rouanet nesta interface. Adiciona, porém, um componente novo, pois o relato se dá na forma de um diário de viagem, que detalha os encontros entre os dois intelectuais desde o ano de 1985. E é justamente na dimensão do encontro, que propicia o diálogo e a alteridade, que reside – palavras do autor – a grande virtude do homenageado, que não é um sujeito solipsista que ousa discorrer sobre o cosmopolitismo sem vivê-lo concretamente: o diálogo, a cooperação, a orientação para o entendimento.

Candido Antônio José Francisco Mendes de Almeida, reitor da mais antiga universidade privada do Estado do Rio de Janeiro, que lhe é homônima, e membro da ABL, ainda na mesa sobre o tema "modernidade", faz sucinta, porém arguta, reflexão sobre os desdobramentos do debate acerca da pós-modernidade, categoria ainda fluida e controversa, que opõe autores das mais variadas escolas de pensamento. Ao localizá-lo a partir de temas do interesse de Sergio Paulo Rouanet, Candido Mendes oferece aos leitores um texto de enorme atualidade e erudição.

Celso Lafer, professor titular da Universidade de São Paulo (USP), ex-ministro de Estado das Relações Exteriores e membro da ABL – e, acima de tudo, amigo dileto e interlocutor de Sergio Paulo Rouanet –, traz, por seu turno, uma reflexão sobre o tema "democracia" a partir de sua dúplice interface: como projeto político de nação e como pilar de sustentação de uma ideia cosmopolita de política internacional. Para tanto, recorre a autores que estão no centro de sua produção intelectual: Norberto Bobbio e Hannah Arendt, cujas reflexões são de enorme atualidade.

Cristovam Buarque, economista e engenheiro, professor e reitor da UnB, senador e ex-governador do Distrito Federal (DF), ex-ministro da Educação, foi o homem que criou o programa Bolsa Escola no DF, precursor local do programa Bolsa Família. Durante o Simpósio Rouanet 80 Anos, na mesa dedicada ao tema "democracia", asseverou, como paladino que é do tema, a importância crucial da educação para a concretização do projeto da modernidade e da democracia como um todo. Em seu capítulo, traz um resumo afetuoso da trajetória de Rouanet, tradução parcial da longa amizade que há entre os dois.

Eduardo Portella, crítico literário, intelectual de múltiplos talentos e membro da ABL, apresenta sensível depoimento sobre a trajetória do homenageado, focalizando, em especial, a sua relação com a literatura. Aqui, Sergio Paulo Rouanet aparece não como um entusiasta e crítico talentoso, mas como um cultor rigoroso cuja sensibilidade é capaz de extrair das linhas de autores como Machado de Assis debates categoriais sobre temas transcendentes, muito devido à capacidade de leitura crítica obtida com base em autores como Sigmund Freud e Walter Benjamin.

Elisabeth Roudinesco, historiadora e psicanalista, professora da prestigiosa Universidade Paris Diderot – Paris 7 e biógrafa de Freud, traz reflexão profunda sobre as interconexões entre os temas "democracia" e "psicanálise". Passeia, nesse sentido, com caminhar firme, entre os modelos iluministas alemão e francês, avaliando os potenciais de perversão contidos nesse projeto emancipatório de larga escala, tão deletérios quanto a própria condição humana, universal e, ao mesmo tempo, falível.

Elmar Altvater, professor da Freie Universität Berlin, por seu turno, discorre, na mesa temática sobre modernidade, acerca da questão que persegue boa parte dos autores preocupados com o projeto filosófico da modernidade: tal projeto fracassou – caminhando, nesse sentido, para uma *pós-modernidade* – ou apresenta-se como algo inacabado? Recorrendo

APRESENTAÇÃO

a autores como Goethe e Max Weber e, também, aos estudos sobre dependência e subdesenvolvimento protagonizados por referências como Fernando Henrique Cardoso e Parsons, Altvater aprofunda a leitura da economia nesse projeto complexo, sem refugir às polêmicas que fazem o pêndulo oscilar de um lado para o outro nessa indagação.

Este livro em homenagem (*Festschrift*) a Sergio Paulo Rouanet traz também a transcrição do debate entre este e o ex-presidente da República Fernando Henrique Cardoso. FHC dispensa a apresentação sumária de seus galardões – a propósito, fez essa ressalva na própria abertura do evento –, mas é importante destacar que sua presença não era meramente cerimonial. Seja pela importância de FHC para o pensamento sociológico brasileiro, seja pelo fato de ter sido casado com Ruth Cardoso, orientadora de doutorado do homenageado, sua participação, ali, fez comprovar que se avizinhava um evento promissor. O debate foi franco e aberto. As objeções feitas por FHC aos referenciais teóricos de Rouanet foram contrapostas com leveza e de maneira espirituosa. Mais do que novas hipóteses acadêmicas, o resultado da conversa revelou que falta ao Brasil a matéria-prima da reflexão pública orientada a compreender seus problemas e a oferecer soluções, de maneira lúcida e responsável.

Geraldo Carneiro, poeta, letrista e roteirista, dedica uma contribuição peculiar à obra. Sua homenagem a Sergio Paulo Rouanet vem na forma de um comentário bastante consistente sobre a obra de Machado de Assis. Para Geraldo Carneiro, "somos todos filhos de Machado". Mas seu discurso não é laudatório da tradição machadiana. Aparecem igualmente José de Anchieta, Antônio Vieira, Claudio Manuel da Costa, Tomás Antônio Gonzaga, entre outros autores que repousam na ancestralidade do pensamento literário brasileiro.

Gianni Vattimo, professor da Universidade de Turim e homem público que estendeu seus talentos intelectuais para a política, na sequência sintetiza sua contribuição na forma de uma assertiva polêmica: pós-modernidade, um projeto incompleto. Decidido a vincular a modernidade a uma lógica de racionalização weberiana e ligá-la à ordem capitalista, Vattimo encara a pós-modernidade como uma tentativa de aprofundar a modernidade em sua interface emancipatória. Nesse percurso, que começa na seminal contribuição de Jean-François Lyotard, recorre, paralelamente, a Friedrich Nietzsche e Martin Heidegger. Polemista afiado, Vattimo deu importante contribuição ao evento.

Henrique Honigsztejn, médico e destacado membro da Sociedade Brasileira de Psicanálise, na mesa dedicada a este tema, traz texto cujo título remete à perturbadora experiência totalitária do nazismo: "Psicanálise do antissemitismo". A leitura, enriquecida por elementos textuais extraídos de registros históricos de personagens centrais do regime nazista, faz lembrar a análise de Theodor W. Adorno sobre o período, contido no fragmento "Educação após Auschwitz", conferindo substância à tarefa de reorganizar as missões da educação e da filosofia para se evitar um novo holocausto.

João Almino, talentoso escritor e diplomata brasileiro, faz singela homenagem a Rouanet efetuando uma leitura comparativa de seu trabalho com aquele desenvolvido por Amartya Sen, com foco na categoria "universalismo". Percorre, para tanto, temas transversais como "direitos humanos", "multiculturalismo", "liberdade" e "tolerância", que são introduzidos no universo literário: aqui o escritor adquire o papel de artífice da emancipação, que, munido de liberdade e do instrumento denominado "palavra", e respondendo "apenas por suas próprias convicções", é um foco de resistência aos desvios do poder.

Kenneth David Jackson, professor da Universidade Yale, que palestrou na mesa sobre literatura, começa seu capítulo falando que o "conceito de *Weltliteratur* encontra no Brasil um exemplo bem desenvolvido no que denominou a 'biblioteca mundial' de Machado de Assis". É nesse tom que ele efetua uma robusta leitura do legado machadiano, cotejando-o com outros cânones da literatura mundial. Embora estadunidense, Kenneth David Jackson fala a partir da posição de alguém que lê Machado de Assis com enorme familiaridade intelectual.

Luiz Fernando Gallego, também membro da Sociedade Brasileira de Psicanálise e membro da Associação Psicanalítica Internacional, além de membro da Associação de Críticos de Cinema do Rio de Janeiro e da Federação Internacional de Críticos de Cinema, contribuiu com os debates da mesa dedicada à psicanálise. Faz considerações sobre os temas "Iluminismo" e "psicanálise", com base na obra de Rouanet, enveredando para a reflexão acerca de várias manifestações da produção cinematográfica, baseada em filmes de cineastas como Orson Welles, William Willer e Luis Buñuel, chegando até a cineastas contemporâneos como Stanley Kubrick e Ridley Scott.

Marcílio Marques Moreira, economista, ex-ministro da Fazenda, palestrante da mesa sobre o tema "democracia", foi colega da carreira diplomática do homenageado. Em seu texto, Marcílio recorda a trajetória conjunta de ambos nos Estados Unidos, quando foram alunos dos filósofos Hans Jonas e Hans Henrich Albert Rommen. Em 1964, relata, Rommen recomendou a publicação do texto de Rouanet intitulado "Irrationalism and Myth in Georges Sorel", que foi aceito pela *Review of Politics* da Universidade de Notre Dame. O ano é emblemático. Marca o início da ditadura civil-militar e a morte do jurista e chanceler do governo João Goulart, San Tiago Dantas, acontecimentos que tiveram efeitos decisivos para essa geração.

Miroslav Milovic, professor da UnB, dedicou sua reflexão à mesa sobre "modernidade". Em seu texto, explora a vertente alemã do Iluminismo (*Aufklärung*) de Rouanet, abordando, principalmente, o pensamento de Immanuel Kant, com foco nas raízes cartesianas do pensamento moderno. Miroslav ressalta o potencial de ruptura do pensamento tradicional levado à cabo pelo autor da *Crítica da Razão Pura*. Nele, provoca no leitor a leitura crítica de Habermas, ao afirmar que o distanciamento do filósofo de Starnberg dos pressupostos da psicanálise foi responsável por eliminar a dimensão conflituosa da política, neutralizando-a na dimensão do discurso.

Nythamar de Oliveira, professor da Pontifícia Universidade Católica do Rio Grande do Sul (PUC-RS), participou do evento na mesa sobre o tema "democracia". O extrato de sua fala faz uma comparação entre os pensamentos de Habermas, Sergio Paulo Rouanet e Barbara Freitag Rouanet. Nythamar revisita, assim, pontos centrais da Teoria Crítica, percorrendo seus referenciais teóricos. Com isso, o autor efetua uma análise da democracia brasileira contemporânea, identificando nela traços do que Habermas e Rouanet chamam de "projeto inacabado da modernidade". Para ele haveria, no *ethos* democrático brasileiro, elementos que evidenciam esse traço e seu fracasso, nada obstante a persistência de um núcleo utópico por realizar.

Oswaldo Giacoia Júnior, professor da Unicamp, que falou na mesa dedicada à "psicanálise", lança mão de pensadores do chamado pós-estruturalismo, tais como Michel Foucault e Gilles Deleuze, para levantar algumas dificuldades na tentativa de fusão entre a teoria psicanalítica e a crítica marxiana do capitalismo. Como é evidente, semelhante leitura vai de encontro à abordagem sobre o projeto moderno por parte de Habermas, Rouanet e Freitag. A questão que surge é se Freud não forneceria argumentos para ambas as correntes.

Esses foram os debatedores que gentilmente contribuíram com a edificação deste projeto editorial, fornecendo os textos que embasaram suas apresentações. Como organizadores desta obra coletiva, gostaríamos de agradecer-lhes, sem esquecer, todavia, os demais que abrilhantaram o evento em homenagem a Sergio Paulo Rouanet e, também, as instituições que viabilizaram a realização deste simpósio: Secretaria Municipal de Cultura do Rio de Janeiro, Universidade Candido Mendes e Academia Brasileira de Letras. E, por evidente, a prestigiosa casa editorial É Realizações, que abraçou este produto que consolida, eterniza e lega à comunidade de leitores um resumo daqueles dias.

Por fim, podemos afirmar, como testemunhas do evento que homenageou Sergio Paulo Rouanet, que seu percurso intelectual esteve profundamente espelhado no evento. E, como recomendação aos leitores desta obra, finalizamos uma das mais sublimes assertivas do legado kantiano, verdadeira recordação acerca do potencial emancipatório do conhecimento:

Sapere Aude!

Londres/Campinas/São Paulo, primavera de 2015

Os organizadores
Adriana Rouanet Bassi
Luiz Paulo Rouanet
Wilson Levy

BARBARA FREITAG ROUANET

Rouanet: a construção de um pensamento

Quando o meu "guru", Jürgen Habermas, enviou-me a versão alemã de sua "nova" Teoria Discursiva do Direito, *Faktizität und Geltung* (1995), sugeri aos leitores um "retiro" para algum lugar sossegado, tirar um mês de férias e mergulhar na leitura. Para conhecer a obra escrita de Sergio Paulo Rouanet, volto a essa mesma receita, com algumas pequenas modificações. Recomendo como lugar de "retiro para leitura" a cidade mineira de Tiradentes, em Minas Gerais (onde o aniversariante foi agraciado com as chaves da cidade e tem uma casa colonial aconchegante). E sugiro como espaço de tempo uma "sabática" de um a dois semestres, pois a obra escrita de Rouanet é vasta e diversificada.

Este livro é uma excelente introdução para conhecer as múltiplas facetas do personagem que é ao mesmo tempo diplomata, intelectual, ensaísta, filósofo, cidadão do mundo, escritor, crítico literário e leitor voraz de Marx, Freud, Habermas, Adorno, Walter Benjamin, entre outros, e "*last but not least*" de Machado de Assis.

A bibliografia de Rouanet reúne mais de trinta livros e coletâneas, bem como inúmeros artigos de jornal e ensaios que os curadores, Adriana

Rouanet Bassi e Wilson Levy, souberam destacar nos quatro tópicos deste simpósio – democracia, modernidade, psicanálise e literatura – e para os quais convidaram interlocutores, amigos, críticos e editores da obra de Sergio Paulo Rouanet.

Em certo sentido, foram também as quatro instituições "produtoras e promotoras culturais" que organizaram o simpósio que originou este livro que souberam reconhecer com sensibilidade e generosidade as grandes qualidades intelectuais do nosso homenageado, entre as quais merecem destaque a Universidade Candido Mendes; aqui representada pelo seu magnífico reitor, Candido Mendes; o antigo diretor da Funarte e do grupo "Arte e Pensamento", Adauto Novaes; o acadêmico Eduardo Portella, diretor da Editora Tempo Brasileiro; e a Academia Brasileira de Letras, que elegeu Rouanet para o círculo de imortais e apoia seu projeto mais recente, o da publicação de toda a correspondência (ativa e passiva) de Machado de Assis.

Permitam-me destacar a importância desses "agentes" culturais que deram "visibilidade" e "publicidade" aos pensamentos e às reflexões de Sergio Paulo Rouanet, sugerindo temas para debates e divulgação. Começo pelo imortal e reitor Candido Mendes, que desde 2000, eleito diretor da Academia da Latinidade, convidou Rouanet a participar de seus colóquios internacionais, "obrigando-o" a pensar e escrever sobre muitos temas que neste livro são objeto de reflexão individual e coletiva. Dou apenas alguns exemplos: em "Hégémonie et Civilisation de la Peur", Rouanet contribuiu com seu ensaio "Démocratie Mondiale et Latinité" (2004, Alexandria); dois anos depois, discursou em Baku sobre "Reason and Faith in a Intercultural Context" na mesa que tematizava o pensamento crítico e a pós-modernidade (2006); em 2013 seu tema foi "Civilisation et Civilisations: Un Nouveau Regard", apresentado em Paris no Instituto de Estudos Árabes, somente para mencionar alguns dos temas em que Rouanet se inspirou para depois seguir suas próprias trilhas ligadas aos temas da democracia, dos direitos humanos e da ideia de um Estado supranacional, parte integrante da modernidade sólida, líquida ou gasosa, para parafrasear Zygmund Baumann, entre outros temas.

Se Rouanet não participou dos quase trinta ciclos de conferência da Academia da Latinidade, isso se deveu ao seu trabalho cotidiano e às vezes desgastante de diplomata, mas também de outros convites de promotores culturais, como Adauto Novaes (Funarte, "Arte e Pensamento"), que fora do âmbito universitário conseguia organizar, no Brasil, os mais variados ciclos de debates, dos quais ficaram famosos os temas "Os Sentidos da Paixão", "O Desejo", "O Olhar", "Tempo e História", "Ética", "O Homem e a Máquina", "O Silêncio dos intelectuais" e ultimamente a série de mais de sete ciclos realizados sob o conceito "Mutações", financiados pelo Sesc (e publicados pela Companhia das Letras) e para os quais Rouanet contribuiu com regularidade, deixando sua "marca", ou seja, seus textos sofisticados e mais que burilados, introduzindo ideias originais e paradoxos inesperados. Quem participou desses ciclos e adquiriu os livros (brochura, *e-books*) correspondentes tem boas oportunidades de "debater" e "aprofundar-se" nesses temas.

Cabe ainda lembrar as contribuições frequentes, semanais e mensais que Rouanet deu aos jornais de grande circulação no Brasil, como no caderno "Mais!", da *Folha de S.Paulo*, no "Caderno B", do *Jornal do Brasil*, no "Segundo Caderno", de *O Globo*, e em tantos outros, que depois acabaram sendo reunidas em publicações de livros como *Mal-Estar na Modernidade* (1993) e *As Razões do Iluminismo* (1999), que viraram livros-texto para o desespero de estudantes e jovens vestibulandos. Esses textos, via de regra, aprofundavam as questões que os organizadores deste livro tentaram aqui reunir e estão sendo analisados, criticados e ampliados pelos nossos autores convidados, que, de alguma forma, se sentiram *"angesprochen"*, "mobilizados" pelo pensamento dialético, crítico, paradoxal e até mesmo debochado deste senhor de cabelos brancos e mente jovem que homenageamos aqui.

Sua mestria em brincar com as palavras e ideias só encontra paralelo (a meu ver) no pensamento de Theodor W. Adorno, meu professor de filosofia, que gostava de enfatizar a necessidade de acompanhar as "cambalhotas" dadas pelos conceitos e as vertigens que esses conceitos nos causavam, para não falar dos "nós" (*Knoten*) em nossos cérebros.

Contudo foi Eduardo Portella, décadas atrás, o pioneiro na divulgação das ideias de Rouanet, bem antes de ele ser eleito para a Academia ou de ter sido nomeado embaixador do Brasil em países como a Dinamarca e a República Tcheca. Em sua revista *Tempo Brasileiro*, inspirada em *Les Temps Modernes de Paris*, Portella, editor, deu início à divulgação dos textos de filosofia crítica, psicanálise freudiana e crítica literária (juntamente com José Guilherme Merquior).

Em números da década de 1960 já encontramos artigos como "De Eros a Sísifo", "Os Campos Práticos-Noéticos", "A Epistemologia Freudiana", "Do Pós-moderno ao Neomoderno", "Ética Discursiva e Ética Iluminista", entre vários outros.

A partir dessa data aparecem números especiais da revista *TB*, comemorando os 60, 70, 80 anos de Jürgen Habermas, bem como os 100 anos de Theodor Wiesengrund Adorno, dando-me oportunidade de, juntamente com Rouanet, publicar temas de interesse de ambos, como a teoria crítica da Escola de Frankfurt, a análise literária de romances como *A Montanha Mágica*, de Thomas Mann, ou textos como *A Hora da Estrela*, de Clarice Lispector.

Um dos trabalhos mais gratificantes que Rouanet e eu conseguimos realizar no campo das ideias foi a participação do projeto "Les Chemins de la Pensée", organizado pelo então diretor da Unesco Eduardo Portella, que nos permitiu realizar *flâneries littéréraires*, sociológicas e filosóficas em Paris, Nápoles, Rio de Janeiro e México, que foram, em sua maioria, publicadas na revista *Tempo Brasileiro* e também na revista *Diogènes*, em versões em inglês e francês.

Portella ainda promoveu a parceria de Merquior e Rouanet, publicando a entrevista que ambos fizeram com Michel Foucault, seguida de comentários dos dois jovens autores, texto inédito que hoje é considerado *cult*. Portella também incentivou a publicação do calhamaço de oitocentas páginas apresentadas por Rouanet à banca em sua defesa de tese de doutorado na USP (1983), orientada por Ruth Cardoso e aprovada com distinção. Assim, Portella atraiu para a sua editora, que já vinha se destacando como um *Sprachrohr* (canal de expressão) do pensamento crítico dos autores da Escola de Frankfurt, os livros *Teoria Crítica e Psicalánise* e *Édipo e o Anjo: Itinerários Freudianos em Walter Benjamin* (1981).

Isso rendeu a Rouanet o convite da Editora Brasiliense para traduzir *Origem do Drama Barroco Alemão*, de Walter Benjamin, obra hermética que não foi compreendida (ou usada como pretexto para desqualificar W. Benjamin) na sua *Habilitation* para professor na Universidade J. W. Goethe, de Frankfurt. Confesso que somente depois de ler a longa introdução, e a transposição exímia do texto do alemão para o português por Rouanet, passei a entender o que Walter Benjamin estava querendo exprimir para seu público leitor. Para o bem ou para o mal, Rouanet contribuiu dessa maneira para revalorizar, no Brasil e no mundo, o pensamento de um dos mais refinados pensadores da esquerda alemã de antes da Segunda Guerra Mundial. De certa maneira, isso também ocorreu com o pensamento de Rétif de la Bretonne em *O Espectador Noturno*, em que Rouanet resgatou a Revolução Francesa como ela se passou na virada do século XVIII para o XIX nas ruas de Paris (Companhia das Letras, São Paulo).

Como meus leitores devem estar percebendo, estou mudando de registro, introduzindo um novo "agente cultural" na discussão. Trata-se de Luiz Schwarcz. Sob sua orientação, a Brasiliense publicou a parte mais teórica da tese de doutorado de Rouanet, sob o título: *A Razão Cativa: As Ilusões da Consciência de Platão a Freud* (1985), seguida da tradução de Rouanet de *Origem do Drama Barroco Alemão*, de Walter Benjamin, bem como um volume de ensaios benjaminianos. Com a morte súbita de Caio Graco, Luiz Schwarcz resolveu criar sua própria editora, a Companhia das Letras, e convidou Rouanet a publicar duas coleções de ensaios, já mencionados, nessa nova editora. Trata-se das coletâneas de *Razões do Iluminismo* (1993) e dos ensaios de *Mal-Estar na Modernidade* (1999), em que Rouanet reuniu textos críticos importantes nos quais aplicava as categorias teóricas criadas para fatos e crises políticas contemporâneas.

Nos últimos anos, em cargos no exterior, indicados pelo MRE/Itamaraty, Rouanet orientou suas leituras, suas análises e seus textos para as fontes utilizadas por Freud para fundamentar sua teoria e prática psicanalítica em textos literários analisados em torno de 1900. Desse estudo aprofundado nas bibliotecas de Berlim, Viena e Londres (Museu Freud) resultou o seu volumoso tratado de dois volumes intitulado *Os Dez Amigos de Freud* (2003). Neles, Rouanet analisa os dez autores que o próprio criador da psicanálise cita como os "formadores" de sua teoria psicanalítica elaborada na Teoria dos Sonhos (*Traumdeutung*, 1900). Trata-se das novelas e dos romances de autores como Gottfried Keller, Konrad Ferdinand Meyer, Mutatuli, Mark Twain, Macauley e Gomperz. No mesmo ano, lança duas novas coletâneas de textos publicados em jornais, revistas e coletâneas reunidas em *Interrogações* (na Tempo Brasileiro) e em *Ideias* (editado por Luiz Paulo Rouanet, filho filósofo e tradutor do nosso homenageado).

Certamente um de seus livros mais recentes e mais festejados pela crítica (Portellla, Bosi e Secchin) é o estudo *Riso e Melancolia*. Trata-se de uma releitura inédita de *Memórias Póstumas de Brás Cubas*, inserindo o romance do "Bruxo do Cosme Velho" que o tornaria mundialmente conhecido no contexto do que Rouanet chamou de "forma shandiana", inspirada em autores europeus como Laurence Sterne, Denis Diderot, Xavier de Maistre e Almeida Garret. Este novo livro, de 2007, resultou de um período de permanência de seis meses em Oxford, na Inglaterra, em 2000, enviado pela ABL para ocupar, no Centre for Brazilian Studies, a cátedra Machado de Assis, recém-criada.

Em *Riso e Melancolia* (Companhia das Letras), Rouanet, que gosta de explorar a tensão dialética entre conceitos que se opõem, como "civilização e barbárie", "Ilustração e Iluminismo", "razão e obscurantismo", "ciência e religião", "universalismo e particularismo", entre outros, criou novas categorias de análise literária sintetizadas no conceito de "forma shandiana", quais sejam: a "hipertrofia da subjetividade", a "digressividade e fragmentação", a "subjetivação do tempo e do espaço" e, finalmente, "riso e melancolia" presentes em Memórias Póstumas de Brás Cubas. As dimensões de análises extraídas de clássicos como *The Life and Opinions of Tristram Shandy, Gentleman*; *Jacques le Fataliste et Son Maître*; *Voyage Autour de Ma Chambre*; *Viagens na Minha Terra* tornaram-se focos de análise não somente da obra de Machado de Assis mas também das obras que, no parecer de Rouanet, lhe deram origem, revelando as novas tendências da literatura universal de Sterne, Xavier de Maistre, Almeida Garrett e Diderot, sintetizadas no conceito de "forma shandiana", inspirada no personagem grotesco criado por Laurence Sterne.

Com a volta de Rouanet para o Brasil, sua aposentadoria em Brasília (2000) e sua maior inserção na ABL, surgiu o projeto da compilação e publicação da correspondência de Machado com seus amigos, parentes e interlocutores (ativa e passiva), detalhadamente documentada e pesquisada por Silvia Eleutério e Irene Moutinho, sob orientação de Rouanet, quando diretor do Arquivo da ABL. Trabalho hercúleo, que, segundo Gledson, tradutor e estudioso inglês de Machado de Assis no Reino Unido, "revolucionará" a pesquisa literária e os estudos comparativos realizados sobre o escritor brasileiro Machado de Assis em interação com seus amigos e interlocutores Artur Azevedo, Mário Alencar, José Veríssimo, Miguel Novais, Joaquim Nabuco, Barão do Rio Branco e o diplomata e romancista português Eça de Queiroz, inaugurando uma nova etapa da pesquisa e da teoria literária de inspiração machadiana.

Concluindo: quero lembrar que em 2015 saiu pela Editora da Academia Brasileira de Letras o último (quinto) tomo dessa correspondência.

Diálogo entre Fernando Henrique Cardoso e Sergio Paulo Rouanet

FHC: O Iluminismo foi uma grande narrativa, a grande narrativa do pensamento Ocidental. José Guilherme Merquior definiu a democracia liberal como herdeira legítima do Iluminismo. Você contestou esta interpretação lembrando que o "espírito do Iluminismo" é ser, ao mesmo tempo, "racional e subversivo", ou seja, "crítico". Pergunto: como exercer o pensamento crítico numa época em que as grandes narrativas estão em processo acelerado de derretimento, as certezas se liquefazem, o conhecimento se fragmenta, a indeterminação se inscreve na ordem natural das coisas?

SPR: Eu também considero que há uma relação fortíssima entre o pensamento filosófico do século XVIII e a democracia liberal moderna. Foi isso mesmo o que eu disse a José Guilherme Merquior nos dois artigos em que debati essa relação. O que não sei é se podemos dizer que o liberalismo é herdeiro do Iluminismo. A indiscutível semelhança entre o liberalismo e o enciclopedismo do século XVIII não vem do fato de que um seja "herdeiro" do outro, mas do fato de que ambos constituem realizações na história de uma ideia em si mesma trans-histórica. É essa ideia, tendência, voltada contra o mito e o poder ilegítimo, que chamo Iluminismo. O Iluminismo teve uma realização exemplar no século XVIII, mas nem nasceu no século XVIII (Peter Gay fala num *Enlightenment* grego) nem parou no século XVIII. Por isso faço uma distinção entre Iluminismo e Ilustração. A Ilustração é o movimento de ideias que se cristalizou em torno dos pensadores enciclopedistas do século XVIII – Voltaire, Diderot, Rousseau. A Ilustração, esta sim, é uma configuração epocal, uma das realizações mais completas da ideia iluminista. O liberalismo é outra realização. O socialismo é outra. Quanto à questão das grandes narrativas, lembro que esse termo foi criado por Jean-François Lyotard no final dos anos 1970, para designar as macroideologias que têm como função legitimar ou criticar discursos ou ações sociais específicas. Entre as grandes narrativas está a que tem como enredo a emancipação do indivíduo, seja pelo saber enciclopédico, seja pela luta de classes. Ora, essas narrativas se dissolveram durante a passagem da modernidade para a pós-modernidade. Para Lyotard, vivemos hoje num mundo pós-moderno, definido, justamente, pelo declínio das grandes narrativas. É nesse mundo que teriam ocorrido o "derretimento" das certezas, a fragmentação dos saberes e a indeterminação a que você se refere em sua pergunta. Mas estamos de fato vivendo numa época pós-moderna, pós-narratológica? Sob certas reservas podemos dizer, ao contrário, que muito sobrevive das grandes narrativas do passado, e que aquilo que sobrevive não é necessariamente o melhor. É o caso da religião, que sob a forma do fundamentalismo cristão e islâmico está fazendo sua *rentrée* triunfal no teatro do mundo. É também o caso do nacionalismo, que continua tão virulento e tão genocida como no passado, como demonstra a nova edição da Segunda Guerra da Crimeia, produzida pelos mesmos atores que há 160 anos assediavam e defendiam Sebastopol. É o caso igualmente do pensamento identitário, sob a forma de particularismos raciais e culturais. É o caso enfim de um novo cientificismo, de dar inveja a Renan e a M. Homais. Tudo bem pesado, Fernando, talvez seja preferível viver sem grandes narrativas, mas até para isso precisamos de *maîtres à penser*, conceito com que você, aliás, não simpatiza. Mas só um *maître à penser* tem fôlego para desconstruir e reconstruir narrativas, e você, quer o queira ou não, foi e continua sendo o *maître à penser* de toda uma geração. De resto, você já começou a fazer o trabalho de reconstrução. Sua pergunta tem todos os elementos de uma grande narrativa. Ela parece opor-se ponto por ponto à narrativa iluminista: instabilidade em vez de estabilidade, fragmentação em vez de totalização, e contingência em vez de determinismo. Não estou certo de que essa narrativa seja de fato incompatível com a iluminista, mas não há tempo hoje para debater isso.

FHC: Um dos fenômenos contemporâneos mais fascinantes é a emergência nas sociedades abertas de pessoas cada vez mais informadas e participantes. Kant, ao valorizar a autonomia do indivíduo e sua capacidade de escolha como fundamento da liberdade, não está sendo mais fiel à realidade de hoje – em que cada um constrói a vida que quer viver – do que Weber, que destacava a força da razão instrumental no processo de desencantamento do mundo?

SPR: Acho que na sociedade contemporânea há lugar para Weber e para Kant, para uma natureza regida por leis necessárias e para um mundo moral regido pela liberdade. Weber está na origem da crítica da cultura que iria desembocar na Escola de Frankfurt, e descreve um dos aspectos da realidade de hoje, o de um mundo totalmente administrado, formado e deformado pela razão instrumental. Já Kant abriu um espaço para a liberdade, o que de fato corresponde melhor a certos lados positivos do mundo contemporâneo. Observo apenas que Kant fala em autonomia, o que não significa ausência de lei, anomia, e sim autonomia, o *nomos* que o próprio indivíduo se outorga, o que pode às vezes originar um comportamento obsessivamente severo que é o oposto da alegria e da descontração pós-moderna. Aqui deixamos o terreno da filosofia e da sociologia para entrarmos na psicanálise.

FHC: Como já dizia Fernando Pessoa, cada um é muitos. Pode o indivíduo ser ao mesmo tempo autônomo e responsável, viver a vida que lhe apraz sem destino preestabelecido nem modelos aos quais se conformar sem perder a ética da compaixão e da solidariedade?

SPR: A resposta é óbvia em teoria, e dificílima na prática. A pergunta está claramente sugerindo sua própria resposta. A solução ideal seria aquela em que houvesse um equilíbrio entre dois desiderata, uma solução que permita ao mesmo tempo ser autônomo e responsável. A dificuldade, é evidente, está em decidir em cada situação concreta qual o máximo de autonomia que o indivíduo pode se permitir sem agir de modo irresponsável perante outros, e o máximo de responsabilidade que ele possa aceitar sem sacrificar seus projetos de autorrealização e felicidade pessoal. Creio que poderíamos avançar numa solução se explorássemos a ética discursiva, de Habermas, em que as normas são debatidas num discurso prático que em princípio deveria levar a um consenso que concilie os interesses do todo com os de cada participante. Impõe-se também uma breve reflexão sobre a identidade múltipla, a partir da citação de Fernando Pessoa. As identidades duplas eram comuns no Iluminismo, quando os filósofos eram súditos do seu príncipe e cidadãos do mundo. E eram comuns entre os *globe-trotters* europeus do final do século XIX, como Eduardo Prado e seu *alter ego* ficcional Fradique Mendes, que percorriam o mundo em busca de sensações e de conhecimentos. No século XX, ninguém exprimiu mais claramente que David Ben Gurion o conceito de identidade múltipla. Num congresso sionista dos anos 1930, ele disse o seguinte: "Pertencemos a vários círculos. Como cidadãos palestinos, estamos no círculo de uma nação que aspira a uma pátria; como trabalhadores, estamos no círculo da classe operária; como filhos de nossa geração, estamos no círculo do mundo moderno; e nossas companheiras estão no círculo do movimento das mulheres trabalhadoras que lutam por sua emancipação". Os contornos da identidade múltipla foram delineados por outro judeu, Edgar Morin, a partir de sua própria história familiar. Ele usa o conceito de neomarranismo, por alusão aos judeus hispânicos convertidos ao catolicismo, mas que continuavam a sentir-se judeus, e tinham, portanto, duas identidades. Morin se diz francês pela cultura, ibérico por sua condição de sefardita, italiano porque seus pais vieram de Livorno, grego por ter nascido em Salônica, e turco porque quando nasceu essa cidade estava sob domínio otomano. Ou seja, num registro negativo, ele seria portador de vários exílios cruzados e superpostos; num registro positivo, seria um homem multi-identitário, no qual as memórias correspondentes a cada exílio se transformariam em materiais para a construção de identidades parciais, e em que a soma de toda essas identidades geraria uma identidade pessoal complexa. Mas pode-se objetar que essas experiências multi-identitárias são apenas o privilégio de diletantes de luxo e de intelectuais desenraizados, ou em busca de novas raízes. Ocorre que o cosmopolitismo de hoje é cada vez mais o cosmopolitismo do pobre, como o chamou Silviano Santiago. É um proletariado transnacional instalado na Europa e nos Estados Unidos. Esses trabalhadores emigrados têm duas cidadanias, cuja interpenetração resulta numa consciência dividida, numa consciência dupla, numa consciência de diáspora. Hoje há milhões de brasileiros nessas condições. Essa nova realidade nos permite falar numa cultura de fronteira, que pode funcionar como transição para uma cultura multi-identitária. Ora, creio que nosso Joaquim Nabuco teve um papel pioneiro nessa reflexão. Para ele o sul-americano padece de uma dupla sensação de desterro. Sente-se europeu quando está na América e americano quando está na Europa. Esse duplo exílio é uma negação dupla, o cruzamento de duas ausências. Mas não existiria, no avesso dessa descrição negativa, uma positividade virtual? Penso que sim. Bastaria negar essa negação dupla, preenchendo com uma dupla presença o vazio das duas ausências. O resultado é que, em vez de um duplo exílio, teríamos uma dupla identidade. Ou, mais exatamente, teríamos uma identidade pessoal composta de duas ou mais identidades parciais. Nessa formulação, a ideia é plenamente compatível com o pensamento de Nabuco, que diz, numa das passagens mais sugestivas do seu diário: "Eu posso ser muito contraditório e ter muitos homens inconciliáveis em mim sem perder a minha identidade". Nesse caso, ele seria o protótipo não do expatriado, mas do cidadão de dois mundos, não do *déraciné*, na acepção de Barrès, mas do homem descentrado, com uma identidade complexa, constituída por várias identidades distintas. Em outras palavras, Nabuco não seria o representante de um eurocentrismo decadente, *fin de siècle,* mas o precursor de um novo tipo humano, o homem entre culturas, como diria Silviano Santiago, o habitante de um país chamado interlugar, na terminologia de João Cezar de Castro Rocha, o modelo do homem multi-identitário, plenamente adaptado à nova etapa do capitalismo globalizado.

FHC: Razão e emoção na política: um desafio e/ou um risco? Como reconstruir os laços entre o *demos* e a *res publica*?

SPR: Numa democracia moderna as decisões políticas deveriam ser tomadas não somente com base no critério da maioria, mas também com base em processos de deliberação visando à cristalização de um consenso. É a democracia deliberativa, em contraste com o modelo majoritário, simples agregação de preferências. Nessas deliberações, devem-se aplicar regras de procedimento pela via argumentativa, tendo como horizonte último o consenso, não um consenso puramente factual, mas um consenso fundado. Mas entre as condições para que esse consenso seja fundado, encontra-se a de que as deliberações tenham sido conduzidas segundo os princípios da razão pública, da racionalidade comunicativa (Habermas), o que exclui em princípio a entrada em cena de fatores meramente emocionais. Quando isso ocorre, existe risco de massificação, de violência coletiva, de entusiasmo (estar possuído por Deus), com tudo o que isso implica de destrutividade cega. Ao mesmo tempo, não se podem ignorar a influência, o peso e a materialidade das paixões. Lembro ocasiões na história política do Brasil em que razão e emoção estiveram presentes. Lembro, no comício da Candelária para pedir Diretas Já, Sobral Pinto dizendo com sua voz trêmula de centenário: "Todo poder emana do povo"... O Hino Nacional cantado por Fafá de Belém na ocasião da morte de Tancredo Neves. Mas de modo geral emoções coletivas são imprevisíveis, são mais um risco que um desafio. Freud e psicologia de massas. Quanto ao *demos* e à *res publica*, cabe lembrar a grande unidade, postulada por Rousseau, entre o povo que obedece como súdito e o que manda como soberano. Como soberano, o povo é o *demos*, a fonte do direito, como súdito é o objeto, o destinatário do direito. O *demos* é o eleitorado, a *res publica* é a comunidade política que segue as leis formuladas pelo soberano. Mas como esse direito é auto--outorgado, e ninguém quer ser oprimido por si mesmo ou governado por leis imperfeitas que contrariem a vontade geral, da qual ele mesmo é parte, Rousseau acha que não pode haver contradição lógica entre as duas faces da liberdade política, a democrática e a republicana. Esse argumento foi considerado sofístico por Benjamin Constant e outros liberais, mas presta-se como nenhum outro para ilustrar os limites externos das democracias. A globalização e o unilateralismo político condenam as democracias periféricas a sofrer o efeito de decisões sobre as quais não foram consultadas, desfazendo assim a grande unidade postulada por Rousseau entre os sujeitos e os objetos de direito. Há necessidade de uma democracia mundial, que ampliasse o *demos* para todo o planeta.

FHC: Os iluministas imaginavam que todas as virtudes deviam ser compatíveis entre si. Como pode um ponto de vista da humanidade coexistir com a diversidade de culturas?

SPR: Os filósofos enciclopedistas tinham uma aguda consciência da diversidade das culturas no tempo e no espaço. Ao mesmo tempo, eram universalistas em suas concepções morais. Como conciliar essas duas proposições? De modo geral, eles lidaram com esse problema distinguindo entre natureza e costume. As normas e os valores pertencentes à esfera da natureza eram universais; o que variava de um país para outro era o costume, o que hoje chamaríamos cultura. A antropologia contemporânea herdou essa problemática. De modo geral ela é relativista: cada cultura é única, o que vale para uma não vale necessariamente para outra. Mas no fundo não há evidência empírica para a tese de que existe uma variedade infinita de normas e valores. Como disse Ralph Linton: "atrás da diversidade aparentemente ilimitada de padrões culturais há uma uniformidade fundamental". Essa uniformidade deriva da unidade psíquica do ser humano, de sua fragilidade universal, de sua vulnerabilidade diante da natureza e da violência. Nas palavras de Kluckhohn, "As noções de incesto, a proibição da mentira, a ideia da restituição e reciprocidade, de obrigações mútuas entre pais e filhos, essas noções morais e muitas outras são totalmente universais".

FHC: A multiplicidade de culturas é necessariamente inimiga da grande cultura? Quem define o que é racional e o que é irracional? A razão ou o debate público?

SPR: Há três perguntas embutidas nesta pergunta. Na primeira, há uma contraposição, se compreendi bem, entre dois sentidos da palavra cultura: cultura no singular, designando a literatura, a arte, a ciência e a filosofia; e culturas no plural, no sentido antropológico, referindo-se a símbolos, modos de sentir e de fazer, etc. Ou seja, simplificando muito, alta cultura *versus* cultura popular. Nesse sentido, a resposta é clara. Não, a multiplicidade das culturas nunca foi nem precisa ser inimiga da alta cultura, inclusive porque não são compartimentos estanques. A alta cultura está presente na cultura popular do mesmo modo que a cultura popular está presente na alta cultura (Brahms, Chopin, Villa-Lobos). A segunda pergunta tem a ver com quem tem poder ou autoridade para separar o racional do irracional. Penso em Michel Foucault, que na *Histoire de la Folie a L'âge Classique* mostrou como, a partir do que ele chamou a "grande reclusão", a medicina começou a decretar que algumas pessoas deviam ser internadas por estarem loucas, e a diferenciar entre os vários tipos de insanidade. Penso também em Machado de Assis, no *Alienista*, em que Simão Bacamarte é ele próprio um médico louco que formulou não uma, mas várias teorias da loucura, internando os pacientes num asilo chamado Casa Verde, até que internou a si mesmo. Bourdieu e Habermas, as grandes *écoles* têm o poder de autenticar o saber socialmente reconhecido como válido. Enfim, a terceira pergunta já foi respondida: segundo a teoria discursiva da moralidade, o processo que leva à aprovação ou rejeição da norma passa necessariamente pela argumentação e pelo debate público.

FHC: As tecnologias, mais do que as grandes narrativas, as classes ou os Estados, são a grande alavanca propulsora de mudanças no mundo contemporâneo. As biociências desafiam a ética. A internet dá acesso a todo o conhecimento, mas o entendimento tende a ser fragmentário, sem profundidade no pensamento e gerador de relações frágeis e fugazes. Como estas inovações podem ser reguladas pelas sociedades para preservar seus ganhos e prevenir seus abusos? Não seriam necessárias novas instâncias de decisão que não podem ser só os Estados e os parlamentos?

SPR: De pleno acordo quanto à centralidade, hoje, da mudança tecnológica, mas tenho dúvidas sobre a conveniência de regulamentar o funcionamento dos novos veículos de comunicação por internet. Quem regulamentará os próprios regulamentadores, sejam eles governos, parlamentos ou uma terceira instância? Claro que há abusos, mas também houve abusos desde que Erasmo começou a usar a nova tecnologia inventada por Gutenberg para difundir os clássicos greco-latinos. Conheço as imperfeições do Google, mas a humanidade ficaria mais pobre sem ele. Fico imaginando um diálogo com Aristóteles, em que eu tentaria convencer o filósofo da superioridade dos nossos atuais instrumentos de pesquisa eletrônica. Ele responderia: "sim, mas nós temos a Biblioteca de Alexandria, com seus 700 mil volumes", ao que eu contestaria: "mas veja, meu caro filósofo, a biblioteca é apenas um conjunto de livros, ao passo que meu Google, além de hospedar todos esses livros, e muitos outros, permite além disso estabelecer relações internas entre todos eles, e relações entre essas relações, *ad infinitum*"... "Bem, neste caso, caro amigo", diria Aristóteles, "seu Google é o *Logos Supremus*, com todos os atributos da onisciência divina."

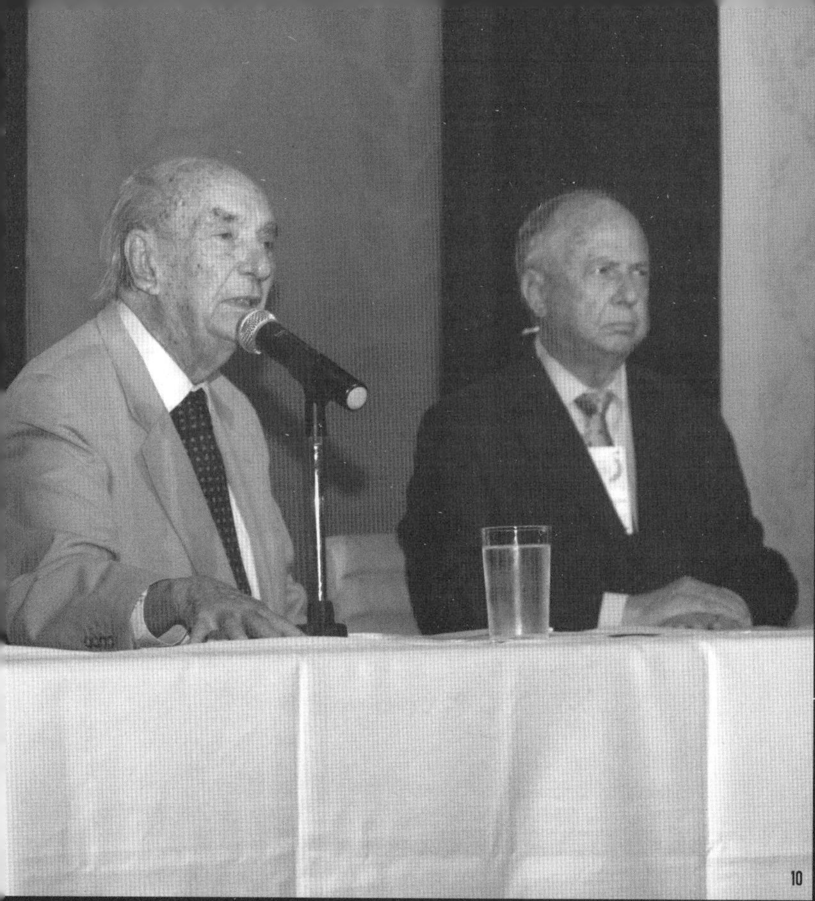

10

11

12

13

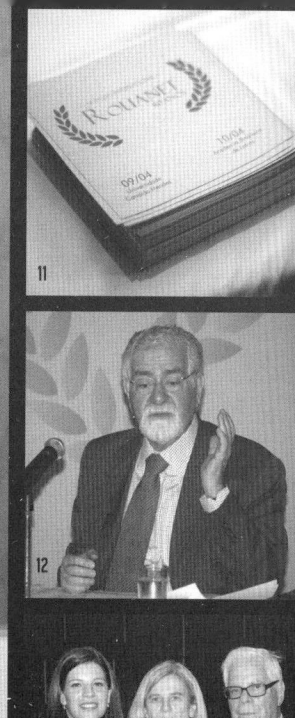

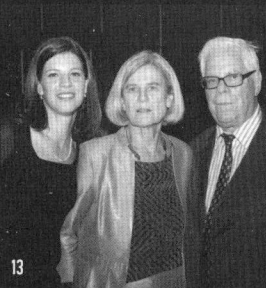

DEMOCRACIA

PODEM AS DEMOCRACIAS NACIONAIS SUSTENTAR-SE SEM UMA DEMOCRACIA MUNDIAL?

CELSO LAFER

Podem as democracias nacionais sustentar-se sem uma democracia mundial?

Sergio Paulo Rouanet é pensador de grande envergadura e de densa e qualificada cultura. Amigo de muitos anos e parceiro de muitas atividades. Um dos temas recorrentes de Sergio Paulo Rouanet é o do significado e do alcance da Ilustração e dos seus desdobramentos como Iluminismo. Tem como ponto de partida a convicção de que a Ilustração foi "a proposta mais generosa de emancipação jamais oferecida ao gênero humano".[1] Tem como pressuposição a afirmação "que não é a razão que oprime, mas o irracionalismo".[2]

O lema de Sergio é o *sapere aude* kantiano com os seus dois vetores – a crítica e a razão – renovados por uma racionalidade comunicativa.[3] É por este motivo que a obra de Habermas está sempre presente no horizonte da sua reflexão, como expressão do potencial do Iluminismo.

---

[1] Sergio Paulo Rouanet, *As Razões do Iluminismo*. São Paulo, Companhia das Letras, 1987, p. 27.
[2] Ibidem, p. 20.
[3] Ibidem, p. 14 e 31.

O Iluminismo repôs em circulação a noção kantiana da "paz perpétua" e o ideal do cosmopolitismo e explora, nas condições contemporâneas, a viabilidade dos ideais, até agora não realizados, da paz e da tolerância em escala planetária.[4]

O foco temático desta primeira sessão do livro, ao propor a relação entre o "interno" das democracias nacionais e o "externo" do funcionamento do sistema internacional, insere-se no âmbito dos temas recorrentes de Sergio. É neste contexto que, em chave própria, vou propor algumas considerações, lembrando inicialmente uma formulação de Norberto Bobbio em *A Era dos Direitos*: "Direitos do homem, democracia e paz são três momentos necessários do mesmo movimento histórico: sem direitos humanos reconhecidos e protegidos não há democracia; sem democracia não existem as condições mínimas para a solução pacífica dos conflitos".[5]

Esta formulação de Bobbio tem como base o seu ensaio "Democracia e Sistema Internacional", que integra o seu livro *O Futuro da Democracia*, no qual, com inspiração kantiana, mas com um olhar hobbesiano, discute a relação entre democracia interna e paz internacional, assim como a sua relação inversa, democracia internacional e paz interna, debate que leva a duas perguntas-limite: "É possível um sistema democrático internacional entre Estados autocráticos?" e "É possível um sistema autocrático internacional entre Estados democráticos?".[6]

Inicio minhas considerações lembrando que, na análise das relações internacionais, tem grande peso a tradição do realismo, da qual são expoentes Tucídides, Maquiavel e, para dar um nome mais moderno, Hans Morgenthau.

Os realistas, partindo do estado de natureza hobbesiano da guerra de todos contra todos, têm uma concepção conflituosa de poder, em contraposição a uma concepção comunicativa, à maneira de Habermas.

---

[4] Ibidem, p. 27 e 33.
[5] Norberto Bobbio, *A Era dos Direitos* (Nova Edição). Rio de Janeiro, Elsevier, 2004, p. 21.
[6] Idem, *O Futuro da Democracia*, 8. ed, revista e ampliada. Rio de Janeiro, Paz e Terra, 2002, p. 187-88.

O realismo abre espaço para o subjetivismo da "razão de estado"; opõe-se ao idealismo que é visto como ingênuo porque confunde realidade e aparências; considera, à maneira de Heidegger, a realidade como resistibilidade; e mistura o princípio da realidade com o da onipotência dos desejos, para evocar Freud.

Nada mais exemplar do que a frase de Francis Bacon que é a epígrafe do livro de E. H. Carr, *The Twenty Years Crisis: 1919-1939*.

"*Philosophers make imaginary laws for imaginary commonwealths and their discourses are as stars which give little light because they are so high.*" (Filósofos criam leis imaginárias para comunidades imaginárias, e seus discursos são como estrelas que fornecem pouca luz porque estão muito distantes da Terra.)

Evidentemente, para os iluministas estas luzes não estão tão distantes e podem iluminar os nossos passos no mundo contemporâneo. Por isso se contrapõem à praxeologia realista.

Uma indicação da existência destas luzes é a inequívoca presença de ambições normativas na agenda internacional, visíveis nos temas de direitos humanos e de democracia, que se tornaram objeto de legítimo interesse internacional,[7] ou seja, converteram-se em proposições reconhecidamente aceitáveis de política externa.

A efetiva inserção de ambições normativas teve início no pós-Segunda Guerra Mundial com a Carta da Organização das Nações Unidas (ONU) e seus desdobramentos, que, por sua vez, tem antecedentes diplomáticos na Primeira e na Segunda Conferência Internacional da Paz de Haia.

As ambições normativas têm como fontes materiais um "direito novo", distinto da soberania entre os Estados da lógica de Vestfália, o que ocorreu na primeira metade do século XX. Ou seja, o drama dos expulsos da trindade povo-estado-território, tão bem expostos por Hannah Arendt em *Origens do Totalitarismo*, os refugiados e apátridas que se viram

---

[7] Andrew Hurrell, *On Global Order*. New York, Oxford University Press, 2007, p. 143-64.

destituídos do acesso a ordens jurídicas nacionais e o concomitante ineditismo dos males trazidos pelos modos de atuação da dominação totalitária que levou, com o Holocausto, à plena descartabilidade dos seres humanos.

Tem como antecedente conceitual o caminho kantiano do *A Paz Perpétua* e do seu *jus cosmopoliticum* (como distinto do Direito Público Interno e do *jus gentium* que rege as relações *inter-se* dos Estados) e que diz respeito aos seres humanos e aos Estados em suas relações exteriores e de interdependência; que contempla o direito à hospitalidade universal e cuja possibilidade estava ligada a uma situação histórica na qual a violação dos direitos numa parte da Terra fosse sentida em todas as partes.

Esta situação surgiu com a tomada de consciência do que representou a ruptura totalitária e os seus marcos normativos, que foram a Declaração Universal dos Direitos Humanos de 1948 e a Convenção para a Proibição e a Repressão do Crime de Genocídio de 1948.

A Declaração Universal é o primeiro texto de alcance internacional que trata de maneira abrangente dos direitos humanos, proclamando-os como "o ideal comum a ser atingido por todas as pessoas e nações". Representa um evento inaugural à semelhança do que foram, no plano interno, as Declarações de Direito da Ilustração, que assinalaram, para falar com Bobbio, a passagem do dever dos súditos para o direito dos cidadãos. É inovadora, pois formula, no plano universal, direitos humanos que não estão ao alcance de jurisdições nacionais. Empenha-se em dar guarida à tutela internacional de direitos voltados para conferir, arendtianamente, o direito a ter direitos. Trata-se, assim, para continuar com Kant, do Conflito das Faculdades de um signo histórico, que aponta para uma tendência, que cabe adensar, kantianamente, com conceitos justos, grande experiência e boa vontade.[8]

A Política do Direito, impulsionada pela Declaração Universal, exprime essa tendência, pois tornou, no pós-Segunda Guerra Mundial, o tema dos direitos humanos num tema global em dois sentidos: o de que os direitos individuais e coletivos nelas contemplados são tidos como

---

[8] Ibidem, p. 162

aplicáveis para todos os seres humanos; e a de que esta política do Direito tem um papel central no processo de *standard setting* e promoção dos direitos humanos, mas de maneira mais circunscrita na sua proteção[9] em escala planetária.

Uma das razões destes limites, para voltar ao primeiro e ao segundo artigo do livro *A Paz Perpétua*, de Kant, é a de que nem todos os Estados que compõem o sistema internacional são regidos por constituições republicanas de um estado de direito, que é o que permitiria uma federação de povos livres.

Em síntese, para recorrer a uma formulação de Raymond Aron, em *Paz e Guerra entre as Nações*, o sistema internacional é heterogêneo e não homogêneo na sua composição, e os atores governamentais e não governamentais que o integram não têm uma mesma e unívoca concepção sobre os pressupostos que presidem a organização da ordem mundial e dos modos de estruturação interna das sociedades e dos Estados nacionais.[10] É um dos motivos pelos quais o consenso em torno do *jus cosmopoliticum* e das suas aspirações normativas (democracia e direitos humanos) presentes na pauta da vida internacional é esquivo e fugidio. É o que faz do "estado do direito internacional" um estado de direito provisório, no qual normas/fatos, fontes/soberanias esbarram uns nos outros. É o que torna difícil a plena efetivação do artigo 28 da Declaração Universal: "Toda pessoa tem direito a uma ordem social e internacional em que os direitos e liberdades estabelecidos na presente Declaração possam ser plenamente realizados".

Para a boa compreensão destas dificuldades, que é constitutiva do desafio iluminista, vale a pena recorrer aos ensinamentos da Escola Inglesa de Relações Internacionais e às obras de Martin Wight e Hedley Bull, que

---

[9] Celso Lafer, "Declaração Universal dos Direitos Humanos". In: Demétrio Magnoli (org), *História da Paz*. São Paulo, Editora Contexto, 2008, p. 297-329; Celso Lafer, "Declaração Universal dos Direitos Humanos: sua Relevância para a Afirmação da Tolerância e do Pluralismo". In: Maria Luiza Marcílio (org.), *A Declaração Universal dos Direitos Humanos: Sessenta Anos - Sonhos e Realidade*. São Paulo, Edusp, 2008, p. 27-43.

[10] Raymond Aron, *Paz e Guerra entre as Nações*. Brasília, Editora da Universidade de Brasília, Imprensa Oficial do Estado, 2002, p. 159-165.

dela são altamente representativos e que consideram que a realidade internacional comporta três leituras:

(i) a da tradição realista do poder de que são expoentes Tucídides, Maquiavel, Hobbes;

(ii) a da teoria grociana e da sua racionalidade, inspirada pelo potencial da sociabilidade interestatal, da qual provém o *jus voluntarium* do direito internacional, que cria, por mútuo acordo, as normas e instituições para a conduta internacional, e que leva a uma sociedade internacional em que os Estados identificam um interesse comum na manutenção dos arranjos da sua existência (o multilateralismo é disso uma expressão), e;

(iii) a leitura kantiana, inspirada por uma razão abrangente da humanidade que abre espaço para o *jus cosmopoliticum* e as aspirações e ambições normativas presentes na agenda internacional e que não se circunscreve ao solipsismo das "razões de estado" das soberanias.[11]

Os "universais" destas três tradições são fugidios e não se aplicam à vida diplomática, dada a complexidade ontológica da realidade internacional (e a "insociável sociabilidade humana" de que falava Kant), sem uma mediação analítica lastreada nos fatos. Por isso, na interação entre teoria e prática, o juízo diplomático é kantianamente um juízo reflexivo e não determinante, como articulou Hannah Arendt. Tem mais a ver, em distintas conjunturas e constelações diplomáticas, com a capacidade de diferenciar do que com a capacidade de ordenar e sistematizar regularidades.[12]

---

[11] Martin Wight, *International Theory: The Three Traditions*. Ed. Gabriele Wight e Brian Porter. Leicester/London, Leicester University Press, 1991; Hedley Bull, *The Anarchical Society: A Study of Order in World Politics*. London, Macmillan, 1977.

[12] Celso Lafer, "Desafios da Globalidade: Assimetrias da Sociedade Internacional", in *Assimetrias da Sociedade Internacional*. Nicolau Reinhard et alii (orgs.). São Paulo, Editora da Universidade de São Paulo, 2012, p. 15-27. (Série Desafios da Globalidade, Volume 1.)

É por causa disso e pela constatação de que não vivemos um momento kantiano na vida internacional que evoco a conclusão de *Paz e Guerra entre as Nações*, na qual Aron examina as antinomias com as quais lidam os responsáveis pela condução da política externa dos Estados.[13]

Estes se confrontam com o que Aron denomina o problema maquiavélico e o kantiano. O primeiro é o do realismo dos meios da política externa que, no limite, comporta o uso da força e está voltado para a preservação da autonomia e da independência de um país, num sistema internacional que continua vivendo à sombra da guerra, que é um camaleão e que sempre assume novas formas.[14]

O segundo é o da busca da paz perpétua, de um princípio regulador da humanidade que substitua a "moral do combate" da relação schmittiana amigo/inimigo.

O inciso I do artigo 4º da Constituição, que trata dos princípios que regem as relações internacionais do Brasil, e que afirma o valor da independência nacional, remete ao problema maquiavélico.

O inciso II do artigo 4º, prevalência dos direitos humanos, e o inciso VI, defesa da paz, assim como o VII, solução pacífica de conflitos, remetem ao problema kantiano.

Para concluir, com inspiração iluminista, vou valer-me, com alguma liberdade, de outra distinção elaborada por Aron, para lidar com as conjunturas e a evolução e sugerir um *road map* para quem tem responsabilidades na condução da política externa (que foi, aliás, o que busquei trilhar como ministro das Relações Exteriores).

Refiro-me à distinção entre a política de entendimento e a política da razão.

Para a política do entendimento a estratégia é apenas uma tática que se renova indefinidamente. Tem o cariz realista de uma praxeologia que enseja, em diferentes conjunturas, uma navegação na complexidade ontológica da realidade internacional.

---

[13] Raymond Aron, op. cit., p. 701.
[14] Raymond Aron, *Introduction à la Philosophie de l'Histoire: Essai sur les Limites de l'Objectivité Historique.* Paris, Gallimard, 1982, p. 413-15.

Para a política da razão, a tática está subordinada a uma estratégia em consonância com um sentido de direção que tem como horizonte a inspiração kantiana, reconhecedora do papel regulador de uma razão abrangente da humanidade na navegação na complexidade ontológica da realidade internacional. Em síntese, neste *road map,* quem tem responsabilidades na condução da política externa, não pode ignorar o problema maquiavélico. Deve, no entanto, na sua ação diplomática, estrategicamente batalhar para torna efetivas e plenas, as cadências longas, da afirmação do *jus cosmopoliticum.*

CRISTOVAM BUARQUE

Rouanet

1. O FILÓSOFO

Sergio Paulo Rouanet é um espécime raro no mundo brasileiro, mesmo no mundo das letras: é um filósofo. Só isso já o faria um intelectual de destaque, mas o que surpreende no Rouanet é a ousadia e o vanguardismo de suas formulações em seus ensaios. Tanto no *As Razões do Iluminismo* quanto no *Mal-Estar na Modernidade*, ele assume o risco de fazer uma crítica então vanguardista, ainda se iniciando no mundo: a crítica filosófica ao modernismo. Ainda que alguns já tivessem feito análises nesse sentido, como Adorno, Habermas e toda a Escola de Frankfurt, ele assume o assunto que ainda era tabu, especialmente na visão brasileira de "Ordem e Progresso".

E consegue fazer sua crítica com profundidade, em mais de um dos ensaios, no *As Razões do iluminismo* e muito fortemente na introdução, onde coloca "A crise do irracionalismo" sem deixar de falar na crise do racionalismo. Antes de a revolução da informática mostrar sua força ele diz que "a modernidade econômica está morta, porque sua base era a industrialização, que hoje foi substituída por uma sociedade informatizada que se funda na hegemonia do setor terciário, o que significa que transitamos para um sistema pós-industrial; a modernidade política está morta porque se baseava num sistema representativo e no jogo dos partidos, que deixaram de fazer sentido num espaço público dominado pela ação dos movimentos micrológicos, como o feminista e o dos homossexuais, e pela ação de um poder que não está mais localizado no Estado, e sim numa rede capilar de disciplinas que saturam os interstícios mais minúsculos da vida cotidiana; e a modernidade cultural está morta, em todas as suas manifestações – na ciência, na filosofia e na arte".

Isso foi escrito em 1987, antes de a revolução científica e tecnológica ter alçado voo; antes do poder da internet, das criações da nanotecnologia, das mobilizações por celular e *Twitter*, antes das revoluções sem líder, antes da crise mais profunda dos partidos que se verificou em todo o mundo a partir das últimas décadas, com as "revoluções cibernéticas" em marcha, onde cada celular é uma trincheira.

2. O CRÍTICO

A obra de crítica literária do Rouanet o coloca entre nossos grandes analistas de literatura, não apenas da brasileira. O seu pequeno texto sobre *O Alienista*, de Machado de Assis, traz uma visão tão instigante sobre o problema da razão e da desrazão que, ao ler o artigo, senti como se nunca tivesse lido o conto antes.

3. O BIÓGRAFO

Embora seja um livro de crítica e teoria literária, o que mais me fascinou em *Os Dez Amigos de Freud*, além do estilo, foi o papel de Rouanet como biógrafo intelectual de tantos escritores, nem todos grandes escritores. A partir da ideia brilhante de saber quem eram aqueles que Freud lia, ele fez uma sofisticada e rigorosa pesquisa que caracteriza os bons biógrafos.

4. O estilista

São muitos os filósofos, críticos e biógrafos, mas o Rouanet tem algo raro na prática dessas atividades: seu estilo. Diferentemente de muitos outros, seus textos não somente ilustram e enriquecem culturalmente, eles dão prazer, deslumbram pelo próprio texto. De certa forma, grudam na gente à medida em que lemos.

5. O diplomata

Dedicar espaço ao papel de diplomata seria ler um longo *curriculum vitae*. Mas nunca é demais lembrar seu papel como assistente do secretário-geral das Relações Exteriores, chefe da Divisão de Política Comercial, chefe do Departamento da Ásia e Oceania no Ministério das Relações Exteriores. E sua atuação na Embaixada do Brasil em Washington, na Missão do Brasil junto à ONU, na Delegação do Brasil em Genebra, e finalmente como cônsul-geral em Zurique, embaixador na Dinamarca, cônsul-geral em Berlim, embaixador em Praga.

6. O homem público

Em todo o mundo, ainda mais no Brasil, menos na França, raros entre os grandes intelectuais mostram capacidade de formular e articular políticas públicas e deixar uma contribuição transformadora na realidade. Rouanet teve tanto sucesso nisso que foi capaz de ter seu nome em uma lei. Talvez o único intelectual brasileiro, ainda mais sem ter tido cargo eletivo. E uma lei sem a qual a cultura do Brasil estaria muito pobre. Não fosse a Lei Rouanet, nossas artes não teriam o apoio necessário, até porque não somos um país de mecenas; nossos ricos são obscurantistas, imediatistas e sem perspectiva histórica nem espírito público. A Lei Rouanet nos salvou dessa triste realidade anticultural dos ricos brasileiros.

7. O amigo

Para quem o conhece, Rouanet é, sobretudo, um grande amigo. Capaz de congregar pessoas dos mais diversos mundos, mundos em todos os sentidos. Ele nos faz ter orgulho de sermos seus amigos. E, para isso, temos que ser amigos da Barbara, até porque seria inadmissível falar sobre Rouanet sem citar sua mais importante colaboradora por mais da metade desses anos todos. Barbara e Sergio constituem um casamento que merece uma biografia intelectual conjunta. Mas precisaria um Rouanet para fazer a pesquisa com a necessária competência; ou os dois juntos escrevendo uma autobiografia dupla.

Talvez esse fosse o presente deles para nós, quem sabe isso não possa ser o pretexto para que seja organizado daqui a poucos anos um evento para comemorar os cinquenta anos dos Rouanet.

MARCÍLIO MARQUES MOREIRA

Sobre Rouanet e democracia

Para iniciar uma reflexão sobre as bases filosóficas que lastreiam o pensamento político a que Sergio Paulo Rouanet dedicou parte relevante de sua rica literatura, vou-me prevalecer de uma circunstância para mim muito feliz, a de, há mais de cinquenta anos, ter compartilhado com ele dois anos, de 1959 a 1961, de estudos na Divisão de Ciência Política da Graduate School of Arts and Sciences da Universidade de Georgetown, em Washington.

Assistir às aulas, participar de seminários, submeter e discutir periodicamente monografias que tínhamos que apresentar aos professores Rudolf e Ulrich Steve Allers ou ao professor Heinrich Albert Rommen, foi pra mim, e, suponho tenha sido para Rouanet, experiência extremamente enriquecedora, elo relevante na caminhada em direção ao, como o descreve Rouanet, "ideal humboldtiano de *Bildung*, de "autoformação", elo central do pensamento de Wilhelm von Humboldt sobre a reforma educacional de que foi arauto. Ouvi-los discorrer e com eles dialogar sobre Homero, Heráclito, Sócrates, Platão e Aristóteles, descortinando, como o fez Werner Jaeger, que a Grécia exerceu, por longo tempo, o papel de pedagoga da cultura ocidental, ou, ainda, sobre o contraste entre os conceitos de alienação em Marx e a ética da responsabilidade em Weber, sobre a repulsa de Hannah Arendt ao totalitarismo ou sobre o pensamento institucionalista de Maurice Hauriou foi, para nós, momento fértil de crescimento intelectual. E Rommen nos lembrava que "a virtude, como dizia Sócrates, consiste em conhecimento".

Heinrich Rommen, doutor em Economia Política, Direito Civil e Direito Canônico, além da enorme bagagem histórica, filosófica e jurídica, que dominava com mestria inigualável, era inimigo ferrenho de todas as formas de autoritarismo, como cedo revelou por meio de seu pensamento e de sua ação. Como membro e depois líder de Associações Católicas atuou vigorosamente na luta contra a *Weltanschauung*, contra os métodos e os objetivos do nazismo, movimento que, com preocupação, via crescer assustadoramente.

Com a ascensão ao poder dos nazistas, Rommen passou a ser por estes observado de perto, detalhadamente investigado e finalmente preso, por um mês. Uma vez solto, não lhe foi permitido voltar à atividade anterior, o que o levou a trabalhar como assessor jurídico de uma empresa em Berlim, até conseguir permissão, em 1938, de sair para a Inglaterra, de onde partiu, no mesmo ano, para os Estados Unidos com a família.

Dedicou-se, a partir de então, ao ensino universitário e à publicação de importantes obras de filosofia política, ética e direitos humanos, entre as quais o seu clássico *The State in Catholic Thought* e a tradução de importante livro sobre Direito Natural, que corajosamente havia conseguido publicar na Alemanha, em 1936: *Die ewige Wiederkehr des Naturrechts* (Leipzig, 1936).

Quis a virtude, talvez combinada com a fortuna, que para o curso de Twentieth Century Political Theory, ministrado por Rommen, Rouanet tivesse escrito uma monografia sobre "Irrationalism and Myth in Georges Sorel". Recebeu nota máxima do exigente professor, que ficou impressionado a tal ponto que a enviou, com recomendação de publicação, à conceituada *Review of Politics*, da Universidade de Notre Dame. Acredito mesmo – o Sergio Paulo pode confirmá-lo ou não – que como o caminho para a efetiva publicação de artigos costumava ser longo e incerto, dado o grande volume de trabalhos submetidos ao crivo dos editores de revistas acadêmica nos Estados Unidos, o professor Rommen não tenha chegado a informar ao Rouanet sobre aquela iniciativa.

O certo é que o texto integral foi publicado no número 1 do volume 26, de janeiro de 1964, da prestigiosa *Review of Politcs*.

Rouanet iniciou sua exposição contextualizando o impulso irracionalista de Sorel, ao referir-se ao mal-estar, à "*atmosphere of gloom*", que se seguiu à Primeira Guerra Mundial, mas que surgira bem antes dela – Rouanet data o seu *pivot* em 1900 –, com o "colapso moral e intelectual, o *Zusammenbruch*, da velha ordem, dos velhos valores, das antigas certezas, deixando rastro de vazio".

A esse tema voltará muitas vezes, como em sua análise do livro seminal de Freud *Das Unbehagen in der Kultur*, de 1930, e no seu próprio livro de ensaios *Mal-Estar na Modernidade*, de 1993.

A velha ordem havia ruído "sem dignidade" e, em reação, "a ciência fora degradada, a intuição e o instinto idolatrados". No resultante vácuo prevaleceu a anarquia. Para Rouanet, "o colapso do 'centro' foi o desenvolvimento mais revolucionário dos tempos modernos", incentivando o fortalecimento de variados extremismos.

Embora no início da turbulência irracionalista a política e os ideais políticos não tenham sido contaminados, acabou surgindo uma "teoria irracionalista da política que já se revelara no pensamento conservador", e que se propunha a "combater as ideias racionalistas do Iluminismo".

Entre os pensadores dessa corrente ganhou lugar especial, por sua originalidade e vigor intelectual, Georges Sorel. Sua obra-prima, pela qual ficou conhecido, é *Réflexions sur la Violence*, de 1908.

Muito embora de origem burguesa, a principal razão, segundo Rouanet, para Sorel se insurgir contra a classe média era um de seus traços que desprezava: de ser "complacente, não heroica e lastreada em valores de decadência". Mas Sorel não deixava de prezar as virtudes homéricas da "burguesia dos tempos heroicos", até mesmo dos *robber barons* americanos.

Para Rouanet, os temas prioritários sorelianos eram o anti-intelectualismo, a revolta contra a razão, o ativismo a qualquer custo (*on s'engage, puis on voit*) e o heroísmo.

"A atmosfera difusa de irracionalismo que permeia a obra de Sorel encontra sua cristalização perfeita no conceito de mito", que começou a ser usado em oposição a *logos*, e na ideia de que, "através da violência, será possível restaurar a ética do heroísmo e a moralidade do *élan vital*".

Para Sorel, o mito se distancia até mesmo da utopia, por esta ser intelectualista e originar-se, essencialmente, no pensamento abstrato. Em suma, as utopias seriam estéreis, os mitos, fecundos.

Rouanet utiliza sua percuciente capacidade de raciocínio para concluir que, embora a obra soreliana tivesse claras inconsistências e inaceitáveis simplificações, ela compartilhava da imunidade peculiar aos autores irracionalistas. "Seria fútil analisar suas falhas lógicas, pois a inconsistência é da essência da filosofia irracionalista."

Apesar de tudo, Rouanet reconhece no pensamento de Sorel um bem-vindo sopro de ar novo, que se opõe à complacência do *juste milieu* ou, na linguagem de hoje, ao politicamente correto, ao ficar em cima do muro.

O pior que poderia ser dito de Sorel, conclui Rouanet, é que sua doutrina acabou servindo como uma das fontes do fascismo. De fato, os fascistas, e mesmo os comunistas italianos, alegaram ter encontrado inspiração em Sorel, embora este, aparentemente, não tivesse mostrado simpatia pela gradativa ascensão do fascismo, com seu fulcro nacionalista e seus traços ditatoriais. Quanto ao golpe de Estado bolchevista de 1917, Sorel mostrou, sim, certo entusiasmo, considerando-o "o primórdio da grande revolução que regeneraria a humanidade".

O que impressiona no artigo de Rouanet, escrito no início da década de 1960 e publicado exatamente há cinquenta anos, é não só a extensão da vasta bagagem intelectual que já acumulara, senão também que ele prenuncia, pela variedade dos temas da maior relevância abordados, muitas linhas de pensamento às quais continuará leal, e que se esforçará, com inegável êxito, em ampliar, aprofundar e atualizar no curso de sua rica carreira intelectual.

Característico dessa trajetória é o livro em que Rouanet reuniu ensaios sobre a interação entre cultura e sociedade sob o título *As Razões do Iluminismo* (São Paulo, Companhia das Letras, 1987).

Propõe-se a um resgate crítico de três temas sitiados pela crise cultural em curso: o conceito de razão, o projeto da modernidade e o legado da Ilustração.

Para Rouanet "só a razão é crítica, porque seu meio vital é a negação de toda facticidade", enquanto "o irracionalismo é sempre conformista". Não se nega, entretanto, a partir do "entrelaçamento entre saber e poder", a buscar "um racionalismo novo, fundado numa nova razão".

Essa busca ganhou viabilidade com o advento da modernidade, que emancipou o homem do jugo da tradição e da autoridade e permitiu-lhe operar em "tríplice dimensão da verdade (mundo objetivo), da justiça (mundo social) e da veracidade (mundo subjetivo)".

Entretanto, para muitos, estamos hoje confrontados não só com a obsolescência mas com a própria morte da modernidade: a modernidade econômica estaria morta, porque se baseava na industrialização substituída pelo setor terciário de serviços, como fulcro de uma sociedade informatizada pós-moderna.

A modernidade política estaria morta porque se baseava em sistema representativo e no jogo dos partidos, que deixaram de fazer sentido pela ocupação do espaço público por cadeias fragmentadas de interesses e objetivos, de diversidade crescente.

Rouanet se insurge contra esses atestados de morte, prematuros e radicais. Para ele, no plano econômico, o capitalismo já nasceu "pós-industrial", enquanto, no plano político, não enxerga "nada de moderno no aparecimento de novos atores e novos movimentos". Sugere mesmo que "é a realização de uma tendência básica do liberalismo moderno, com sua doutrina dos direitos humanos", de que foi arauto exemplar o nosso professor Heinrich Rommen.

Em relação ao terceiro tema que se propunha resgatar, a Ilustração, Rouanet proclama ter sido, "apesar de tudo, a proposta mais generosa de emancipação jamais oferecida ao gênero humano", ao possibilitar-lhe "construir racionalmente o seu destino, livre da tirania e da superstição", em atmosfera, infelizmente até hoje não alcançada, "de paz e tolerância".

Depois de traçar uma separação conceitual entre a Ilustração como fenômeno histórico e o Iluminismo como um estado de espírito lastreado nos altos ideais que a inspiraram, Rouanet ressalta que a própria crítica iluminista, para fugir à cegueira, ao anarquismo e ao niilismo, tem de contar com uma ética que a lastreie.

Fortalecido por essa ética, o novo Iluminismo proclama sua crença no pluralismo, na tolerância e no combate a todos os fanatismos. Em suma, Rouanet é um iluminista por excelência.

A prematura proclamação do "Fim da História" por Francis Fukuyama, após a queda do Muro de Berlim em 1989 e as subsequentes implosão do "Império" Soviético e a implantação de uma "Nova Ordem Mundial" de paz e prosperidade, sob a pretensa vigilância unipolar dos Estados Unidos, revelou-se cedo uma ilusão que atingiria seu epicentro na teratológica destruição das Torres Gêmeas em 2001.

As cruéis guerras de desconstrução da antiga Iugoslávia, as voluntaristas invasões, finalmente fracassadas, do Afeganistão e do Iraque, assim como a frustrante Primavera Árabe, no plano político, e a profunda crise econômica financeira global cujo ápice foi a falência do banco de investimentos Lehman Brothers, em 15 de setembro de 2008, deixaram rastro de ampla desconfiança em relação aos pilares institucionais que até então vinham sustentando período praticamente inédito de generalizado crescimento econômico. Essa fase de expansão foi, em boa parte, puxada pelo explosivo surgimento, na economia global, da China, que em espúria simbiose com os Estados Unidos se havia transformado em dinâmico sorvedouro de *commodities* a preços crescentes e em "Fábrica do Mundo", vigoroso exportador de produtos industriais a preços cadentes.

Essa nova realidade econômica global veio subverter o fenômeno, por longo tempo denunciado pelos países em desenvolvimento – denúncia de que Raul Prebisch foi porta-voz paradigmático –, da deterioração, em seu prejuízo, dos termos de intercâmbio entre, de um lado, eles, exportadores de produtos primários, e, de outro, os países exportadores de bens industriais.

A crise, atribuída por muitos primordialmente a falhas do sistema econômico de mercado, ou do capitalismo liberal, e o simultâneo desempenho excepcional da China, nos últimos trinta anos, estimularam crescente crítica não só às economias de mercado, senão também à própria Democracia Liberal de Direito, enquanto sistema político capaz de enfrentar com eficiência, eficácia e equanimidade os desafios de uma nova realidade política, econômica e cultural. Em especial, novas classes médias passaram a atuar como atores significativos, demandando melhor acesso ao conhecimento, à educação, à saúde, à segurança, a serviços públicos de melhor qualidade. Tais avanços pressupõem ambientes econômicos prósperos, geradores de mais e melhores empregos, efetiva justiça social, poluição cadente, além de atmosfera de mais liberdade e de efetiva participação política.

Rouanet, em 1993, lembrava o comentário de Marx de que a Alemanha havia "vivido todas as contrarrevoluções da Europa e nenhuma de suas revoluções". Adaptou a frase ao Brasil, "estamos vivendo a revolta antimoderna que hoje grassa no mundo, sem jamais termos vivido a modernidade".

Ele identifica "grande descrença com relação ao sistema econômico, [pois] o capitalismo é [percebido] como gerador de desemprego e de exploração, o socialismo fracassou em suas promessas de eliminar a injustiça social e de promover a abundância, e ambos se revelaram ecologicamente predatórios".

Essa descrença contrasta com o entusiasmo com que o próprio Marx encarava o capitalismo, enquanto fator de eficácia produtiva. Comentário endossado por Rouanet ao afirmar que, no plano político, ao generalizar o acesso à escola, as sociedades liberal-capitalistas difundiram, mais que em qualquer outro período da história, as oportunidades para que todos alcançassem o estágio da razão autônoma. Para ele, "as sociedades liberal-democráticas são responsáveis pela institucionalização e rotinização da autonomia política".

Entretanto, Rouanet não discorda da crítica que ressurgiu, com mais força ainda, em reação à crise de 2008, de que "a autonomia política se revelou insuficiente para uma verdadeira alteração do *status quo*, pela insuficiência da autonomia econômica, base material para a ação no espaço público e da autonomia cultural, indispensável para que a razão pudesse devassar as legitimações dominantes". Conclui com reflexão que enfrenta corajosamente as correntes tanto libertárias quanto autoritárias da esquerda e da direita, ao "reconhecer que uma política limitada à liberdade de votar está muito distante do desejável".

Em sua profícua trajetória intelectual, Rouanet recusa pseudossoluções irracionais e, coerentemente, sustenta que urge reinventar as instituições liberal-democráticas que defendem a liberdade de atuação e autonomia na política e na economia, reformulando, também, o papel do Estado como árbitro, supervisor e regulador, ao prescrever o arcabouço normativo do ambiente de atuação política e do empreender econômico.

Essa posição se aproxima, portanto, da do grande jurista, pensador e político San Tiago Dantas, sobre o qual, em testemunho insuspeito, Celso Furtado afirmava que "poucos homens terei conhecido que depositassem tanta fé na razão para remover obstáculos". E completa: "as iniciativas irracionais que brotavam aqui e ali na arena política brasileira, ele as via como peripécias e tendia a minimizar o seu significado".

Vale ressaltar que San Tiago inicia sua trajetória de polemista ao entrar na faculdade de direito em 1928, às vésperas da publicação do *Mal-Estar na Civilização*, de Freud, do *Crash* da Bolsa de Nova York, de 1929, e dos tumultuados anos 1930, prenhes de arroubos irracionalistas de toda ordem, de que acabou se distanciando pelo imperativo categórico da *Razão*.

Aduzo que, talvez imbuído de certa dose de ingenuidade, de que não estão imunes as inteligências mais brilhantes, ele continuava a considerar os desvios irracionalistas em 1963 como "deslealdades à história", condenadas à efemeridade.

Em um de seus últimos pronunciamentos em fins daquele ano, portanto há pouco mais de cinquenta anos, que em nada perdeu atualidade,

San Tiago proclamou que uma das posições que inspiraram toda a sua conduta de homem público foi:

A certeza de que a sobrevivência da democracia e da liberdade, no mundo moderno, depende de nossa capacidade de estender a todo povo, e não de forma potencial, mas efetiva, os benefícios, hoje reservados a uma classe dominante, dessa liberdade e da própria civilização.

A tese de Rouanet de que "uma política limitada à liberdade de votar está muito distante do desejado" converge, portanto, com a formulação de San Tiago. Este já a havia desenvolvido de maneira mais formal, embora sucinta, quatro anos antes, quando a incluiu como cerne da Declaração de Santiago (do Chile) de que fora relator, em 1959, por indicação do ministro do Exterior, Horácio Lafer, na 5ª Reunião de Consulta dos Ministros das Relações Exteriores dos Estados Americanos.

A Reunião havia sido convocada para examinar a grave tensão então reinante no Caribe e para procurar meios tendentes ao "fortalecimento da democracia representativa" e "à proteção eficaz dos direitos humanos". Ao mesmo tempo em que reconhecia a "relação entre o subdesenvolvimento econômico e a instabilidade dos regimes" e defendia enfaticamente os princípios de não intervenção e de autodeterminação dos povos, a Delegação brasileira propôs, pela palavra de San Tiago, a incorporação ao acervo dos documentos americanos de uma declaração mais de cunho moral do que jurídico, que traduzisse, "em alguns princípios simples e concisos, aquilo que os Estados americanos [...] reconhecem ser a essência do regime democrático".

Ao apresentar o resultado da Reunião à Câmara dos Deputados, San Tiago, após comentar que "o conceito de democracia é um produto da experiência histórica, e não pode ser isolado com proveito e verdade, se não dentro de uma época e de uma área cultural", esclarece que a proposta brasileira, que se converteu na Declaração de Santiago, procurou materializar, num número reduzido de preceitos, aqueles traços que os povos americanos, na (então) fase de sua evolução política, consideravam fundamentais para identificar o regime democrático, e para atribuírem ou recusarem essa condição ao governo ou regime que o praticam.

O primeiro desses princípios é a supremacia ou o império da lei, que submete a autoridade dos governos à autoridade da norma jurídica, à *rule of law*.

O segundo princípio exige que o governo dos Estados Americanos se origine em eleições livres.

O terceiro considera antidemocrática a perpetuação do poder ou seu exercício por prazo indeterminado.

O quarto e o quinto princípios se referem à proteção dos direitos individuais, em regime de liberdade e justiça social e com proteção judicial efetiva, em especial sob a forma de *habeas corpus*.

O sexto princípio considera elemento indispensável à existência e ao funcionamento de qualquer regime democrático a liberdade de expressão e, em particular, a da imprensa, do rádio e da televisão e de todos os meios (o que hoje incluiria a internet) necessários à livre manifestação de opinião e ao livre acesso à informação.

O sétimo princípio condena o uso imoderado da proscrição política, e o oitavo prescreve o dever de cooperação econômica entre os Estados como base da solidariedade entre os governos democráticos americanos.

Não se trata, evidentemente, de um arcabouço jurídico mandatório, mas de uma útil articulação de requisitos básicos que, passados 55 anos, não perderam atualidade, para a efetiva legitimação de um regime democrático de direito. Propõe-se ser um freio de natureza ética, um eficaz instrumento de opinião pública para que regimes inescrupulosos não se afastem das condições mínimas que caracterizam as autênticas democracias e, se o fizerem, não venham proclamar credenciais democráticas pela mera sobrevivência de tosco arremedo dos pré-requisitos necessários, como a remota origem em eleições livres, em detrimento de outros elementos indispensáveis à plena condição democrática.

Há cinquenta anos, Rouanet publicava, nos Estados Unidos, seu artigo sobre Sorel, em que já despontavam direções de pensamento que ele iria perseguir no meio século seguinte: o mal-estar da modernidade, o papel central da razão e o consequente combate a todas as formas de irracionalismo, a Ilustração e sua reverência às ideias racionais, a não aceitação da ação e do heroísmo a qualquer custo, a fertilidade e as tentações dos mitos, a repulsa a todas as formas de tirania, de cerceamento da autonomia pessoal e política, a relevância dos regimes liberais-democráticos e a necessidade de reinventá-los.

Há cinquenta anos, consumou-se, em 31 de março, o golpe de Estado que acabou nos submetendo, com diferenças de tonalidade, a 21 anos de chumbo, cujo registro histórico ainda não encontrou, infelizmente, intérpretes capazes de captar a complexidade do evento e dos tempos em que se inseriu.

Há quase cinquenta anos, em setembro de 1964, morria San Tiago Dantas, que tanto lutou, até literalmente a última hora, contra aquele triste desfecho que já pressentia, ao menos desde 1955, quando em carta a um amigo denunciava que "estamos às portas de um neofascismo, para o qual tenho o meu olfato mais educado que o de um perdigueiro".

O esforço de compreensão dos infortúnios que nos acometeram no passado, das dificuldades que estamos testemunhando no presente e dos riscos – e também das oportunidades – que o futuro nos promete é da maior importância para que possamos aprender com nossas falhas e inspirar-nos em nossos acertos, mesmo que ainda formulados apenas como sonhos a alcançar.

E a autonomia da inteligência, a plena utilização do potencial da razão, a sensibilidade ante a diversidade de interpretações e de pontos de vista e a tolerância, que mais se aproxima da verdadeira coragem do que da pusilanimidade e da complacência com a mediocridade – aliás, o maior risco que corremos hoje –, todas essas virtudes que permeiam o fecundo e rigoroso pensamento de Rouanet são um patrimônio inestimável, com que o Brasil precisa familiarizar-se, nobre objetivo que esta homenagem a Rouanet em boa hora persegue.

NYTHAMAR DE OLIVEIRA

Habermas, Rouanet e o *ethos* democrático brasileiro: modernidade, Iluminismo e utopia

Ao propor-me discorrer sobre o *ethos* democrático brasileiro, em sua complexa dimensão utópico-social sob o signo da modernidade e do Iluminismo, estou decerto correndo um duplo risco de *rapprochement* e de desencontro entre Jürgen Habermas e Sergio Paulo Rouanet. Talvez justamente por ter sido um dos primeiros a introduzir, juntamente com Barbara Freitag, a vasta obra de Habermas em nosso país, o professor Rouanet sempre manteve uma verdadeira e profícua *Auseinandersetzung* com representantes da primeira e segunda gerações da chamada Escola de Frankfurt, mas a sua interpretação de Habermas poderia comprometer ainda mais a leitura reservada de muitos de nossos colegas sobre os seus aportes para a autocompreensão da realidade social brasileira. Afinal, Habermas buscou sistematicamente, em sua versão pragmático-comunicativa da teoria crítica, revisitar criticamente a dimensão utópica da primeira geração, especialmente em autores como Theodor W. Adorno, Max Horkheimer e Herbert Marcuse, de forma a corrigir seus déficits normativos e sociológicos. Ademais, o seu programa pragmático-formal de reconstrução normativa se desenvolve de forma correlata a uma crítica imanente, como mostrou o magistral estudo de Seyla Benhabib, partindo do desmascaramento da consciência de classe e de suas interpretações historicistas, desde György Lukács e dos primeiros expoentes frankfurtianos, entendida tanto de maneira imanente quanto transcendente: "como um aspecto da existência material humana, a consciência é imanente e depende do estágio atual da sociedade. Uma vez que possui uma verdade em seu conteúdo utópico que se projeta para além dos limites do presente, a consciência é transcendente".[1] O duplo risco de *rapprochement* e de desencontro entre Habermas e Rouanet traduz, outrossim, uma ambígua dívida do primeiro para com tal dimensão utópica, notadamente em sua interlocução com Marcuse, cujo projeto marxista de libertação foi desconstruído pela substituição do paradigma do trabalho alienado pelo agir comunicativo. Assim como na crítica marxiana ao socialismo utópico, a distinção durkheimiana entre as opiniões visíveis de agentes sociais e as estruturas invisíveis captadas pelo cientista social foi reformulada por Horkheimer, quando argumenta que a teoria crítica não descarta a realidade do mundo social como ele aparece aos indivíduos. Afinal, o modo como a vida social nos aparece já seria, com efeito, uma indicação de até que ponto os indivíduos estão alienados de sua própria práxis social. Benhabib nos lembra que, para Horkheimer, assim como seria mais tarde para Marcuse e Habermas, "a teoria crítica é também uma crítica das ideologias, pois a maneira pela qual os indivíduos experimentam e interpretam sua existência coletiva é também um aspecto essencial de seu esforço social. Se os indivíduos visualizam a sua vida social como dominada por forças anônimas, naturais ou sobrenaturais, isso é devido à estrutura da práxis material através da qual eles se apropriam da natureza". Portanto, na medida em que mantém a tensão entre facticidade e normatividade, o eminente sociólogo da modernidade e do Iluminismo permite, *malgré lui*, que certa dimensão utópica seja vislumbrada no horizonte de novas formas imagináveis de transformação democrático-social, sobretudo no caso brasileiro, como Rouanet tem argumentado de maneira

---

[1] Seyla Benhabib, *Critique, Norm, and Utopia*. New York, Columbia University Press, 1986, p. 4.

explícita e assertiva. De resto, como Benhabib observa de modo instrutivo, o horizonte utópico acompanha todo o desenvolvimento da teoria crítica, tanto em seu programa reconstrutivo-imanente de pesquisa interdisciplinar sobre o materialismo histórico quanto em suas reivindicações de normatividade em processos históricos e sociais concretos. Em seu prefácio à edição de 1971 da obra seminal de Martin Jay *The Dialectical Imagination*, Horkheimer já o reconhecia: "O apelo a um mundo inteiramente outro [...] obedecia a um impulso primariamente social e filosófico... A esperança de que o terror terrestre não fique com a última palavra é, decerto, um desejo não científico".[2]

Segundo Benhabib, se Horkheimer faz uma distinção entre a verdade filosófica e a científica, atribuindo à filosofia a tarefa de pensar "o totalmente outro", Marcuse teria respondido a esse desafio utópico-normativo na *Zeitschrift für Sozialforschung*, quando da publicação do mais celebrado artigo seminal de Horkheimer ("Teoria Tradicional e Teoria Crítica", de 1937), nos seguintes termos: "Quando a verdade não é realizável dentro da ordem social existente, para esta ela simplesmente assume o caráter de Utopia. Tal transcendência não fala contra, mas em favor da verdade. O elemento utópico foi por um longo tempo na filosofia o único fator progressivo: como a constituição do melhor estado, do mais intenso prazer, da felicidade perfeita, da paz eterna. Na teoria crítica, sua obstinação será mantida como uma qualidade genuína do pensamento filosófico".[3] Portanto, o título da minha fala traduz e trai, desde sempre (*schon immer, toujours déjà*), uma feliz correlação adotada pelo professor Rouanet em suas leituras e reformulações de uma teoria crítica da sociedade latino-americana, e mais especificamente do nosso *ethos* democrático brasileiro, imerso em sua densidade utópico-social. Decerto, não existe democracia mundial e nenhum projeto viável de democracia hoje em dia sem pressupor as correlativas reivindicações normativas do Iluminismo e da modernidade, em seus entrelaçados e intermináveis intentos de liberdade,

---

[2] Max Horkheimer, "Foreword" to Martin Jay, *The Dialectical Imagination*. Boston, Little, Brown, 1973. p. xvi.
[3] Seyla Benhabib, op. cit., p. 148.

igualdade e solidariedade. Parafraseando Habermas, trata-se de um "projeto inacabado de modernidade", na medida em que as democracias liberais em todo o mundo continuam a lutar por reconhecimento mútuo, uma vez que também se dedicam ao entendimento mútuo e à busca de cooperação pacífica. Este projeto em andamento é válido tanto para as democracias consolidadas como para as que estão construídas sobre os ideais e as experiências concretas das revoluções americana e francesa, assim como para as democracias emergentes, como a nossa república constitucional, no Brasil pós-militar. O que pode nos parecer o achado mais trivial, ou seja, a platitude de que as democracias de hoje seguem um caminho de modernização, racionalização, secularização e liberalização, que começou no Iluminismo, foi problematizado por Rouanet – no sentido foucaultiano de "problematização" – ao formular e revisitar sua questão programática: "Podem as democracias nacionais sobreviver, e os direitos humanos ser salvaguardados, sem uma democracia mundial?". Eu gostaria de retomar esta questão nessa breve comunicação destacando como a consolidação de uma democracia nacional particular, como a brasileira, está inevitavelmente condicionada às aspirações ético-normativas universalizáveis de um *ethos* democrático mundial, à luz de autores contemporâneos como John Rawls, Michel Foucault e, sobretudo, Habermas, na medida em que revelam uma dimensão utópica no cerne das críticas de grandes narrativas fracassadas do Iluminismo e da modernidade. Antes de tudo, é mister justificar o sentido amplo que estou adotando para conceber o *ethos* social como o caráter, a disposição, as práticas e os valores compartilhados por um povo, por uma sociedade ou por uma cultura política, traduzindo o sentido normativo-social do termo *Sittlichkeit*, introduzido por Georg Wilhelm Friedrich Hegel em sua *Filosofia do Direito*. A tradução mais usual como "eticidade", embora seja correta e precisa, pode se prestar a uma redução indevida a um sentido meramente ético-moral ou jurídico de normatividade. Como bem salientou Freitag em seu magistral estudo, o sentido de socialidade e institucionalização da *Sittlichkeit* hegeliana se mantém organicamente em sua correlação com a consciência moral subjetiva e a existência social objetivada, enquanto terceira esfera do direito, contrastando-a com as ideias abstratas de liberdade negativa (*Recht*) e reflexiva (*Moralität*), na medida em que efetiva de forma concreta as formas e relações sociais da família, da sociedade civil e do Estado.⁴ Assim como o contrato social e o princípio da universalizabilidade serviriam para fundamentar, balizar ou justificar modelos universalistas liberais (neocontratualistas, como da teoria da justiça de Rawls), o conceito de comunidade e suas ideias correlatas (tradição, eticidade, língua, história, identidade cultural, étnica e religiosa) seriam evocados numa argumentação "comunitarista" recorrendo não mais ao ideal revolucionário marxiano, mas à concepção hegeliana de comunidade (*Gemeinde, Gemeinschaft*) que permeia todas as relações e instituições sociais, integrando as esferas privadas e pública. Tanto Habermas quanto pensadores da terceira geração da Teoria Crítica como Axel Honneth e Benhabib aceitam tais premissas da crítica comunitarista, desde que não incorram em uma falácia naturalista ou no reverso do círculo hermenêutico que caracteriza a nossa impossibilidade de prescindir de pré-compreensões do mundo da vida (*Lebenswelt*), como se a eticidade, o *ethos* social, o *modus vivendi* ou a reprodução social pudessem justificar em termos normativos os dados empíricos da vida comum.⁵ Trata-se de revisitar, portanto, interpretações alternativas ao que poderia ser erroneamente concebido como um *ethos* democrático universal e homogêneo, de modo a evitar as armadilhas reducionistas e as falhas de leituras equivocadas neoliberais, pós-modernas e antiutópicas de Rawls, Foucault e Habermas, respectivamente, em pleno acordo e fazendo jus à tese programática de Rouanet de que as utopias contemporâneas sobrevivem não somente à globalização, mas também a interpretações antiutópicas do Iluminismo e da Modernidade.⁶

---

⁴ Barbara Freitag, *Itinerários de Antígona: A Questão da Moralidade*. São Paulo, Papirus, 1992.

⁵ Nythamar de Oliveira, "Mundo da Vida, Ethos Democrático e Mundialização: A Democracia Deliberativa segundo Habermas". Doispontos, Curitiba, vol. 5, n. 2. 2008, p. 49-71.

⁶ Sergio Paulo Rouanet, "Modernity and World Democracy as Utopias." In: Candido Mendes (ed.), *Democracia Profunda: Reinvenciones Nacionales y Subjetividades Emergentes*. Rio de Janeiro, Academia de la Latinidad, 2007, p. 229-251.

De acordo com Michel Foucault, na medida em que uma história ontológica de sistemas de pensamento deve ser distinguida, tanto da história das ideias (que para ele significava "a análise dos sistemas de representação") quanto da história das mentalidades ("a análise de atitudes e tipos de ação, esquemas de comportamento"), deve-se indagar sobre o conjunto de problemas ou, em suas próprias palavras, "problematizações" (*problématisations*) que configuram o objeto do pensamento *vis-à-vis* de práticas discursivas e não discursivas suscetíveis de "veridicção" e de jurisdição. "Problematização", escreve Foucault, "não significa uma representação de um objeto preexistente nem a criação pelo discurso de um objeto que não existe. É o conjunto de práticas discursivas e não-discursivas que fazem alguma coisa entrar no jogo do verdadeiro e do falso e constituem-no como um objeto de pensamento (seja sob a forma de reflexão moral, conhecimento científico, análise política, etc.)".[7] Assim, para Foucault, o poder deixa de ser tomado como "algo" ou uma entidade, como uma substância ou essência, como o centro das relações de dominação ou como um objeto ôntico de um "poder crítico", e passa a ser tematizado como uma relação, uma conduta, um guiar ou um governar (*kybernein*) ou "governamento" de si mesmo e de outros – dentro de uma hermenêutica mais ampla de subjetividade que permeia os três eixos de seus programas de pesquisa globais (verdade, poder, ética). Por subjetivação, Foucault entendia "a forma como o ser humano se transforma a si mesmo em sujeito", isto é, o conjunto de técnicas através das quais os indivíduos agem de forma a constituir-se como tal.[8] Foucault nos apresenta um *ethos* não universalizável de autossuperação que responde às próprias acusações levantadas por Habermas de que o criptonormativismo da genealogia seria condenado ao niilismo político. Embora não possa tratar desse problema aqui, como já o fiz alhures, posso limitar-me a observar que a leitura perspicaz que Rouanet nos oferece de

---

[7] Michel Foucault, "Le Souci de la Vérité". In: *Dits et Écrits (1954-1988) – Tome II (1976-1988)*. Paris, Gallimard, 1994, p. 1489.

[8] Idem, "On the Genealogy of Ethics" In: Hubert Dreyfus e Paul Rabinow, *Michel Foucault: Beyond Structuralism and Hermeneutics*. Chicago, University of Chicago Press, 1983, p. 208.

Foucault desvela um componente hermenêutico-descritivo que Habermas não conseguiu captar em sua crítica avassaladora do discurso filosófico da modernidade em Foucault, reduzido em sua contradição performativa a um "criptonormativismo".⁹ Ao contrário de Habermas, que situa Foucault entre Georges Bataille, Jacques Derrida, Jean Baudrillard, pós-modernos e pós-estruturalistas franceses, Rouanet afirma com razão que "não há nada de pós-moderno" em Foucault. Nas palavras de Rouanet, "O que Foucault está propondo, em sua parábola helênica, é uma modernidade mais humana, inspirada numa cultura antiga que de alguma maneira havia conseguido unificar essas três dimensões, através de uma forma de vida cujo *telos* era uma relação com a verdade, através de Eros; com a liberdade, através do autocontrole, e com a beleza, através de uma estilística da vida".¹⁰ Assim, a problematização das tecnologias do eu (*techniques de soi*) em Foucault revela, em última análise, o modo como a ascese grega, o pastorado cristão e contracondutas e formas modernas de "governamentalidade" e exercícios de subjetivação se relacionam com o mesmo problema de analisar os vários *dispositifs* associados a uma história ontológica de nós mesmos, em relatos não-lineares da sexualidade, espiritualidade e governamentalidade. De acordo com Foucault, "se se quer analisar a genealogia do sujeito na civilização ocidental, tem-se que levar em conta não apenas as técnicas de dominação, mas também as técnicas de si... a interação entre esses dois tipos de técnicas – técnicas de dominação e técnicas de si. Deve-se levar em conta os pontos onde as tecnologias de dominação dos indivíduos, uns sobre os outros, recorrem a processos pelos quais o indivíduo age sobre o seu próprio eu".¹¹ Isso significa, entre outras coisas, que as tecnologias sociais (notadamente de controle social e da sociedade disciplinar) são sutilmente entrelaçadas com tecnologias do eu em complexos processos de

---

⁹ Nythamar de Oliveira, *On the Genealogy of Modernity: Foucault's Social Philosophy*. Hauppauge, Nova Science, 2003.

¹⁰ Sergio Paulo Rouanet, *Razões do Iluminismo*. São Paulo, Companhia das Letras, 1982, p. 227.

¹¹ Michel Foucault, "About the Beginning of the Hermeneutics of the Self: Two Lectures at Dartmouth". *Political Theory.* vol. 21, n. 2, May. 1993, p. 203.

individualização, normalização e socialização. Portanto, o individualismo metodológico inerente a modelos liberais, como a teoria rawlsiana da justiça, e a intersubjetividade institucionalizada de narrativas pós-hegelianas que retomam a crítica comunitarista, como a teoria habermasiana da democracia e a teoria crítica do reconhecimento de Axel Honneth, devem revisitar suas raízes sociais utópicas em seu próprio intento emancipatório de resgate da normatividade, como Rouanet apropriadamente apontou.[12]

A partir de uma distinção weberiana entre modernização e racionalização, Rouanet convincentemente argumentou em favor de uma concepção cultural, não-funcionalista, da modernidade, para além da racionalidade meramente instrumental e da eficácia teleológica na busca incessante de integração entre a autonomia moral individual e a autonomia política pública. Se as autonomias política e econômica foram, respectivamente, desenvolvidas e promovidas pelo liberalismo e pelo socialismo, as nossas experiências contemporâneas de democracias liberais e sociais foram diagnosticadas em meio a patologias sociais cujos déficits normativos permanecem longe de realizar as promessas emancipatórias do Iluminismo. De acordo com a fórmula lapidar de Rouanet, tal é o "excedente utópico" do projeto iluminista da modernidade.[13] Ao propor que aprofundemos nossas análises teórico-críticas de um determinado modelo de *ethos* democrático à luz das tensões e contradições existentes entre suas realizações concretas e seus excedentes utópicos, como tem feito Rouanet com relação à situação particularista-universalista das democracias modernas, podemos apreender melhor os seus paradoxos de particularismo comunitarista e de globalização capitalista, sem cedermos a quaisquer formas de relativismo moral ou de imperialismo cultural. Nesse sentido, a monumental contribuição da obra de Rouanet para uma teoria crítica brasileira permite-nos revisitar não apenas análises da cultura política nacional, de sua formação identitária ou de seu processo civilizatório, mas ainda implementar um

---

[12] Sergio Paulo Rouanet, "Democracia Mundial". In: Adauto Novaes (ed.), *O Avesso da Liberdade*. São Paulo, Companhia das Letras, 2002, p. 237-48.

[13] Idem, *Mal-Estar na Modernidade: Ensaios*. São Paulo, Companhia das Letras, 1993, p. 120-84.

programa de pesquisa em reconstrução normativa do nosso *ethos* democrático, semelhante ao que tem sido proposto por Habermas e Honneth, atentando para as peculiaridades do recente processo de democratização, em curso no Brasil desde o final da ditadura militar em 1985.[14] Com efeito, o caso brasileiro parece desafiar a maioria dos paradigmas modernistas e pós-modernos, apesar de todas as tentativas de polarizar nessas direções, especialmente à luz das últimas décadas, após 21 anos de regime autoritário. Antes mesmo da celebrada inserção da economia brasileira no cenário mundial neste século, constatamos que a consolidação da nossa democracia constitucional coincide com os complexos desafios normativos de fazer jus a um estado de direito em um país onde a impunidade tem sido a regra, e a justiça a exceção, onde a corrupção endêmica subjaz a nossas ideias híbridas de modernidade, como no patrimonialismo pré-moderno que convive com expressões de cultura pós-moderna. Apesar de todas as suas patologias sociais e de seus sintomas sistêmicos de crises contínuas, o *ethos* democrático brasileiro não esvaziou os horizontes utópicos de mudanças estruturais e de reformas institucionais que se anunciam, sobretudo em períodos de eleições federais, estaduais e municipais. A correlação que Rouanet estabelece entre Iluminismo e modernidade permite que situemos a reconstrução normativa do nosso *ethos* democrátrico nesse *rapprochement* entre uma crítica imanente da nossa cultura política e da nossa realidade social e nossa constante reivindicação normativa do que ainda não se concretizou em nossa frágil democracia.

Hoje, mais do que nunca, pode-se revisitar a crítica imanente das disposições jurídicas e sociais existentes, pela imaginação reconstrutiva de diferentes valores éticos, relações intersubjetivas e instituições sociais, pelo

---

[14] Penso em obras clássicas, como os dois excelentes volumes organizados por Alfred Stepan, *Authoritarian Brazil: Origins, Policies, and Future* (Yale University Press, 1973) e *Democratizing Brazil: Problems of Transition and Consolidation* (Oxford University Press, 1989), assim como em trabalhos mais recentes como André Singer, *Os Sentidos do Lulismo: Reforma Gradual e Pacto Conservador* (Companhia das Letras, 2012), e Marcos Nobre, *Imobilismo em Movimento: Da Abertura Democrática ao Governo Dilma* (Companhia das Letras, 2013).

desenho de estratégias políticas que procuram mudar arranjos jurídico-institucionais reais, integrando-os a um mesmo programa de investigação pragmática na teoria crítica, conduzindo-os a uma reconstrução crítica imanente de reatualização normativa, como Honneth tem implementado em sua antropologia intersubjetiva do reconhecimento, de inspiração hegeliana, enquanto autorrealização e autodeterminação que só pode ser realizada e efetivada em experiências relacionais do mundo da vida social, *locus* por excelência de expectativas normativas (estando a sociabilidade em última análise sedimentada tanto pelo bem-estar individual quanto pelo sofrimento).[15] Esta é uma sutil mudança, mais radical, de uma concepção proposicional da linguagem e da semântica, mesmo quando se afirma, por exemplo, que "não deve ser o caso que p e não-p" (digamos, para exemplificar o princípio da não contradição ou que afirmações contraditórias não podem ser ambas verdadeiras, no mesmo sentido, ao mesmo tempo, em relação à *ideal speech situation* evocada por Habermas), pois há um certo "excedente normativo da práxis". Tal afirmação poderia ser, com efeito, tomada em um sentido ontológico, psicológico ou semântico – ou todos eles –, como já fora apontado por Ernst Tugendhat (1986), em favor de um externalismo semântico em Habermas, na medida em que o significado de um termo ou frase é determinado, no todo ou em parte, por fatores externos ao falante.[16] Afinal, o conteúdo intencional depende apenas de como o mundo é objetivado e como relatos na primeira pessoa podem ser complementados e dar lugar a posições de terceira pessoa, tornando-os explícitos, como na pragmática inferencialista de Robert Brandom: "As normas entram na história em três lugares diferentes: os compromissos e direitos que os membros da comunidade se atribuem uns aos outros; as propriedades práticas implícitas de manter uma pontuação [*scorekeeping*] com atitudes, que instituem esses estados deônticos; e a questão de quando

---

[15] Nythamar de Oliveira, "The Normative Claims of Brazil's Democratic Ethos: Bourdieu's *Habitus*, Critical Theory, and Social Philosophy". *Civitas*, Porto Alegre, vol. 12, n. 1. 2012, p. 70-87.

[16] Ernt Tugendhat e Ursula Wolf, *Logisch-Semantische Propädeutik*. Stuttgart, Reclam, 1986.

é apropriado ou correto interpretar uma comunidade como exibindo intencionalidade original, atribuindo determinadas práticas discursivas de pontuação e atribuindo estados deônticos".[17]

Seguindo Foucault, Karl-Otto Apel e Habermas, três mudanças de paradigma da ontologia, subjetividade e linguagem (por exemplo, no direito natural, direitos positivos e hermenêutica jurídica, respectivamente) podem ser mostradas como constitutivas e interdependentes, configurando uma correlação semântica (*Bedeutungskorrelation*) entre a reprodução social do moderno, o mundo da vida racionalizado e uma hermenêutica da subjetivação. Assim como uma "semântica transcendental" viabiliza a articulação de sentido ("*Sinn und Bedeutung*", nos próprios termos de Kant) na sensificação (*Versinnlichung*) de conceitos e ideias que nos remetem a intuições em sua dabilidade (*Gegebenheit*) de sentido ou em sua exequibilidade (*Realisierbarkeit*),[18] por analogia, uma correlação formal-pragmática de inspiração habermasiana lograria articular teoria e práxis, desde que o paradigma comunicativo-reconstrutivo supere as aporias transcendentais-empíricas e evite as armadilhas de um objetivismo naturalista e de um subjetivismo normativista através de uma intersubjetividade linguisticamente gerada. Seria certamente enganoso contrapor "ontologia social" à "linguagem" ou à "subjetividade" como se estas fossem tomadas como ontologias "regionais" ou meros subcampos da antiga metafísica – precisamente por isso Habermas enfatiza o caráter pós-metafísico de sua empreitada. Persiste, todavia, o problema de justificar a normatividade inerente ao mundo da vida social: como não podemos simplesmente pressupor que as normas sociais seriam fundamentadas ou justificadas por algum tipo de normatividade moral, jurídica ou semântica – como deram a entrever alguns dos últimos escritos de Habermas sobre o problema da metodologia –, deparamo-nos com o problema de como evitar o dualismo kantiano (que poderia salvaguardar a normatividade no campo da liberdade, em

---

[17] Robert Brandom, *Making it Explicit: Reasoning, Representing, and Discursive Commitment*. Cambridge, Harvard University Press, 1994, p. 637 ss.
[18] Zeljko Loparic, *A Semântica Transcendental de Kant*. 2. ed. Campinas, CLE, 2002.

oposição aos objetos teóricos da natureza) sem incorrer numa epistemologia naturalizada ou num materialismo reducionista.[19] Assim, um grande desafio para a teoria normativa da ética, do direito e da política nos dias de hoje consiste em articular uma justificação que atenda a critérios racionais, tanto em termos ontológico-semânticos quanto empírico-pragmáticos, levando em conta não apenas as questões de raciocínio, mas também a interpretação, a autocompreensão, a historicidade e a linguagem características de um *ethos* social. Em termos fenomenológicos ou hermenêuticos, pode-se dizer que a normatividade deve ser histórica e linguisticamente situada em um contexto concreto de significado, inevitavelmente ligada a restrições, preconceitos e uma ou mais tradições comunitárias, recepções e interpretações de tradições. Os diálogos em curso entre neurociências e diferentes tradições da filosofia moral viabilizam, outrossim, maior aproximação entre "padrões de normatividade" tradicionais (por exemplo, morais, éticos e legais) e modelos de justificação epistêmica, notadamente em filosofia analítica, sem pressupor os extremos do positivismo lógico ou críticas não-cognitivistas de teorias de valor.

Habermas buscou incessantemente uma terceira via, dialogando com autores analíticos e continentais, e foi assim que saudou a publicação de *Uma Teoria da Justiça* de Rawls, em 1971, por renovar o interesse prático-emancipatório de conciliar uma formulação teórica de princípios normativos com a densidade empírica da vida social, lembrando a ponte prático-teórica perseguida pelas reivindicações normativas da Teoria Crítica. Com efeito, o dispositivo rawlsiano do equilíbrio reflexivo, juntamente com a posição original e a sociedade bem ordenada, poderia ser tomado em termos heurísticos no experimento mental de uma teoria ideal de justiça que em última análise deveria atender a necessidades e capacidades não ideais de uma cultura política. Ainda, no final dos anos 1960, e sobretudo na década seguinte, Habermas dedicou-se a implementar um programa experimental em reconstrução racional ou normativa que, de

---

[19] Jürgen Habermas, *Truth and Justification*. Cambridge, Massachusetts, MIT Press, 2005. [*Wahrheit und Rechtfertigung: Philosophische Aufsätze*. Frankfurt, Suhrkamp, 1999].

modo análogo ao equilíbrio reflexivo, poderia descrever os complexos processos evolutivos de reprodução social e de formação do juízo moral, sem incorrer, por um lado, num tipo de reducionismo naturalista ou historicista, ou, por outro lado, num normativismo ou argumento transcendental, típicos de filosofias da subjetividade ou da consciência. Ora, desde as suas primeiras formulações seminais, o programa de pesquisa social da Teoria Crítica assumiu como tarefa do materialismo interdisciplinar empreender uma crítica imanente da sociedade e suas instituições. Ao destranscendentalizar a reconstrução do materialismo histórico, sem abandonar a força normativa da evolução social em seu desenvolvimento societário e sua dinâmica de processos históricos civilizatórios, Habermas divisou uma lógica de progresso moral independente, guiada por questões linguísticas, semânticas e pragmáticas, em interação com atividades de produtividade inerentes à divisão social do trabalho e sua interação comunicativa. Habermas pôde, assim, reformular em termos reconstrutivos normativos o princípio da universalizabilidade, segundo um modelo de equilíbrio reflexivo, na esteira do coerentismo rawlsiano, como uma reconstrução das intuições cotidianas subjacentes ao julgamento imparcial dos conflitos morais de ação. A proposta reconstrutiva de Habermas é, nesse sentido, não fundacionista e mais plausível do que qualquer outra versão cognitivista, universalista ou formalista, incluindo a do procedimentalismo normativista de Rawls, cuja teoria da justiça se encaixa no segundo e terceiro critério, mas não consegue ser consistentemente cognitivista na medida em que mantém a separação entre verdade e justiça. Assim como tal reconstrução revela as competências fundamentais mais comuns da linguagem e do agir comunicativo, ela também diz respeito ao modo racional como justificamos reflexivamente o desenvolvimento de regras ou sistemas cognitivos através de processos evolutivos neurobiológicos e sociais. Embora Habermas tenha se distanciado de concepções autorreflexivas, limitando-se a reconstruir as condições e pressupostos da deliberação democrática, um verdadeiro déficit fenomenológico acaba por trair, desde uma crítica imanente reconstrutiva do externalismo semântico, o conteúdo intencional cognitivo, que não poderia ser reduzido a uma objetificação do mundo pela reflexividade da primeira pessoa, dando lugar a posições supostamente neutras de terceira pessoa. Destarte, uma reconstrução discursiva do direito e da democracia deliberativa evita a imposição de uma normatividade externa aos aspectos procedimentais do uso público da razão, mas permanece deficitária quanto aos valores e às crenças de uma cultura política concreta. Como já mostrou de forma assaz convincente Luiz Repa em seu artigo sobre a teoria reconstrutiva do direito em *Faktizität und Geltung*, a reconstrução da gênese lógica do sistema de direitos logra explicitar o significado da práxis constituinte, em função de dois elementos de uma reconstrução interna (o princípio do discurso, pelo qual os participantes da práxis deliberativa podem reconhecê-lo como imanente a essa práxis) e de uma reconstrução externa (o conceito de forma jurídica, que não é derivada das condições comunicativas da linguagem mas prescinde de uma reconstrução socioevolutiva).[20] Nesse contexto específico, podemos pensar na evolução social do "estado de direito" (*rule of law, Rechtsstaat*) num processo socioevolutivo: na *Teoria do Agir Comunicativo*, temos o problema habermasiano da passagem das reivindicações normativas em práticas cotidianas e relações intersubjetivas no mundo da vida aos níveis diferenciados subsistêmicos das instituições, da esfera pública e da eticidade. Vale a pena lembrar que o modelo de "reconstrução racional" representa o fio condutor das pesquisas habermasianas sobre as estruturas do mundo da vida (cultura, sociedade e relações interpessoais) e suas respectivas funções (reproduções culturais, integrações sociais e socialização). Para este propósito, a dialética entre "representação simbólica" de "estruturas subordinadas a todos os mundos da vida" ("relações internas") e a chamada "reprodução material" dos sistemas sociais em suas complexas "relações externas" (entre os sistemas sociais e o meio) tem de ser considerada. Este modelo encontra uma aplicação, acima de tudo, num programa de pesquisa sobre a "evolução social", com base na reconstrução das condições necessárias para uma filogenia

---

[20] Luiz Repa, "A Teoria Reconstrutiva do Direito. Notas sobre a Gênese Lógica do Sistema dos Direitos Fundamentais em Habermas". Doispontos, Curitiba, vol. 7, n. 2. 2010, p. 141-56.

das formas socioculturais da vida (a "hominização"), até uma análise do desenvolvimento das "formações sociais", que Habermas subdivide em formações primitivas, tradicionais, modernas e contemporâneas.[21] Com efeito, para Habermas, tratava-se, então, de formalizar o modelo de "reconstrução da lógica de desenvolvimento" de "formações sociais" através da diferenciação entre os sistemas sociais indispensáveis (por meio da "racionalização do mundo da vida" e do "crescimento na complexidade dos sistemas sociais"). Ademais, Habermas procurava oferecer alguns esclarecimentos metodológicos sobre a "explicação da dinâmica" de "processos históricos" e, em particular, sobre o "significado teórico" das proposições da teoria evolutiva. Mesmo que tais "reconstruções racionais" sejam *ex post* e os "modelos de sistema/meio" não possam ter uma plena "aplicação historiográfica", eles podem ser considerados uma premissa programática na estrutura argumentativa da "explicação histórica" – mas que não seria satisfatoriamente levada a cabo por Habermas, talvez por esbarrar em problemas sistêmicos como a juridificação e a reificação, decorrentes da colonização subsistêmica do mundo da vida.

À guisa de conclusão, podemos caracterizar o método reconstrutivo-normativo de Honneth como uma espécie de sociologia normativa ou de filosofia sociológica que ele retoma de seu antecessor, permitindo-lhe, por um lado, reformular uma teoria da justiça como análise da sociedade concreta, sem partir de premissas normativistas abstratas, e, por outro lado, resgatar a dimensão utópico-social da alteridade em lutas pelo reconhecimento (operando uma certa reabilitação de Foucault), exatamente como Rouanet entrevia com relação ao programa habermasiano. O método de reconstrução normativa parte, em Honneth, da própria base das instituições sociais da democracia liberal, do "nós" (*Wir*) concreto, das relações interpessoais (de amizade e amor, associações voluntárias, organizações e movimentos sociais, cidadãos, contribuintes e eleitores), das trocas econômicas e de consumo, dos membros de uma cultura política num Estado

---

[21] Jürgen Habermas, *Zur Rekonstruktion des Historischen Materialismus*. Frankfurt, Suhrkamp, 1976.

democrático de Direito.²² Em sua última obra mais importante, Honneth finalmente esclarece o verdadeiro sentido da eticidade (*Sittlichkeit*) inerente à liberdade social, mais fundamental e "anterior" a concepções de liberdade negativa (como em Hobbes e jusnaturalistas) e de liberdade reflexiva (Kant, Rawls, Habermas), a liberdade concreta que efetiva e realiza a liberdade jurídica e moral. A eticidade, enquanto sentido normativo do *ethos* social, pode decerto ser analisada ao integrar as três esferas concêntricas, seguindo o modelo hegeliano da *Rechtsphilosophie*, da família, da sociedade civil e do Estado, mas ela somente faz jus à institucionalização de normas sociais quando é compreendida na própria dinâmica da liberdade social por intermédio das relações pessoais, das relações econômicas ou de mercado, e da formação da vontade democrática, ou seja, quando o seu excedente normativo nos revela que a alteridade do Outro não pode ser reduzida a uma totalidade de juridificação ou de reificação. Seguindo a atualização de Hegel proposta por Honneth, o Outro é que nos revela, revela o "nós" que ainda estamos por completar, perfazer e nos tornar. Parafraseando Ernst Bloch, o espírito (*Geist*) coletivo de um *ethos* social compartilhado – o que "nós" brasileiros somos e queremos ainda nos tornar – é um "nós" que não floresceu ainda para se reconhecer em sua ou nossa utopia social, um *ethos* democrático que ainda está crescendo, aprendendo, amadurecendo e, sobretudo, expandindo os horizontes utópicos de um futuro mais igualitário e justo.²³ Nos termos do professor Rouanet, o excedente normativo é, afinal, um excedente utópico.

---

²² Axel Honneth, *Das Recht der Freiheit*. Frankfurt, Suhrkamp, 2011.
²³ Ernst Bloch, *Geist der Utopie*. München, Duncker & Humblot, 1918.

MODERNIDADE

TRATA-SE DE UM PROJETO FALIDO OU,
COMO AFIRMA HABERMAS,
DE UM PROJETO INCOMPLETO?

CANDIDO MENDES

Interrogando a pós-modernidade

A pergunta instigante quanto à modernidade e sua instância inacabada vai, por força, à *mouvance* histórica de nosso tempo, no largo sentido em que a entende François Jullien – ou seja, de que representa distintas etapas do processo histórico – e nos reptos de seu compreender. O que se interroga, hoje, é o quanto passamos à pós-modernidade e recorremos ao aparelho epistemológico para essas distinções. Por força, tal implica – como, de saída, nos dá a lição de Sergio Paulo Rouanet – a própria indagação dos limites da racionalidade, para questionar, de fato, o que seja um enfoque prospectivo para este "vir-a-ser" e até onde ele repta na busca do novo real concreto ou de uma transdialética. Não é outro o repto que nos propõe Giorgio Agamben, ao nos convidar a ir além da contradição; ou Paul Ricoeur, quando nos diz que o pós-moderno implica a saturação da racionalidade; ou François Jullien, a nos impelir a nova práxis de um entendimento no trabalhar o "excesso da racionalidade"; ou ainda Jean Baudrillard, que invalida todo novo avanço do *cogito*, diante da mediação terminal do simulacro. Já Jürgen Habermas, ao contrário, tramaria por um "mais além" do compreender, no que seja um "mais ser", diante do dialógico, ainda, da contemporaneidade.

É o que nos leva, como liminar desse compreender, à busca de uma fenomenologia do pós-moderno, frente ao processo histórico da contemporaneidade. Depararíamos, de início, a perda da sincronia histórica, no contraste e no confronto entre civilização e cultura. Emergiriam, por aí mesmo, a chamada "defesa da diferença" como precondição do enunciado do real concreto e o que representaria como "sinais dos tempos" a torna da religião, quando a modernidade preparava a sua superação. Até onde sobrevive a laicização, tão bem formulada por Habermas, como a da perda da transcendência na busca daquele "mais ser" humano? Da mesma forma, percebemos, hoje, a perda do reconhecimento do outro, ou seja, da lógica da alteridade, que nos leva à problemática do terrorismo, e tal para depararmos o fenômeno da globalização e, talvez, já, do seu delineio não hegemônico. À nossa frente está, também, a sociedade virtual, a reclamar, como exige o mesmo Habermas, uma nova primeira gramática da comunicação. É constitutiva desse pós-moderno a nova monumentalidade do indivíduo, no cenário que lhes emprestam os *blogs*, exposto à desgrupalização. Estaríamos diante da nova remissão entre o indivíduo e a totalidade, no *vis-à-vis* entre a democracia e o universal, e de como aí regride na pós-modernidade a ideia da representação. O que é, em nossos dias, o "povo na praça"? Devemos a Alfred Weber a mais densa visão do que seja a dialética entre a civilização e a cultura. O Ocidente nos impôs, para além da cultura, uma sociedade tecnomorfa, que transforma o dito mundo e o instrumenta, sufocando nas culturas lindeiras. O 11 de Setembro de 2001 marca a irrupção do terrorismo para manifestar a autonomia de uma cultura asfixiada pelo Ocidente, como a islâmica.

Quebra-se, com isso, a homogeneidade da velha *mouvance*, homônima à noção do progresso e do avanço universal da *techné*, eliminando toda capacidade de uma subjetividade cultural em se definir identitariamente, ou seja, gerar um sentido como "ser no mundo", monopolizado pela dominância civilizatória.

Mas, por aí mesmo, surge uma nova nêmesis dessa dominação, que é a de fazer da sua autenticidade uma contrafação do próprio Ocidente. Mergulhamos, assim, nos replicantes, ou nos simulacros da própria identidade, como sublinha Paul Ricoeur, trocada a representação do real concreto pelo seu simulacro? Ainda na frase de Ricoeur, é, então, o próprio evento que desaparece para ser, de fato, o seu fantasma ou sua representação.

Não é outra esta segunda marca da pós-modernidade, que é a ressurreição das religiões. Encontramos nela o lance de última hora para assegurar a diferença, diante da hegemonia civilizatória. Mas isso, e exatamente para a evidenciar, traz a sua contra-história para se aferrar aos fundamentalismos, induzindo a nova "guerra de religiões". O republicanismo americano constitui a forma mais dogmática de encarnar o cristianismo à identidade do país, em nova e possível associação entre a religião e o Estado.

Doutra parte ainda, a laicização, vista como marca da modernidade, superaria o antigo *ethos* da transcendência, nessa busca, hoje, do "mais ser do homem e de todos os homens". Chegar-se-ia, por conseguinte, à exigência de um imanentismo, e não da transcendência, como primeira marca do humanismo contemporâneo. Nele, a perfectibilidade – tal como a define Habermas – remata a ideia desse quefazer, com a defesa do permanente aperfeiçoamento da noção dos direitos humanos.

Por outro lado, porém, pergunta-se: em que termos, na pós-modernidade, estamos frente a outro paradoxo, ou seja, o deste mundo do desreconhecimento do outro? A mensagem-chave de al-Zawahiri, sucessor de Bin Laden, é de que é preciso chegar-se ao heroísmo para negar-se o outro. Ou melhor, o desreconhecimento do outro exige a aura do heroísmo. Ou melhor ainda, o martírio chegado à sua definitiva canonização.

No desenho dessa fenomenologia, perguntar-se-ia se a representação, hoje, da globalização é tão distinta da que vimos há vinte anos. Eis o fenômeno, mal percebido ainda, dos Brics, ou da cunha, hoje, trazida a toda nova forma de hegemonia planetária. Mas o que importa, também, é que, entre si, os Brics não constituem um bloco. Nada mais antagônico do que a Índia e a China. E os seus membros entram em competição na busca de mercados, tal como o Brasil e a China, na África e mesmo na América Latina.

À nossa frente, também, se encontra esta interrogação, e sempre na lição de Habermas: como vai a lógica da comunicação se definir, em face do mundo virtual? Jullien nos diz que ela vai à interjeição e ao gestáltico. E já, desde agora, nessa nova gramática, o filósofo francês sugere a ideia das gradações dentro das tônicas modulares interjetivas. Não superaríamos, por aí, a narrativa como expressão efetiva da modernidade. E o que é, no pós-moderno, em outra conotação fenomenológica, a emergência do indivíduo? Deparamos a sua monumentalidade, que sai de qualquer escala prévia para ter a dos seus desejos e – volta-se a Habermas – exorbita do consumismo, no sentido do desejo e da vontade de um poder irrealizável, tanto quanto infinito. E tal à margem de qualquer mediação grupal, a levantar a nova interrogação fundamental de Agamben: sem o grupo, como é que uma sociedade se mobiliza? Qual a identidade, nas atuais mobilizações pela internet, que não leva a nenhum reconhecimento do outro? Essas mobilizações são intermitentes e não se organizam em nenhuma ideia grupal. Daí a perguntar, como Maffesoli, se, desaparecida a mediação, entra em crise, também, a democracia representativa na pós-modernidade. O "povo na praça" não volta para casa e vai se reconhecer, sim, e cada vez mais, numa democracia direta. Marchamos, com o cansaço na rua, para a exigência da democracia dos referendos, e a mobilização partidária se encontra, hoje, nessa trilha prospectiva. De toda forma, a pós-modernidade escapa, por inteiro, aos compassos de fases, etapas. Faz-se toda, sim, do tempo débil de Gianni Vattimo, feito de interconexões setoriais, de defasagens e de anacronismos nas leituras diacrônicas da identidade, submetidas ao império da civilização sobre o das culturas. E mal nos precatamos, ainda, do que seja, como também frisou Sergio Rouanet, esse dialogismo quase dialético da transracionalidade, nesse encontro heideggeriano do *Dasein*, da verdadeira concretude.

Bibliografia

AGAMBEN, Giorgio. *Qu'Est-ce que le Contemporain?* Paris: Rivages Poche, 2008.

APPADURAI, Arjun. *Modernity at Large: Cultural Dimensions of Globalization.* Minneapolis: University of Minnesota Press, 1996.

BAUDRILLARD, Jean. "*Le Virtuel Et L'Événementiel*". In: MENDES, Candido (ed.). *Hégémonie et Civilisation de la Peur.* Rio de Janeiro: Educam-Académie de la Latinité. 2004. (Textes de Référence)

DEBRAY, Régis. *Un Mythe Contemporain: le Dialogue des Civilisations.* Paris: CNRS Editions, 2007.

HABERMAS, Jürgen. *Le Discours Philosophique de la Modernité.* Paris: Gallimard, 1985.

_____, *L'Occidente Diviso.* Roma-Bari: Laterza, 2004.

HONNETH, Axel. *La Théorie de la Reconnaissance.* Paris: Éditions du Cerf, 2000.

HUNTINGTON, Samuel P.. *"Who Are We?": The Challenge of America's National Identity.* New York-London: Simon and Shuster, 2004.

JULLIEN, François. *De L'Universel, de L'Uniforme, du Commum et du Dialogue Entre les Cultures.* Paris: Fayard, 2007.

RICŒUR, Paul. *La Mémoire, L'Histoire, L'Oubli.* Paris: Seuil, 2000.

TOURAINE, Alain. *La Recherche de Soi: Dialogue sur le Sujet.* Avec Farhad Koshrokovar. Paris: Fayard, 2000.

WEBER, Alfred. *Historia de la Cultura.* México: Fondo de Cultura Económica, 1956.

ŽIŽEK, Slavoy. *Vivre la Fin des Temps.* Paris: Flammarion, 2010.

ELMAR ALTVATER

(TRADUZIDO DO ALEMÃO POR BARBARA FREITAG)

O projeto da modernidade: fracassado ou ainda incompleto?

A MULTIPLICIDADE: AS MUITAS MODERNIDADES, AS VARIEDADES DO CAPITALISMO

Quando se fala de um projeto fracassado ou incompleto, tem-se diante dos olhos uma determinada norma de completude e mesmo uma certa imagem de perfeição, a menos que se conceba a modernidade como um projeto aberto, que não visa à perfeição, mas algo como uma "modernidade múltipla" (Shmuel Eisenstadt) no tempo e no espaço, como uma miscelânea híbrida de culturas, religiões, ideologias. Nesse caso, se quiséssemos evitar um "vale-tudo pós-moderno" e abrir um "horizonte de emancipação" (Jean-François Lyotard), tornar-se-ia necessário chegar a um entendimento em torno dos "elementos essenciais da modernidade". Isso é difícil, pois (como afirma András Gedö), "a filosofia da modernidade se caracterizaria pelo desmembramento da razão, da história e da filosofia; pela dissolução e fragmentação dessas categorias. Essa filosofia encararia a modernidade como atributo transfigurado da sociedade burguesa, que ela identificou, a partir de um ponto de vista positivista, com uma racionalidade esvaziada e ahistórica; ou ainda, ela compreenderia a modernidade como declínio, segundo as categorias míticas da filosofia da vida, como um fenômeno de decadência. Durante a passagem do pensamento burguês clássico para o pensamento burguês tardio, formou-se aquela tradição da crítica da modernidade como Esclarecimento (*Aufklärung*) que então se desdobrou no contexto da consciência filosófica da crise"...[1]

Um mínimo de modernidade é, por exemplo, introduzido pela Wikipédia como se fosse um catálogo. Ali se encontra, em primeiro lugar, "a secularização" como consequência do esclarecimento e da esperança a ele associada de uma espécie de "religião da humanidade" que assumiria o lugar das religiões institucionalizadas; em segundo lugar, a "industrialização", compreendida como a passagem da produção manual e artesanal para a produção em massa através de máquina; associado a isso, em terceiro lugar, o desprendimento das formas absolutistas do Estado (*Ancien Régime*) pelo Capitalismo e pela Democracia; em quarto lugar, "a crença no progresso", ou seja, a ideia de que as conquistas materiais da humanidade cresceriam e progrediriam ilimitadamente; quinto lugar, "a racionalidade", i.e., a crença na razão e o predomínio da reflexão racional; em sexto lugar, a "autonomia" de esferas da sociedade como a ética, a política, o direito, a economia, a arte, e a literatura; em sétimo lugar, o "processo de individualização", tendo em vista a modernização em direção ao individualismo ocidental, tratando-se de um individualismo marcado pela revolução industrial na Inglaterra, o liberalismo econômico, o movimento de independência americano e a revolução burguesa na França. Do outro lado, acontece, a exemplo da revolução de outubro na Rússia, uma modernização baseada no "coletivismo". E, finalmente, em oitavo lugar, cabe mencionar a "domesticação", isto é, o aproveitamento da natureza como recurso neutro, reciclável.[2]

---

[1] Andras Gedö, "Die Philosophie der Postmoderne im Schatten von Marx". In: *Gescheiterte Moderne? Zur Ideologiekritik des Postmodernismus*. Ed. Hermann Kopp e Werner Seppmann. Essen, Neue Impulse Verlag, p.12.

[2] Verbete "Moderne", em Wikipédia, na versão em alemão.

Logo, a modernidade significa a mudança social permanente, a aceleração de todos os processos sociais, o crescimento no tempo e a expansão no espaço. As mudanças quantitativas e em especial as qualitativas têm como consequência uma diferenciação do processo do desenvolvimento, devido às irregularidades e diferentes temporalidades em diferentes espaços e épocas. Assim sempre tem sido, desde que se falava em uma "modernidade", portanto, desde a Renascença na Europa. Isso coincide com a época das grandes descobertas, o começo do sistema mundial do qual falava Fernand Braudel, considerando-se que se tratava de descobrimentos que somente eram tais, da perspectiva dos conquistadores europeus.

O surgimento de um sistema mundial somente se tornou possível porque "a racionalidade europeia da dominação mundial" (Max Weber) passou a se impor no espaço global. Tratava-se, pois, de uma novidade de alcance histórico para a humanidade. O deslocamento da humanidade do vale oriental africano de Olduvai não tivera como consequência nenhuma cultura nem um sistema mundial global, mas sim vários desenvolvimentos regionais separados. Com a conquista do mundo a partir do "longo século XVI", que Fernand Braudel datou de 1492, com o descobrimento do Novo Mundo, até 1648, com os tratados de Paz da Vestfália, essa tendência sofrera alterações. A primeira data marca o início do sistema econômico do comércio mundial incluindo a pilhagem colonial, a segunda data refere-se à organização política dos Estados Nacionais em formação como sistema internacional, como "concerto das potências". Nesse processo civilizatório o papel do comércio mundial não pode ser superestimado. Esse comércio somente foi tão efetivo por abranger a produção, o dinheiro e as finanças, revolucionando, assim, a vida cotidiana, tornando-a acessível à racionalidade moderna. Somente depois de os processos de circulação do dinheiro e da mercadoria alcançarem a esfera da produção constituiu-se a base econômica da modernidade. Foi assim que se formou o modo de produção capitalista, que desde então adquiriu validade sem permitir alternativas. O pensamento pós-moderno alinha-se com a modernidade neoliberal, que se expressa na famosa frase de Margaret Thatcher (conhecida pelo acrônimo TINA, em inglês): "There is no alternative".

A acumulação do capital caracterizou os séculos da unificação, por um lado, e do fracionamento, por outro, num processo contraditório, desde os primórdios do sistema mundial capitalista, em cujo percurso se formaram as já mencionadas "modernidades múltiplas", acompanhadas de composições híbridas de diferentes constelações societárias nas quais se combinam elementos econômicos, culturais, políticos, religiosos e técnicos, cujo resultado é denominado de modo impreciso: "Modernidade" (*Moderne*).

O capitalismo desenvolve-se, portanto, enquanto sistema mundial de *varieties of capitalism*, identificadas hoje pela pesquisa comparativa do capitalismo. As múltiplas formas (*Vielfalt*) de capitalismo não podem ser postas em questão, a não ser que se abra mão do conceito de capitalismo, algo que já é corriqueiro na economia neoliberal. Fernand Braudel chamou atenção para o fato de que Marx utilizou a denominação de "capitalismo" somente uma vez nos três volumes de sua obra *O Capital*, provavelmente para não dar espaço a uma interpretação fetichista de *Kapitalismus*. No conceito de modo de produção já estão incluídas as relações de capital e trabalho bem como as relações industriais e suas mudanças no contexto das lutas de classe. A formação societária (*Gesellschaftsformation*) também abrange as relações políticas e culturais. "O" capitalismo, portanto, modifica-se no espaço e no tempo. Há os predecessores (*forerunners*) e os retardatários (*latecomers*). No primeiro volume do "Capital" Marx escreve que a Grã-Bretanha desenvolvida lhe forneceu as provas empíricas para sua análise do processo de reprodução do capital, e com isso aponta para a história que a Alemanha também terá de percorrer: "*De te fabula narratur*". Neste percurso histórico, Marx distingue o período da manufatura do período da grande indústria; e faz a distinção entre formas da divisão de trabalho com suas modalidades específicas de dominação dentro da fábrica, com as formas da economia e da sociedade como um todo. Essa distinção é refinada posteriormente por Alfred Sohn-Rethel, Antonio Gramsci e complementada pela teoria da regulamentação no contexto do taylorismo e do fordismo. No fundo trata-se de diferentes modos de produção da mais-valia relativa, do desenvolvimento das forças produtivas e por isso do aumento da produtividade. Essas mudanças se expressam como medidas quantitativas de crescimento. Com isso se desconhece que essas mudanças de trabalho, produção e reprodução afetam o modo de vida, acrescentando assim uma dimensão cultural.

Lenin, referindo-se à época capitalista, introduz novas diferenças: entre colonialismo e imperialismo, entre capitalismo concorrencial e monopolista. Considerando a dimensão espacial, a teoria do sistema mundial (Braudel, Immanuel Wallerstein, Giovanni Arrighi, entre outros) diferencia entre sociedades periféricas, semiperiféricas e metropolitanas. Para essa última, os autores ainda introduzem a distinção entre poder hegemônico e nações não hegemônicas. Entre as distintas formas do capitalismo existem interdependências e dependências; especialmente na América Latina, surge a teoria da dependência inserida na teoria do sistema mundial. A história das modernidades múltiplas tem uma longa tradição e amplas ramificações, por isso mesmo é uma história de conflitos.

Esse emaranhado de capitalismos nacionais forma com as estruturas subnacionais uma economia e uma sociedade mundial dinâmica que geram uma cultura mundial, que por sua vez produz uma literatura mundial, algo já demonstrado de modo convincente e unívoco por J. W. Goethe. Admitindo a metáfora de que o capitalismo moderno é como um bosque, que é tão real quanto a árvore individual que o forma, pode-se afirmar que a multiplicidade dos capitais individuais e sua organização pelos Estados nacionais é tão real quanto o capital global (em geral) e sua existência como capitalismo global. Ambos requerem uma análise mais aprofundada.

A dialética da unificação num sistema capitalista mundial e da fragmentação, do fracionamento ou da fratalização (o que não é a mesma coisa, como se mostrou em outro trabalho) está sendo amplamente discutida pela economia política internacional crítica.[3]

---

[3] Elmar Altvater e Birgit Mahnkopf, *Grenzen der Globalisierung: Ökonomie, Ökologie und Politik in der Weltgesellschaft*. 7. ed. Münster, Verlag Westfälisches Dampfboot, 2007.

A EXTERNALIZAÇÃO, O PRINCÍPIO DA MODERNIDADE

A racionalidade da dominação europeia do mundo é implacável pois é instrumental, estritamente voltada para o sucesso. Ela se limita a correlacionar meios a fins. A contextualização mais global, com interdependências imprevisíveis, não é considerada. A racionalidade da modernidade capitalista não pode, portanto, ser holística. As interdependências não podem ser planejadas, por isso, deixam de ser controladas e transbordam. A racionalidade passa a ser o princípio da modernidade que determina o pensamento e a ação. Por ser limitada, também leva a surpresas. Os planos fracassam, na economia é preciso abrir mão dos lucros esperados, as perdas têm de ser realizadas. Quando não se trata mais de casos isolados, acontecendo em série, fala-se em crise. A crise passa a ser a interrupção econômica da normalidade e da rotina, exigindo uma adaptação às novas condições, algo que pode ser destrutivo. O capital deixa de se realizar, capitalistas e trabalhadores deixam de existir. A ausência física de capital leva a irracionalidades escandalosas, como o crescimento do número dos sem-teto nas cidades americanas, onde ao mesmo tempo aumenta a crise dos imóveis que permanecem vazios. Desaparece a racionalidade da ação quando a ação escapa ao controle. A racionalidade de ação de indivíduos singulares desmorona com a irracionalidade do todo. Esse fato já tinha sido tematizado por György Lukács, em *Die Verdinglichung und das Bewußtsein des Proletariats* [História e Consciência de Classe], Editora Malik, Berlim, 1923.

A modernidade com sua racionalidade ocidental de dominação do mundo atinge seus limites, atrás dos quais aquilo que parecia ser racional se transforma milagrosamente em irracionalidade. A crise faz parte da normalidade capitalista. Isso tem a ver com o fato de que a ação racional só garante sucesso quando tudo que ameaça esse sucesso é externalizado do cálculo racional. Essa lógica é inerente à economia que funciona segundo o princípio da obtenção de altos lucros com o mínimo de custos, um elevado grau de bem-estar com o mínimo de empenho, um rendimento lucrativo elevado graças ao capital empenhado. A senha para este confronto racional de *costs and benefits* é uma expressão da modernidade. As várias formas desse confronto se adaptam às necessidades dos negócios. São diferentes em uma empresa de caráter fordista face a variados fundos de investimentos do capitalismo financeiro. Em todos os casos questiona-se se todos os custos e rendimentos podem ser calculados de antemão. É considerado racional externalizar os custos fazendo recurso a fontes de lucro e bem-estar externos. Trata-se de um elemento central da modernidade. Trata-se do ponto de partida do grande "mito" da acumulação de capital sintetizado no termo "modernidade", que desde o "longo século XVI", nos termos de Fernando Braudel, se alastrou como fogo no espaço global do sistema capitalista mundial. Essa história ainda não chegou ao seu final. Não sabemos em qual capítulo de sua leitura nos encontramos. A única certeza que temos é que não haverá um final feliz.

A Wikipédia menciona a "externalização" no último item de sua enumeração, quando inclui como elemento da modernização a "domesticação", ou seja, o uso da natureza como fonte neutra, renovável. A vinculação dos esforços da modernização a uma natureza externa ao projeto da modernidade, que o homem moderno procura subjugar e explorar, remete aos limites irremovíveis desse projeto, desde o seu início, pois não se trata de limites que só posteriormente se associam como "modernidade secundária" a ele. Não existe a característica destacada por Ulrich Beck de uma modernidade "reflexiva" ou "autorreferencial", que somente se referiria a si própria, dispensando recursos externos e ignorando limites impostos de fora. A modernidade capitalista europeia de cunho culturalista não teria existido sem esse mundo "externo", para realizar o projeto de uma dominação racional do mundo. Bacon não teria podido desenvolver sua doutrina da dominação do mundo sem a natureza externa. Por isso essa natureza precisa ser gerada, caso já não exista. Os recursos são retirados da natureza sem que se pague um preço que cubra todos os custos, sem considerar os contextos nos quais os diferentes elementos se encontram. Na modernidade europeia a natureza é valorizada (*in Wert gesetzt*), subtraindo-a ao seu contexto natural, integrando-a em um sistema econômico de circulação, de realização de valor. Na história colonial europeia, recursos "valiosos", singularizados, foram violentamente arrancados da natureza e do seu hábitat, sem que sequer fosse indagado o seu valor monetário. O lixo é descartado nas esferas do planeta sem consideração a outros seres humanos ou seres vivos. Do mesmo modo, a "população redundante" (excedente do ponto de vista europeu) passou a ser descartada e assentada em colônias da América, da África e da Ásia. Do ponto de vista do Hemisfério Sul tratava-se do processo de colonização durante séculos que foi ampliado e transformado em processo de exploração imperialista. Este, por sua vez, desrespeitou, em sua "exacerbação irracionalista" vergonhosa (*irrationaler Überschwang*), todos os limites morais, sociais, ecológicos e financeiros. Sem o mundo externo e sem a colonização nunca teria havido a modernidade europeia.

A questão da racionalidade passou a ter um lugar central no discurso da modernidade a partir de Max Weber. Em seu pensamento convergem teorias do desenvolvimento e tradições racionalistas das mais variadas origens. Entre elas, a tradição da Ilustração europeia desde o século XVI, com sua longa pré-história que remonta até a antiguidade grega, bem como até a filosofia e a ciência árabes. A modernidade, que no início do século XVIII não era denominada assim, ofereceu motivos para grande otimismo. No início da era burguesa um debochador como Bernard de Mandeville ainda se permitia divulgar a ideia de que o vício privado (particular) teria condições de transformar-se em bem-estar público.[4]

Motivações morais contra o vício não faziam parte do linguajar politicamente correto. O bem-estar e a riqueza podem ter crescimento acelerado quando a ação dos homens é imoral, pois assim reza Mandeville em sua *Die Bienenfabel* [Fábula das Abelhas]: "Wenn man auf Luxus jetzt verzichtet, so ist der Handel bald vernichtet. / Manch Handwerk mehr und mehr verfällt, Betriebe werden eingestellt". [Se agora renunciarmos ao luxo, o comércio rapidamente se extinguirá. Se os ofícios deterioram, as oficinas não prosperam e fecham.]

A moral da fábula é clara e inequívoca: somente com virtude não se vai longe. Quem desejar que os tempos dourados retornem não deve

---

[4] Bernard de Mandeville, *Die Bienenfabel*. Berlin, Akademie Verlag, 1957.

esquecer que naqueles tempos se comiam *Eicheln* (boletos). Portanto, os vícios trazem crescimento, riqueza (bem-estar) e felicidade. Eis a mensagem otimista da burguesia nascente.

Essa também é a promessa da economia política desde Adam Smith. O projeto da modernidade desencadeou, desde o século XVIII, com a mudança social permanente, uma modernização permanente. A modernização apresenta-se como riqueza e bem-estar crescente e gera paralelamente instituições políticas e sociais, infraestruturas materiais e imateriais, aglomerações urbanas que – apesar de serem consequências – acabam tornando possível a própria modernização. Esse círculo paradoxal do pré-requisito da modernização que, no entanto, somente pode ser sua consequência foi dominado com bravura pelas sociedades europeias e neoeuropeias nos últimos 250 anos. Essa história de sucesso tem o hibridismo como efeito, que se manifesta discursivamente como superioridade da modernidade e pós-modernidade diante do pensamento tradicional. A racionalidade instrumental se amplifica em direção a um sistema de instituições, regras, atitudes e também como aparelhagens técnicas. Todos eles formam um sistema de crescimento do "bem-estar e da riqueza das nações", que resulta em uma rede de dominação que gera padrões de pensamento, que em sua multiplicidade plural oferece ao sistema econômico da externalização e da dominação política sua justificativa de ser. Karl Marx identificou isso como o "fetichismo" da sociedade capitalista produtora de mercadoria e como um mecanismo imanente ao sistema de dominação da modernidade capitalista.

Esse fato não precisa ser decifrado apenas de maneira crítico-ideológica, mas também precisa ser interpretado positivamente como uma conquista histórica. Isso se revela quando observamos e comparamos as tentativas de modernização em outras partes do mundo. A modernização fracassou em muitos casos. As razões desse fracasso foram analisadas pelas Ciências Sociais depois da Segunda Guerra Mundial e são o tema das teorias da modernidade desenvolvidas no bojo da teoria sociológica de Parsons e Merton ou das abordagens da economia do desenvolvimento de Lewis ou Hirschman, entre outros. Na América

Latina surgiram nesse contexto do debate as teorias do subdesenvolvimento como variantes. Não cabe a mim passar em revista essas teorias, no entanto, parece-me importante chamar a atenção para duas inovações de grande destaque para a discussão da modernidade. Por um lado, ressalta-se a heterogeneidade estrutural de muitas sociedades. Por falta de coerência social, de compatibilidade técnica e econômica e de consenso político essas sociedades não conseguem acelerar a mudança social como característica da modernidade e com isso regular os conflitos políticos e sociais inevitáveis que essas mudanças geram. Nesses casos não é possível refugiar-se na multiplicidade pós-moderna, pois uma sociedade não funciona bem sem um sistema balanceado de compensações sociais. A desigualdade na distribuição da renda e da fortuna desempenha aqui um papel de grande importância. Essa desigualdade tem efeito econômico negativo, já que as estruturas da demanda e da produção são por ela influenciadas, não se ajustando mais entre si. Dessa forma, a compatibilidade dos fluxos monetários nos mercados e das estruturas econômicas está sendo minada. Se essa desigualdade for demasiado grande, aumentará a vulnerabilidade para a corrupção e outras formas de má-governança (*bad governance*).

Hoje em dia uma pesquisa superficial pela internet revela a quantidade de projetos de modernização estatais falhos (falidos) ou fracassados ou incompletos que já existem, condensados em um índice oficial, "index of failed states": modernização pode encontrar sua forma de representação adequada à escala cardinal da racionalidade da modernidade. Isso pode ser interpretado como uma radicalização da crítica da racionalidade moderna, para a qual Francisco Goya cunhou a frase "*El sueño de la razón produce monstruos*", que de forma exemplar expressa que é no sonho e durante o sono que a razão é gerada enquanto monstro. A razão é um elemento integral da modernidade. É nesse elemento que o monstro pode ser gerado até em estado de vigília. Em ambos os casos – quer estejamos dormindo, quer acordados. Isso pode ser visto como antecipação do que muito mais tarde Max Horkheimer e Theodor W. Adorno interpretariam como Dialética do Esclarecimento.

Immanuel Kant e o sistema mundial ecológico

A reflexão explícita do desenvolvimento societário nos moldes do sistema capitalista mundial não se deve a uma atitude mental "moderna" e aberta para o mundo, que estaria se desenvolvendo na literatura mundial (*Weltliteratur*), na música, nas artes plásticas como "modernidade" desde a Renascença, mas, sim, deve-se às condições materiais da acumulação de capital. O bloqueio do desenvolvimento de economia e sociedade em certo país tem, antes de tudo, a ver com as estruturas políticas e econômicas do sistema mundial. A dependência e a desigualdade no desenvolvimento dos preços de matérias-primas e bens industrializados resultam em estruturas do subdesenvolvimento e da dependência. É este o grande tema da crítica das teorias da modernidade, que foram elaboradas desde 1960, primordialmente na América Latina, e discutidas de maneira bastante controversa. Essa crítica rejuvenesceu novamente depois do final do "socialismo real" existente no bloco oriental quando emergiram interpretações modernistas da "transição" da modernidade não capitalista do sistema soviético para uma modernidade estruturada no feitio capitalista.

Tais esboços, por vezes apresentados de forma bastante diferenciada (por exemplo, nos escritos de Guilhermo O'Donnell),[5] eram, contudo, bastante limitados. Pois, entrementes, ficou claro, à luz dos desafios da crescente escassez de recursos e à luz da sobrecarga dos detritos prejudiciais do planeta Terra (crise climática, excesso de ácido nas águas oceânicas, excesso de lixo, ameaça da sobrevivência de certas espécies), que o capitalismo global é também um sistema mundial com riscos socioecológicos, como denunciado por John Bellamy Foster, Jason Moor e Birgit Mahnkopf.[6]

---

[5] Guillermo O'Donnell; Phillippe C. Schimitter; Laurence Whitehead (ed.), *Transitions from Authoritarian Rule: Comparative Perspectives* (v.1-3). Baltimore/London, The Johns Hopkins University Press, 1986

[6] Birgit Mahnkopf, "Peak Everything – Peak Capitalism?: Folgen der sozial--ökologischen Krise für die Dynamik des historischen Kapitalismus",

Desenvolvimento, modernização, mas também subdesenvolvimento, só podem ser compreendidos de modo adequado, quando se considera simultaneamente o sistema energético global, o sistema do clima global, em suma, os limites "planetários" de todo o sistema da Terra. Esses limites são hoje em dia responsáveis por chamar a atenção sobre o fato de que a realização e a acumulação do capital não podem mais ser compreendidas sem considerar o contexto ecológico global. Ou seja, o crescimento da economia, do Estado social, o modo de vida da modernidade com alta mobilidade, i.e., a gigantesca amplitude e velocidade de pessoas e mercadorias se chocam com restrições ecológicas e planetárias. Muitos dos ingredientes da modernidade não estão mais à disposição ou são integrados em um conjunto no qual muitos aspectos da primeira e segunda modernidade já não estão mais presentes.

A abertura de sociedades para migrantes não se equipara à abertura dos mercados para mercadorias e investimentos. A aceleração do crescimento não deixa de ser uma característica da modernidade desde a revolução, mas não pode ser sancionada por uma lei ou por um pacto para a "aceleração do crescimento", como no caso da Alemanha e do Brasil. Nesses termos o projeto da modernidade poderia ser chamado de incompleto. É por isso que no início do século XXI, ou seja, na fase tardia da burguesia, diferente do início da época burguesa, trezentos anos atrás, surge um clima de pessimismo. Na "segunda modernidade" não se aplaudem mais os vícios, que com auxílio da mão invisível do mercado promovem a riqueza das nações, mas, ao contrário, lamenta-se a *tragedy of commons*. Nem mesmo o comportamento mais virtuoso e irrepreensível, louvável, de indivíduos isolados impede a destruição da natureza. É a própria racionalidade que, enquanto orienta a ação, provoca a excessiva exploração dos

---

Working Paper der DFG-KollegforscherInnengruppe Postwachstumsgesellschaften, Nr. 02/2013, Jena 2013; Jason W. Moore, "The modern world-system as environmental history? Ecology and the rise of capitalism". In: *Theory and Society*, New York, v. 32, n. 3, p. 307-77, 2003; John Bellamy Foster, Brett Clark, Richard York, *The Ecological Rift: Capitalism's War on Earth*, New York, Monthly Review Press, 2010.

bens comunitários, e assim, no final das contas, a destruição. A modernidade "devora seus filhos".

Agora surge a pergunta: em vista das tendências contraditórias do projeto da modernidade, teria esta condições de ser concluída? Em um mundo finito uma modernidade em expansão espacial e aceleração temporal torna-se um empreendimento impossível a longo prazo. Immanuel Kant já tinha compreendido isso, levando-o à conclusão de formular o imperativo categórico: já que os seres humanos não podem expandir-se ilimitadamente na superfície limitada do planeta, eles precisam desenvolver regras para que possam lidar de maneira pacífica e digna uns com os outros. Hoje os limites ecológicos estão bem mais nítidos e mais apertados do que nunca. A modernização "tradicional", por intermédio da "externalização" baseada na exploração dos recursos naturais, da mão de obra alheia e da colonização (*Kolonialisierung*) de terras aparentemente livres, não funciona mais, tendo em vista que também é preciso controlar e reduzir as emissões de substâncias tóxicas produzidas pela moderna economia e pela sociedade. O que outrora, no auge da modernidade capitalista, foi externalizado agora volta e clama por soluções adequadas, interiorizadas. A modernidade europeia dispunha de um território próprio (*Hinterland*) que não existe mais. Não somente o colapso climático é uma consequência e um sinal de alerta (*Menetekel*) do projeto da modernidade. Igualmente o lixo atômico que várias gerações abrigaram em campos "intermediários" exige agora ser descartado de forma definitiva. A solução definitiva para o problema da eliminação dos detritos tóxicos ainda não foi encontrada. A externalização precisa ser continuada, mas é apenas provisória. E até quando isso funcionará? Uma resposta racional e confiável a esta questão ainda não há.

Assim, fica claro que o processo econômico em uma sociedade capitalista sempre tem caráter duplo: por um lado, como processo de realização de capital, ele não está vinculado a limites, é um processo reflexivo, autorreferente, da racionalidade moderna, algo que os teóricos da modernidade assinariam sem restrições. Por outro lado, no entanto, os processos econômicos e societários são simultaneamente transformações de materiais

(*Stoffe*) e energias a serviço da comunicação social, que moldam e modificam os indivíduos e a sociedade, mas acima de tudo o seu meio natural. Enquanto materiais, energéticos e sociais, esses processos são limitados e não autorreferentes, mas, sim, subordinados a leis da natureza (da termodinâmica e da evolução) bem como a barreiras e normas, à capacidade de desempenho do corpo e do espírito e às condições políticas de obtenção de consenso e hegemonia em uma sociedade. Esse duplo caráter de todos os processos sociais produz e convive com a contradição entre a ambição ilimitada da realização capitalista (e com isso do crescimento econômico) e a limitação do capitalismo como sistema mundial econômico em nosso globo terrestre. Esse dilema (ou essa contradição) não pode ser modificado na modernidade de formação capitalista. Ou seria possível que as múltiplas tentativas de procurar uma solução para o impasse criado pela dificuldade de uma modernização ecológica permitissem apontar uma saída para o projeto da modernidade? Ou teremos de partir com Eisenstadt da suposição de que as múltiplas modernidades (*multiple modernities*) mencionadas no início deste ensaio possam fornecer uma saída para essa modernidade capitalista contraditória?

Encontramo-nos hoje em uma corrente, cada vez mais volumosa, de ideias e iniciativas visando a uma modernização ecológica, um contrato social verde. Trata-se de uma "grande transformação" em cor verde, que também podemos chamar de "crescimento verde", "pós-crescimento" ou "crescimento zero". O acabamento da modernidade consistiria no fato de a modernidade capitalista interiorizar vínculos ecológicos. A modernização tradicional via externalização chega ao seu final, definido pela sua utilização de recursos naturais, pela força de trabalho humana e pela capacidade de armazenamento do planeta Terra, i.e., esferas da Terra. Contudo, é essa modernização moderada compatível com a dinâmica do capitalismo? Não, não é. É por isso que a modernidade fracassa, a não ser que ela possa prosseguir como modernidade não capitalista.

GIANNI VATTIMO

(TRADUZIDO DO ITALIANO POR CARLOS ARTHUR RESENDE)

Pós-modernidade: projeto incompleto

A tese que proponho discutir aqui, para entrar imediatamente em nosso tema, é a seguinte: não é a modernidade que permaneceu um projeto incompleto, mas é a pós-modernidade que ainda espera ver realizada toda a possibilidade de emancipação que implicava. Se nós relermos as páginas iniciais do livro *Der Philosophische Diskurs der Moderne* [Discurso Filosófico da Modernidade] (1985), que aqui cito na tradução italiana de Emilio e Elena Agazzi (Il Discorso Filosofico dela Modernità, Bari, Laterza, 1987),[1] encontraremos uma distinção absolutamente esclarecedora – aquela que Habermas estabelece entre uma versão conservadora do pós-modernismo, e que ele reconhece emblematicamente em Gehlen, retomando também Gottfried Benn,[2] e uma versão anarcoestetizante que, por sua vez, coloca sob os nomes

---

[1] Obra do filósofo alemão Jürgen Habermas. Ver também: Idem, *Discurso Filosófico da Modernidade*. Trad. Luiz Sérgio Repa e Rodnei Nascimento. São Paulo, Martins Fontes, 2002. (N.T.)

[2] Arnold Karl Franz Gehlen (1904-1976), filósofo e sociólogo alemão; Gottfried Benn (1886-1956), poeta, ensaísta e prosador alemão. (N.T.)

de Bataille³ e de Heidegger (trad. cit., p. 4-5).⁴ A tese que proponho é que o projeto moderno permanece incompleto por causa da separação entre essas suas duas "versões". A versão que triunfou nos trinta anos que nos separam da obra de Habermas (confesso que, relendo-a agora, parece-me muito mais) é aquela que motiva o pessimismo de Gehlen e Benn e que é como revelam Bataille e Heidegger, isto é, a versão que podemos chamar de weberiana do projeto moderno, na qual modernidade é sinônimo de racionalização sempre mais totalizante da sociedade, segundo aquilo que Weber nos ensinou a chamar de racionalidade formal: o cálculo dos meios em relação a fins de cujo conteúdo não se ocupa. Até a ideia de laicidade do Estado, que vem à mente agora, e a qual certamente não cremos que se deva renunciar, é fundamentalmente inspirada nesta concepção formal da racionalidade que quer manter-se neutra em relação aos valores. Nos trinta anos que nos separam da primeira edição da obra de Habermas, o projeto moderno desenvolveu-se no sentido da racionalização weberiana: se são intensificados os controles sociais, incluídos aqueles sobre a vida privada de todos, ou se é acentuada a disciplina social do trabalho (pense-se na redução dos direitos sindicais, nos constantes cortes de despesas com *welfare*).⁵ O termo "*totale Verwaltung*" significa "quer organização total" ou "quer domínio total", e é o mais adequado para descrever a condição em que nos encontramos. Que o projeto moderno – a república cosmopolítica kantiana, a liberdade ligada ao "esclarecimento" da razão humana – tenha permanecido incompleto é um mero acidente "histórico" – (destino cínico e trapaceiro, dissera um famoso presidente italiano)⁶ – ou assinala uma contradição dentro do próprio projeto? Porque o ideal de racionalidade que inspirava Kant e o Iluminismo já era essencialmente

---

³ Georges Bataille (1897-1962), escritor e filósofo francês. (N.T.)

⁴ Na edição em português, *Discurso Filosófico da Modernidade*, op. cit. p. 5-8. (N.T.)

⁵ Em inglês no original. *Welfare* significa conforto, bem-estar social; por extensão, os gastos públicos com a seguridade social. (N.T.)

⁶ A frase é atribuída a Giuseppe Saragat (1898-1988), que foi presidente da Itália de 1964 a 1971. (N.T.)

aquele weberiano, da calculabilidade universal, o projeto moderno não poderia terminar senão assim. Mas havia, no entanto, o aspecto anarcoestetizante: a ideia da racionalidade como reivindicação da liberdade humana, do sujeito e de suas expectativas. Ainda sobre o sentido e o alcance desse segundo aspecto do projeto, que, desaparecendo no triunfo da calculabilidade, não assinalou a sua falência, aquilo que aconteceu na última década tem algo a ensinar: a promessa de liberdade da racionalidade weberiana é como o suplemento sedutor constitutivo da publicidade de hoje, que faz com que seja tolerável e até mesmo desejável o mundo da mercantilização total, negociando-o[7] em troca da conquista da autonomia do sujeito...

Não se trata tanto, como poderia parecer, sendo essa uma disputa filosófica, de demonstrar que o projeto moderno estava errado – tanto isso é verdade que ele faliu. Não estamos tão interessados nos fundamentos e nas contradições internas dos conceitos. De fato, foi assim; poderia ter sido de outro modo, mas, olhando novamente para a história, não se vê como. Desde o começo, em Kant, a racionalidade moderna estava destinada a tornar-se a calculabilidade universal weberiana. Até mesmo o Deus postulado pela razão prática kantiana é essencialmente necessário para "fechar as contas". Se tal não fosse, com a correlativa imortalidade da alma, não haveria modo de fazer coincidir virtude e felicidade, pois a racionalidade do todo (socrática, diria o Nietzsche de *O Nascimento da Tragédia*) seria reduzida ao absurdo. Desses traços constitutivos da racionalidade kantiana e do projeto moderno, percebemos agora que, em muitos sentidos, o desaparecimento da dimensão anarcoestetizante, que ele ainda incluía na origem, não tornou manifesta a "insustentabilidade". Há muitos modos de mostrar e discutir o processo de redução da modernidade à razão calculadora. Muitos aspectos da história recente da sociedade industrial compreendem-se desta

---

[7] No original: "[...] *spacciandolo per la conquista dell'autonomia del soggetto...*". Vattimo usa o verbo *spacciare*, que significa, de modo geral, vender, mas também impingir, aviar, tratar de (negócios, etc.), despachar, mandar para. Traduzimos pelo verbo "negociar", que, em português, reúne a maioria desses significados. (N.T.)

maneira: não só, mais macroscopicamente, o enrijecimento da disciplina social, ao qual se aludia há pouco, mas, em geral, a passagem progressiva do poder dos políticos aos economistas e especialistas: resulta demasiado óbvio que enquanto os políticos, no nosso regime democrático, devem ainda corresponder às expectativas "estéticas" dos eleitores, ou ao menos fingir fazê-lo, os especialistas trabalham somente em nome da racionalidade científica, que se pretende (ideologicamente) como "objetiva" e verdadeira: a *Verwaltung*, que quer valer como organização racional, atua como imposição de domínio. Quem se recorda quanto havia pesado na queda do comunismo soviético não só e nem tanto a sensibilidade religiosa – na Polônia, por exemplo –, mas, antes de tudo, a expectativa de consumo "lúdico" das massas jovens compreende quanto e em quantas situações foi determinante na história contemporânea o cancelamento progressivo do aspecto estetizante do projeto moderno. Importa sublinhar isso, pensando também o quanto a redução da dimensão estética à pura subjetividade eticamente irrelevante é constante no desenvolvimento do pensamento moderno: toda a primeira parte de *Wahrheit und Methode* [*Verdade e Método*], de Gadamer, é uma análise desse elemento, que Gadamer não reporta diretamente ao afirmar-se da racionalidade capitalista, mas que só pode aparecer como tal. Colocar-se frente à incompletude do projeto moderno e à crítica habermasiana da pós-modernidade significa, deveras, refazer uma vez mais o caminho da *Dialética do Esclarecimento*[8] – logo, com o mesmo risco de se fazer um "impressionismo sociológico", segundo a expressão lukacsiana a propósito de Simmel.[9] Mas é um risco do qual não se pode escapar, sob pena de se renunciar à responsabilidade da filosofia. O apelo a Gadamer e à sua crítica do cientificismo que reduz o estético ao subjetivo e inessencial ajuda-nos a ver que o que está em jogo na discussão de Habermas é a possibilidade mesma de conceber a modernidade como processo de emancipação do humano. E também, inseparavelmente, como

---

[8] Obra dos filósofos Max Horkheimer e Theodor W. Adorno, publicada pela primeira vez em 1944. (N.T.)
[9] Referências a György Lukács (1885-1971), filósofo húngaro, e Georg Simmel (1858-1918), sociólogo alemão. (N.T.)

saída da gaiola de aço do capitalismo. Não se pode deixar de lembrar, a esse respeito, que a desconfiança de Habermas com o aspecto anarcoestetizante do pós-modernismo acompanha, nele, um posicionamento político-cultural inspirado em um cosmopolitismo liberal-democrático, sempre mais abstrato que a realidade dos comportamentos históricos efetivos das grandes potências ocidentais. Impressiona, e até mesmo surpreende, que Habermas ainda acredite firmemente na função da ONU, na possibilidade de uma justiça internacional capaz de garantir equilíbrio e respeito aos direitos, além das puras relações de força (penso aqui na colocação crítica de Habermas entre os *western globalists*,[10] feita por Danilo Zolo em *Tramonto Globale*).[11] Também esse posicionamento político, que por fim não se pode definir senão como "atlântico", e que parece querer ignorar o uso imperialístico da retórica democrática por parte das grandes democracias capitalistas – com todo o seu corolário de guerra "humanitária" e bombardeios em defesa dos direitos humanos – contribui para lançar uma luz crítica sobre o ideal da racionalidade weberiana como via de afirmação do humano. Criticando e estigmatizando o lado anarcoestetizante do projeto moderno e, antes de tudo, a ontologia heideggeriana que o inspira, Habermas, não obstante toda a sua boa intenção, termina por aparecer como um apologista da racionalidade weberiana, tal como ela se realiza, de fato, no capitalismo ocidental atual.

A reivindicação pós-moderna do elemento "estético" – que não significa apenas a arte e o belo em sentido estrito, mas a felicidade "percebida" dos sujeitos (no sentido literal da *aisthesis*)[12] – é também o sentido propriamente "revolucionário" do pós-modernismo. Em um contexto latino-americano, como aquele em que nos encontramos aqui, a conexão entre

---

[10] Globalistas ocidentais (em inglês, no original). (N.T.)
[11] Vattimo refere-se aqui ao livro *Tramonto Globale: La paura, i diritti, la guerra*, do filósofo e jurista italiano Danilo Zolo (1936-). Firenze, Firenze University Press, 2010. Há uma edição brasileira dessa obra, intitulada: *Rumo ao Ocaso Global? – Os Direitos Humanos, o Medo, a Guerra*. Organizado por Maria Luiza Alencar Feitosa e Giuseppe Tosi. São Paulo, Conceito Editorial, 2011. (N.T.)
[12] Termo grego que significa "sensação", "percepção". (N.T.)

pós-modernismo e revolução anticapitalista não pode escapar. Espírito "musical" latino-americano contra a "gaiola de aço" anglo-saxã é um bom modo, porquanto folclórico, de representar a situação.

Portanto, a discussão sobre a pós-modernidade não pode ser outra coisa que o esforço, também prático-político, de sair da lógica de racionalização weberiana e da ordem capitalista. A teoria pós-modernista, a começar pela ideia de Lyotard[13] sobre o fim das metanarrativas, até o pensamento fraco – que remete a Nietzsche e Heidegger – pode ser vista como o esforço teórico-prático de acompanhar as lutas de emancipação daqueles povos, sobretudo os povos latino-americanos, que pretendem subtrair-se à lógica da globalização e ao triunfo do pensamento único, que reduz a existência aos seus aspectos exclusivamente econômicos. Inventar um modelo de sociedade que inclua, segundo a expressão de Nietzsche, certo distanciamento da obsessão pelo cálculo e um "anarquismo" suficiente para deixar aflorar as diferenças e a busca individual pela felicidade – eis a tarefa que concerne ao pensamento, para evitar que também o melhor do projeto moderno seja dissolvido e esquecido.

---

[13] Jean-François Lyotard (1924-1998), filósofo francês. (N.T.)

MIROSLAV MILOVIC

Modernidade e intersubjetividade[1]

Acho que a importância epocal da filosofia kantiana se encontra primeiro na radicalização da compreensão cartesiana da modernidade e, segundo, na nova compreensão da filosofia. Este segundo aspecto inclui também a pergunta sobre o direito.

Segundo Georg Wilhelm Friedrich Hegel, o cartesiano "Eu penso" determina a nova moderna perspectiva. Autoridade do pensamento, o pensamento como a certeza inicial mudou a perspectiva da metafísica. Como entender essa mudança?

Alguém poderia perguntar se o que chamamos de moderno começou muito antes. Já Agostinho, por exemplo, muda a perspectiva da metafísica. A questão sobre o mundo e o divino se coloca dentro da interioridade humana. Assim começa a metafísica da experiência interior. Qual é a diferença entre Agostinho e Descartes e por que a modernidade não começou já com o cristianismo?

---

[1] Algumas das reflexões contidas no texto abaixo já foram divulgadas em outras publicações do autor.

Agostinho também começa com a certeza subjetiva, mas o interesse dele é, no final, a questão sobre a existência de Deus. Para Descartes, Deus não é mais a certeza básica. Ele é necessário só para mostrar a existência do mundo além do próprio sujeito. Deus é a necessidade epistemológica e não mais a estrutura ontológica do mundo. Com a certeza sobre a existência de Deus podemos nos dedicar à pesquisa sobre o mundo sem a influência do gênio maligno. Assim, no final, o mundo aparece como o interesse cartesiano básico.

Mas isso era o interesse da filosofia grega também. Porque Descartes, colocando a mesma pergunta, pode ser visto como fundador da modernidade filosófica. Claro que o mundo grego e o mundo cartesiano não são a mesma coisa. Descartes, por sinal, tenta liberar a imagem do mundo da metafísica aristotélica e tradicional. A estrutura do mundo não é mais teleológica. Ela é mecânica e quantitativa. A linguagem do mundo é a linguagem da ciência. O que é moderno no pensamento cartesiano é essa secularização do pensamento e este específico desencantamento do mundo.

Neste caminho a ciência se afirma cada vez mais. A questão do mundo, no último momento, não é mais a questão da filosofia, mas da ciência. A virada da perspectiva moderna é assim uma específica perda espiritual.

O que me interessa aqui é a pergunta sobre o moderno na filosofia. Vou tentar demonstrar que Kant é muito mais moderno que Descartes. Eu diria que Immanuel Kant é o primeiro filósofo moderno. Claro, essas determinações não são tão importantes. Modernidade se manifesta de uma maneira muito diferente. Descartes é assim moderno falando sobre a autoridade do nosso pensamento, Maquiavel é moderno falando sobre a autonomia da política, Vico é moderno falando sobre a história como perspectiva humana, etc.

A questão importante é por que Kant radicaliza a perspectiva cartesiana e por que Kant está criticando um específico dogmatismo cartesiano. Na verdade, Kant fala sobre isso saindo de uma discussão sobre David Hume, na *Crítica da Razão Pura*. Vamos tentar explicar isso.

A questão do próprio Hume também é moderna. Como pensar a certeza poderia ser a pergunta dele. Neste contexto a certeza vem com os juízos da lógica e da matemática, quer dizer, com os juízos analíticos que não precisam do apoio da experiência e por isso se chamam *a priori*. Hume vai colocar a pergunta sobre o mundo. Isso é o interesse moderno. Só que ele vai fazer isso com muito mais cuidado do que Descartes. Ele acha que o conhecimento do mundo tem que seguir a natureza. O nosso guia é mais o hábito do que a razão. Assim aparece a certeza científica dos juízos sintéticos *a posteriori*, baseados na experiência.

Sem dúvida, Hume é o filósofo moderno. Ele vai também eliminar a metafísica tradicional que o nosso conhecimento não pode verificar. Mas parece que o modelo ficou o mesmo. Os gregos também acham que o conhecimento tem que seguir o caminho da natureza. O mundo como a fonte do conhecimento. Por aí se unem os argumentos tão diferentes da tradição e do começo da modernidade.

Neste contexto das perguntas sobre o conhecimento, Kant, como ele fala, acordou do sonho dogmático. Se no caminho empírico não podemos chegar até o conhecimento universal, temos que pensar em uma alternativa saindo do sujeito, que pensa o mundo saindo da própria estrutura. Assim, com essa nova pergunta sobre os juízos sintéticos *a priori*, com a qual começa a primeira crítica kantiana, chegamos até a ideia da subjetividade constitutiva. Assim, eu acho, se abre a modernidade filosófica. Sujeito como a base do conhecimento e não mais o mundo. A palavra sujeito ainda não apareceu em Descartes. A virada para o sujeito ainda não aconteceu com a filosofia cartesiana.

Kant acha, inclusive, que essa virada aconteceu já na própria ciência natural. Os laboratórios científicos são os exemplos da possibilidade do conhecimento sem o apoio da experiência. Parece que Descartes não só não entendeu a filosofia, mas também não entendeu a ciência. A ciência, acha Kant, já afirma a subjetividade constitutiva e por isso ela vai ser o guia dele na primeira crítica. A ciência é ainda um interlocutor sério para Kant. Teríamos de pensar por que Hegel não quer mais nenhum diálogo com a ciência. Mas isso é outra perspectiva.

Aqui só queria relacionar Kant com a articulação da subjetividade moderna e constitutiva. Kant nos mostrou que a questão sobre o mundo inclui a questão sobre o sujeito. A questão sobre o mundo é, poderíamos dizer, uma específica autorreflexão do sujeito.

Isso, porém, não é tudo. Trata-se de algo muito mais importante o que poderíamos chamar de uma nova compreensão da filosofia. Poderíamos de novo voltar para os gregos para entender a alternativa kantiana. Os gregos se perguntam sobre o mundo e acham que o mundo não se abre só para a ciência, para a física, por exemplo. A verdade do mundo é mais profunda e se abre para a metafísica. Filosofia é a metafísica. Isso é a herança grega. A metafísica que supera a ciência. Poderíamos pensar sobre isso no nosso mundo dominado pela ciência.

O que me interessa é outra coisa. Quando falam sobre a diferença entre a filosofia e a ciência e sobre a superioridade da filosofia, os gregos tratam a filosofia e a ciência como as formas diferentes do conhecimento. A filosofia é a afirmação do teórico, da contemplação. Já os cristãos vão mudar essa perspectiva. O nosso mundo não é só mundo do conhecimento. O conhecimento nos liga com o dado, e o humano não está só no dado. O ser humano – poderíamos nos lembrar de Agostinho – foi criado para que seja possível o novo no mundo. O nosso mundo é do novo e criativo. Só os cristãos não ligam essa possibilidade com a filosofia. Para eles a filosofia é ainda o conhecimento, que tem que ser superado pela fé.

Vimos que com Descartes essa perspectiva não mudou. A filosofia é a questão do conhecimento. Descartes desliga a filosofia da religião, no entanto, rapidamente a liga com a ciência. Descartes tinha essa oportunidade, que não se realizou, de ligar a filosofia só com *ego cogito*, com a autorreflexão do sujeito. Isso não aconteceu, e Edmund Husserl, nas *Meditações Cartesianas*, vai dizer que Descartes não entendeu a ideia da subjetividade. Assim, poderíamos dizer de novo, Descartes não entendeu a filosofia. A filosofia como experiência do sujeito e não do mundo – este poderia ser o caminho para outra modernidade.

Vimos que Kant começa a própria filosofia discutindo os assuntos teóricos. Ele não se confronta imediatamente com a ideia da filosofia como conhecimento. Por isso a ciência acompanha todo o caminho da *Crítica da Razão Pura*. Mas, nas últimas páginas do livro, nos limites de sua teoria, Kant coloca a questão decisiva: podemos pensar teoricamente sobre tudo? A questão da liberdade, por exemplo, é uma questão teórica? A resposta kantiana é negativa. Sobre a liberdade não temos nenhuma certeza teórica. A razão teórica nos deixa com as dúvidas, pensando a liberdade no contexto teórico. A questão da liberdade, por causa disso, não é uma questão do teórico, mas do prático. Aqui começa a segunda crítica kantiana, a *Crítica da Razão Prática*. Ela trata da questão da liberdade. A filosofia supera aqui toda a sua história onde ficou ligada com a teoria e com o conhecimento. A filosofia não é (só) a teoria, mas é a experiência do prático. A filosofia é o pensamento da liberdade. Pela primeira vez na história da filosofia se afirma a primazia do prático. Isso vai ser a grande inspiração para Marx. O mundo não é só o mundo do dado, do sistema capitalista, por exemplo, mas é a possibilidade do novo. Aqui a questão do novo é a questão da liberdade humana.

Neste contexto, a teoria do direito deve responder pelo menos à pergunta que continua em aberto, a saber: o problema de se determinar as condições da liberdade exterior. Se a primeira *Crítica* discutiu a relação entre natureza e liberdade, se a segunda *Crítica* determinou a liberdade em relação ao sujeito mesmo, e a terceira *Crítica* colocou a questão da mediação entre liberdade e natureza, então uma possível quarta *Crítica* – exposta por Kant no livro *Metafísica dos Costumes* – tenta responder à questão da possibilidade de se determinar a liberdade em relação aos outros, e não apenas em relação ao indivíduo isoladamente. Aqui está a tentativa kantiana de fundar o conceito de direito baseado na lei moral, ou seja, na estrutura transcendental das faculdades espirituais. Na determinação do direito, encontra-se novamente a ideia da liberdade assim como a ideia de possivelmente universalizar a conduta prática, pois esta é a condição necessária para todas as condutas pertencentes à legalidade. Uma modalidade particular da conduta prática é considerada válida se, segundo sua máxima, a liberdade de um puder existir concomitantemente com a liberdade dos outros, todas baseadas na lei universal. Assim, Kant entende o imperativo categórico no âmbito do direito.

Kant irá, desse modo, juntar-se ao debate sobre as condições de legitimação da política. Parece que ele é o primeiro a propor uma resposta à questão colocada por Rousseau, a saber, o que legitima o contrato como tal – o contrato entendido como a fundamentação da moderna teoria da integração social. A resposta de Kant é simples e se encontra nos princípios *a priori*. Ele interpreta o contrato não mais como um fato dado, mas como uma norma, a qual se torna critério para determinar a sociedade civil. Esta, por sua vez, não é de modo algum a expressão de alguma consideração utilitarista. A alternativa encontrada por Kant em relação a Hobbes não é mais o Leviatã, mas a proposta de uma aliança de cidadãos. A noção de Kant do contrato social posiciona-se claramente em contraste com a ideia hobbesiana do contrato como subjugação. Kant não pegou este caminho das perspectivas sociais. Mesmo assim, são importantes as indicações, que ele coloca nos últimos trabalhos, sobre o cosmopolitismo e a paz mundial baseada na liberdade.

Se, no final, quisermos unir os dois motivos da filosofia kantiana, a questão da compreensão da modernidade e a questão da compreensão da filosofia, poderíamos chegar até a seguinte conclusão: a questão sobre o mundo inclui a questão sobre o sujeito. Seguindo Kant, Hegel e Marx vão ampliar isso e vão dizer que a questão sobre o mundo inclui o social também. Os gregos não encontraram o sujeito atrás do mundo. Pode ter sido este o erro. Para essa perspectiva faltavam muitos pressupostos. Nós, os modernos, seguindo a herança kantiana e marxista, poderíamos dizer que não ver o sujeito além do mundo não é mais o erro, mas sim a ideologia. Não ver o que poderia ser visto é o signo da ideologia. Kant nos deixou importantes argumentos para nos confrontarmos com a ideologia. Em última análise, a pergunta da *Crítica da Razão Prática* é como pensar a liberdade no mundo moderno, capitalista. E a questão da autonomia não é outra coisa senão a questão da liberdade.

O mundo desencantado, moderno, não fala mais a linguagem da filosofia, como pensavam os gregos, tampouco fala a linguagem divina, como pensavam os religiosos, mas fala a linguagem da ciência e da matemática. A modernidade começa com essa afirmação cartesiana da ciência, que representa o mundo. Pensando assim, Descartes reifica o mundo no sentido epistemológico, o que traz consequências dramáticas. Husserl critica com toda a força essa reificação na qual a vida perdeu o papel constitutivo. Hoje, a clonagem científica é só mais um exemplo de situação na qual a reprodução da vida é ligada à ciência e não mais à própria vida. A vida, ou melhor, o concreto, o particular estão, com a modernidade, entrando num caminho sem saída, e no último momento serão superados no pensamento de Hegel. O mundo moderno não é o mundo para os indivíduos. Podemos inclusive lembrarmo-nos das dúvidas cartesianas a respeito do corpo, as quais abrem o caminho para a afirmação da mente, a razão vitoriosa moderna. Com Descartes, o corpo já desaparece, e nesse sentido ele é quase o inventor da internet. O mundo novo e o virtual funcionam sem os corpos.[2]

Kant e Hegel, ao radicalizarem o projeto cartesiano e mesmo lançarem as dúvidas sobre a ciência, não estão saindo deste caminho da metafísica da subjetividade. Eles simplesmente reafirmam a reificação moderna. No entanto, essa reificação não se restringe ao conhecimento, por isso poderia ser chamada não de reificação epistemológica, mas de reificação social. Contudo, nem a filosofia de Kant, tampouco a de Hegel, articulam a possibilidade de pensar os fatos, de confrontar-se com eles, de pensar a possibilidade da resistência. Pensar o mundo como fato sem pensar os pressupostos de sua constituição é, para Marx, o signo da ideologia. A reificação social, com a qual nos deixa a filosofia de Hegel, tem o nome de ideologia. Pensar o mundo como fato significa pensar a estática do mundo. Significa, em outras palavras, não pensar as alternativas, não pensar o novo, e não pensar o novo é, para Hannah Arendt, já a condição do mal, de quem somos hoje testemunha.

Para a modernidade parece que faz sentido procurar os fundamentos, procurar a razão. Somente a modernidade ainda não chegou até a resposta, pois ela ainda é um projeto. Todavia, temos ao menos uma orientação. A certeza não é mais semântica e subjetiva, mas pragmática e

---

[2] David Le Breton, "La Délivrance du Corps". *Revue des Sciences Sociales*, Strasbourg, n. 28, 2001, p. 20-26.

intersubjetiva. A dimensão pragmática revela a presença da comunidade, da intersubjetividade. Habermas é ainda moderno, mas a mudança do paradigma já aconteceu. Em lugar da subjetividade Habermas introduziu a intersubjetividade. Além da relação entre o sujeito e o objeto temos agora uma relação intersubjetiva como a base da racionalidade. A intersubjetividade é assim a base de uma sociedade racional. Neste contexto, Habermas apresentará também a questão da legitimidade social. "Legitimidade significa que há bons argumentos para que um ordenamento político seja reconhecido como justo e equânime; um ordenamento legítimo merece reconhecimento. *Legitimidade significa que um ordenamento político é digno de ser reconhecido.*"[3]

Uma eventual mudança do capitalismo tem que estar também ligada a uma mudança de paradigma. A intersubjetividade, e não mais a subjetividade, é, assim, a referência para a questão da fundamentação. É um projeto moderno que permaneceu apenas como projeto. Habermas não tem uma visão tão pessimista da modernidade. A *razão* é ainda uma possibilidade dela. O ponto característico da época moderna, diz Habermas, é "a transferência do poder legítimo para um nível reflexivo da justificação".[4]

Freud é um pessimista, falando sobre a deformação da comunicação na nossa cultura. O que um otimista como Habermas poderia aprender com ele? Poderíamos voltar novamente ao início da modernidade filosófica, que começa com a afirmação do *ego cogito*, mas termina com a prova do mundo. O interesse cartesiano ficou ligado com o mundo, com a prova do mundo, e não com a perspectiva do ego. Poderia ser uma outra modernidade, ligada ao eu, às condições da autorreflexão. Poderia ser uma modernidade que, desde o início, cria a resistência contra as formas posteriores da ideologia. A psicanálise se confronta com a ideia da subjetividade constitutiva, mas tenta articular as condições da palavra deste sujeito marginalizado pela própria modernidade. Com a psicanálise, voltou a questão da autorreflexão.

---

[3] Jürgen Habermas, *Para a Reconstrução do Materialismo Histórico*. Rio de Janeiro, Brasiliense, 1983, p. 219-20.

[4] Ibidem, p. 228.

É neste contexto que Habermas vê a importância da psicanálise freudiana. "Freud pode expor uma conexão conceitual, a qual Marx não chegou a flagrar em sua intimidade", expõe ele no livro *Conhecimento e Interesse*.[5] Com a psicanálise e com Hannah Arendt, Habermas vai entender que a condição humana tem de ser pensada não só ligada ao trabalho, mas também às condições da interação. Por isso, segundo ele, "Marx não pode flagrar dominação e ideologia como uma comunicação distorcida porque pressupôs que os homens se distinguiam dos animais no dia em que começaram a produzir seus meios de subsistência".[6] Em outras palavras, seguindo essa interpretação habermasiana, Marx acredita que o homem é determinado pela ação instrumental.

Não entrarei aqui na discussão se Habermas está reduzindo o conceito marxista de práxis ao conceito de trabalho e, assim, reduzindo o projeto marxista a um agir instrumental. É uma questão, me lembro, que provocou muitas discussões nos países comunistas da Europa Oriental. O que importa neste momento é a tese de Habermas de que com a psicanálise fica explícita a questão da interação para pensar a constituição do social. "O olhar de Freud, pelo contrário, não estava voltado para o sistema do trabalho social, mas para a família", afirma ele no mesmo contexto.[7] A questão da autorreflexão chega, com a psicanálise, até a questão da interação. Esse é, penso, o ponto mais importante em que Habermas concorda com Freud. No seu brilhante livro sobre a teoria crítica e a psicanálise, Rouanet afirma: "O que está em jogo não é mais o destino do proletariado, mas o da espécie humana como tal, que a ideologia tecnocrática tenta amputar de uma das suas características antropológicas fundamentais, que é a reprodução da existência sob condições não somente do controle técnico e do comportamento adaptativo, mas de preservação e ampliação

---

[5] Jürgen Habermas, *Conhecimento e Interesse*. Rio de Janeiro, Zahar, 1982, p. 295
[6] Ibidem.
[7] Ibidem.

da intersubjetividade simbolicamente mediatizada, num contexto de comunicação livre de violência".[8]

Para Freud, a questão da alienação não é mais ligada à organização do trabalho, mas ao desenvolvimento de instituições que podem resolver, "de forma estável e duradoura, o conflito entre o excedente pulsional e a coerção da realidade".[9] Em outras palavras, alguém pode ser alienado sem trabalhar. As condições da alienação podem ser relacionadas com as condições da constituição do sentido da nossa vida e não só com o trabalho.

Só na interpretação de Rouanet, acredito eu, Freud chega muito longe na constituição da ideia da razão comunicativa. Ele diz: "A teoria freudiana não só permite, para Habermas, fundar, a partir da comunicação sistematicamente deformada, uma teoria da comunicação pura, e a partir do discurso terapêutico, uma análise das condições, em geral, da comunicação discursiva, como dar conta, ao nível ontogenético, da formação de uma competência discursiva".[10]

Mas a discussão de Habermas com Freud e Marx não termina por aqui. Mesmo afirmando a articulação da interação em psicanálise, Habermas vai criticar Freud. Ele diz: "Mas, paradoxalmente, este mesmo ponto de vista pode, igualmente, levar a uma construção objetivista da história, a qual conduz Freud a um estágio de reflexão anterior àquele que Marx atingira, e o impede de elaborar a intelecção básica da psicanálise em termos de uma teoria da sociedade".[11] Habermas fala, quase no sentido implícito, sobre um positivismo escondido na psicanálise, sobre uma visão objetivista da história que não pensa as condições da própria constituição.[12] Habermas recorda-se aqui de Kant e Hegel, da pergunta sobre o mundo, que vai incluir, com Kant, a pergunta sobre o sujeito, e, com Hegel,

---

[8] Sergio Paulo Rouanet, *Teoria Crítica e Psicanálise*. Rio de Janeiro, Tempo Brasileiro, 1989, p. 283-84
[9] Ibidem.
[10] Ibidem, p. 347.
[11] Ibidem, p. 298.
[12] É o implícito positivismo que Heidegger também vai abordar falando sobre a "fatal diferença entre consciente e inconsciente" (Martin Heidegger, *Seminários de Zollikon*. Petrópolis, Editora Vozes, 2001, p. 266).

a pergunta sobre o social. A modernidade significa essa inclusão da subjetividade, essa afirmação da metafísica da subjetividade, poderíamos dizer com Kant. A modernidade significa essa articulação da subjetividade social e do capitalismo, poderíamos dizer com Hegel. Pensar o mundo significa incluir o sujeito e incluir o social para assim chegar até uma teoria da sociedade. Isso é o que Marx aprendeu da filosofia alemã e o que ele confirma na primeira tese sobre Feuerbach: "A falha capital de todo materialismo até agora (incluso o de Feuerbach) é captar o objeto, a efetividade, a sensibilidade apenas sob a forma de *objeto ou de intuição*, e não como *atividade humana sensível, práxis*; só de um ponto de vista subjetivo. Daí, em oposição ao materialismo, o lado *ativo* tenha de ser desenvolvido, de um modo abstrato, pelo idealismo, que naturalmente não conhece a atividade efetiva e sensível como tal".[13] Por isso Habermas, falando agora contra Freud, vai afirmar a posição de Marx. Marx é o "herdeiro da tradição idealista".[14] Assim, em Marx, articula-se um estágio superior da reflexão ao qual Freud não chega. E este é o caminho que Habermas vai seguir mesmo criticando Marx. Psicanálise, mesmo falando sobre a comunicação, ainda não formula uma teoria comunicativa. Vou resumir logo os passos da formulação dessa teoria. Psicanálise afirma a interação, mas ainda não chega até uma teoria do discurso. É o ponto onde Habermas diverge de Freud.

Algumas teorias com a inspiração freudiana, como a teoria de Kohlberg do desenvolvimento da consciência moral, darão suporte, ainda que indireto, a esta perspectiva habermasiana. A teoria de Kohlberg serve aqui como uma tentativa de demonstrar o desenvolvimento ontogenético da consciência moral.

A pragmática da linguagem entende a si mesma como uma tentativa de resolução discursiva das reivindicações valorativas, de tal forma que elas apontem para a comunicação, e, neste caso, pode-se falar de racionalidade procedimental. Assim, a ética do discurso é adequadamente determinada como formal, segundo Habermas, pois ela não oferece uma orientação

---

[13] Sergio Paulo Roaunet, op. cit., p. 51.
[14] Jürgen Habermas, op. cit., p. 299.

baseada no conteúdo, mas apenas um procedimento para a investigação da validade das normas, o que, por sua vez, não significa que os conteúdos das normas sejam completamente esquecidos. O ponto relevante aqui é que os conteúdos são tratados de forma a eliminar todas as orientações de valor particulares. A ética do discurso é, portanto, de pequena valia caso se precise dela para nos ensinar a ter uma "boa" vida. O princípio da universalização funciona como uma espécie de divisor, que claramente separa os problemas do *bom* e *justo*, de conteúdo e procedimento. Já a ética do discurso concentra-se somente naquelas questões que podem ser resolvidas racionalmente. Percebe-se que a questão da emancipação se desliga da questão da felicidade. Mas para que serve uma emancipação infeliz?

Habermas deparou-se por diversas vezes com a objeção de que a pragmática da linguagem exclui o indivíduo. Ao contrário, Habermas insiste em sustentar o argumento de que a teoria crítica da sociedade não abandonou o conceito de indivíduo[15] – esta mudança alterou apenas a forma como ele é compreendido. Esta objeção deve ser aguçada ao se afirmar que o conceito habermasiano de indivíduo é reduzido a uma estrutura particular do sujeito, e esta tese filosófica é passível de ser investigada ao longo de todo o desenvolvimento da modernidade. Com isso, tem-se que somente em Kant o conceito de sujeito torna verdadeiramente possível a construção da teoria da razão; Hegel, por sua vez, articula esta tese investigando as condições históricas de realização do sujeito. Pode-se novamente reconhecer o sujeito na pragmática da linguagem, mas desta vez como cossujeito ou como comunidade de comunicação, que estabelecem as condições de determinação do significado e da validade e, dessa forma, também as condições para a autocompreensão do sujeito.

O discurso, conforme compreendido aqui, nada mais é do que o esforço de esclarecer a situação em que estamos agora. Ele é, por assim dizer, a continuação da ação comunicativa por meios diferentes; ele apenas explica, traz à luz, aqueles elementos que determinam a interação. Habermas concorda com a opinião de que uma completa e concreta teoria da

---

[15] Idem, *Erläuterungen zur Diskursethik*. Berlin, Suhrkamp, p. 146.

emancipação não pode ser encontrada na *tradição*. Já a modernidade como um todo gira em torno do paradigma do trabalho: Marx inclusive analisa o homem de acordo com o modo de produção, mas peca ao não discutir a estrutura a partir da qual a razão humana é originariamente determinada – a estrutura da linguagem –, isto é, a aptidão dos homens para se comunicar. Por esta razão, Habermas entende que a psicanálise freudiana é muito mais bem-sucedida ao levar a cabo o tema da emancipação. O desenvolvimento das forças produtivas não garante, então, independência do cerne da repressão; a psicanálise, por sua vez, tenta relacionar a estrutura da autorreflexão com aquela da interação mediada pela linguagem. Só, a questão sobre o desejo não chega longe na teoria de Habermas. A herança freudiana de desejo, libido, conflito não se inclui na teoria habermasiana, mas se supera dentro do caminho glorioso, poderíamos dizer, da razão. O pessimismo freudiano não articula essa possibilidade. Concordo que o pensamento freudiano é emancipatório. Concordo com Rouanet quando fala: "A reflexão freudiana é intrinsicamente emancipatória, na medida em que deixa claro que toda a história humana é regida pela lógica da deformação sistemática do processo comunicativo"...[16] Mas não é o mesmo sentido que Habermas vai atribuir à emancipação. Para ele, a emancipação é uma possibilidade da racionalidade. Neste contexto podemos articular algumas dúvidas sobre Habermas. Escolhi o tema sobre a política. Vou dizer algumas coisas sobre isso comparando os argumentos de Habermas, Hannah Arendt e Chantal Mouffe.

Em suas várias discussões sobre política, Hannah Arendt se refere à discussão fenomenológica, ajudando-nos a compreender a importância histórica dessa radicalização do cartesianismo dentro da fenomenologia husserliana. Hannah Arendt acredita que a separação platônica entre o ser e a aparência marca um passo histórico não só para a vida dos gregos, mas para todo o caminho posterior da civilização. A desvalorização da aparência e a afirmação do ser são os aspectos da reviravolta na vida dos gregos e do Ocidente europeu. Com isso, tem início uma específica tirania da razão

---

[16] Sergio Paulo Rouanet, op. cit., p. 335

e dos padrões na nossa vida. Isso é o que Nietzsche elabora como o começo do niilismo na Europa. A estrutura já determinada, estática, entre o ser e a aparência tem consequências catastróficas para o próprio pensamento. Ele se torna mera subsunção das aparências às formas superiores do ser. Nesse mundo tão ordenado, quase não temos que pensar mais. O pensamento não muda a estrutura dominante do ser. Essa inabilidade do pensamento termina, no último momento, nas catástrofes políticas do nosso século. Tantos crimes, mas quase sem culpados. O indivíduo que não pensa e se torna cúmplice dos crimes, esta é a banalidade do mal diagnosticada por Hannah Arendt como a consequência dessa tradição filosófica que quase mumificou a estrutura do ser e nos marginalizou.

Pensar a política, junto com a fenomenologia, significa pensá-la sem a identidade. No projeto arendtiano, em que não existe uma identidade originária da política, nós não somos os seres políticos por natureza. A política pode ou não acontecer entre nós. Contrária às dificuldades husserlianas e heideggerianas sobre os outros, a ação política em Arendt é sempre uma interação. Os outros são pressupostos e não só consequências de uma reflexão solitária. Já em livro sobre Santo Agostinho, Arendt vai se liberar da ontologia heideggeriana ligada à morte e procurar uma afirmação dos outros, dos próximos.[17] Claro, Arendt sabe que Santo Agostinho não vai ligar a liberdade à política. A liberdade para ele não é tanto um projeto político. Assim, a modernidade vai herdar essa dimensão não política da liberdade advinda do cristianismo.

Dentro dessa reconstrução histórica, Arendt chega até a filosofia kantiana. Kant não é tanto um pensador político. Melhor dizendo, quando a política aparece na filosofia kantiana é sempre relacionada à doutrina do direito. Não existe a política, pensa Kant, que articula a nossa liberdade. A liberdade é uma experiência interior, luterana, poderíamos dizer. É por isso que Arendt precisa procurar a inspiração em

---

[17] Joanna Vecchiarelli Scott e Judith Chelius Stark, "Rediscovering Hannah Arendt". In: Hannah Arendt, *Love and Saint Augustine*. Ed. Joanna Vecchiarelli Scott e Judith Chelius Stark. Chicago, University of Chicago Press, 1996, p. 124.

outro lugar dentro da filosofia kantiana. E ela encontra essa inspiração dentro da terceira crítica.

Com a faculdade estética do juízo, o ponto, pensa Kant, é como compreendemos a natureza e não o que ela é em si mesma. A questão "o que é a natureza?" é uma pergunta cognitiva e, portanto, não pertence à terceira *Crítica*. A natureza existiria mesmo se não houvesse nenhum sujeito transcendental. Ela só não seria determinada conceitualmente. Mas sem o sujeito a natureza não seria bela. Ainda assim, aquilo que se torna o discurso possível sobre o belo não é mais o pensamento teórico. Enquanto as condições de possibilidade da experiência, no que diz respeito à forma, podem ser buscadas na razão, as condições referentes ao conteúdo são fundamentadas pela relação geral das faculdades espirituais. Aqui temos dois motivos importantes para Arendt. Por um lado, temos uma implícita intersubjetividade do juízo e, por outro, essa intersubjetividade não é fundamentada nos conceitos. Temos a possibilidade do prático ou político que não depende da racionalidade. Temos a separação entre o teórico e o prático que Habermas depois irá criticar, porque essa separação cria as condições de uma forte estetização da política. Estetização da política pode significar a política desligada das pessoas, o que Arendt coloca, falando sobre a modernidade, mas pode ser a política desligada da teoria e dos argumentos.[18]

Parece que essa articulação da intersubjetividade significa uma tentativa de Arendt de localizar, articular os lugares privilegiados na política e, de uma certa maneira, reificar a política. Arendt procura as soluções e não uma abertura para o caráter aberto e conflitivo da política que Chantal Mouffe quer defender.[19]

---

[18] Jürgen Habermas, "O conceito de Poder de Hannah Arendt". In: Barbara Freitag e Sergio Paulo Rouanet (orgs.), *Habermas: Sociologia*. São Paulo, Ática, 1993.

[19] Por que não pensar no *novo*, no privado e na economia? O corpo é algo privado ou já tem uma inscrição política, como pensa o feminismo contra Arendt? Parece que a determinação da política em Arendt tem forte reificação.

Assim parece que Arendt e Habermas não ficam tão distantes como a crítica de Habermas tenta mostrar.[20] Os dois se relacionam ao conceito da intersubjetividade ou da comunicação, que Jean-Luc Nancy, por exemplo, vai entender como um dos últimos pontos da metafísica na filosofia.[21] A separação entre o mundo vital e o sistema em Habermas guarda ainda certa semelhança com a diferença entre o político e o econômico em Arendt.

Chantal Mouffe quer elaborar uma concepção antifundamentalista da política. A inspiração é por um lado derridiana, pensando o conceito da diferença, e por outro, psicanalítica, pensando o caráter conflitivo da natureza humana. Neste sentido, Mouffe inclusive fala sobre os perigos de uma teoria que procura as soluções consensuais e assim marginaliza os verdadeiros conflitos. Adorno, poderíamos nos lembrar aqui, vê a grandeza de Freud no fato de não tentar resolver os conflitos.[22] Pensei, neste contexto, no meu país, a ex-Iugoslávia, cujo conflito também pode melhor ser entendido dentro dessa reconstrução de Chantal Mouffe. O comunismo postulou certo consenso, a solidariedade ou irmandade dos povos dentro do universal projeto da sua realização. Assim, os verdadeiros conflitos entre os povos nunca chegaram à articulação política. Depois da morte de Tito, o conflito aberto apareceu. O governo dele não conseguiu, nas palavras de Mouffe, transformar o antagonismo no agonismo, transformar o conflito numa competição política.

Este exemplo pode ser inadequado para a nossa discussão porque é mais um exemplo por meio do qual poderíamos comparar Mouffe e Habermas a Mouffe e Arendt. O conflito iugoslavo mostra o perigo das soluções consensuais que excluem a política. Consenso esconde conflitos. Na ex-Iugoslávia se mostrou que crer em consenso pode ser uma grande ilusão. Só que Hannah Arendt não é pensadora do consenso e também poderia

---

[20] William Forbath, "Short-Circuit". In: Michael Rosenfeld e Andrew Arato (ed.), *Habermas on Law and Democracy: Critical Exchanges*. Berkeley, University of California Press, 1998, p. 266.

[21] Jean-Luc Nancy, *Le Partage des Voix*. Paris, Éditions Galilée, 1982, p. 89.

[22] Theodor W. Adorno, "Die revidierte Psychoanalyse". In: Theodor W. Adorno, *Gesammelte Schriften Band 8: Soziologische Schriften I*, Frankfurt, Suhrkamp, 1997, p. 240-42.

criticar a experiência titoísta dentro da crítica geral ao marxismo. Mesmo assim, penso que a busca de uma implícita ou explícita intersubjetividade, onde o caso iugoslavo também poderia, de certa maneira, ser colocado, cria os problemas para a política. A Iugoslávia podia, eventualmente, sobreviver baseada nos conflitos e não no consenso ou na intersubjetividade comunista. Aqui a gente chega até o ponto neurálgico da discussão: por um lado, pensar a intersubjetividade na política pode criar as condições da reificação. Por outro lado, sem a intersubjetividade, sem a possibilidade do julgar junto aos outros, facilmente se chega até a banalidade do mal.

Mas uma coisa me parece clara. Perdendo a perspectiva freudiana dos conflitos, pegando o caminho da superação reflexiva, Habermas perdeu, poderíamos dizer, a possibilidade de pensar a política. Em lugar da política aparecem só os procedimentos da racionalidade. O caminho do consenso que esconde os conflitos cria uma ilusão perigosa.[23] Do mundo quase desaparecem os antagonismos, entre a esquerda e a direita, por exemplo. É de interesse vital abandonar a referência à possibilidade de consenso e deixar o espaço democrático aberto.[24] A realização da democracia seria a sua destruição.[25] Poderíamos dizer que a democracia é só um projeto. Um projeto que talvez chegue.

---

[23] Chantal Mouffe, *On the Political*. Abingdon, Routledge, 2005, p. 107. (Thinking in Action)
[24] Idem, "Deconstruction, Pragmatism and the Politics of Democracy". In: Simon Critchley et. alii., *Deconstruction and Pragmatism*. Ed. Chantal Mouffe. London, Routledge, 1996, p. 11
[25] Ibidem.

Referências bibliográficas

ADORNO, Theodor W. "Die revidierte Psychoanalyse". In: Adorno, Theodor W., *Gesammelte Schriften Band 8, Soziologische Schriften I*. Frankfurt: Suhrkamp,1997.

FORBATH, William. "Short-Circuit". In: Rosenfeld, Michael e Arato, Andrew (ed.). *Habermas on Law and Democracy*. Berkeley: University of California Press, 1998.

LE BRETON, David. "La Délivrance du Corps". *Revue des Sciences Sociales,* Strasbourg, n. 28, 2001.

HABERMAS, Jürgen. "Was heißt Universalpragmatik?". In: APEL, Karl-Otto (ed.). *Sprachpragmatik und Philosophie*. Frankfurt: Suhrkamp,1986.

_____. *Moralbewußtsein und kommunikatives Handeln*. Frankfurt: Suhrkamp, 1996.

_____. *Para a Reconstrução do Materialismo Histórico*. São Paulo: Brasiliense, 1983.

_____. *Conhecimento e Interesse*, Rio de Janeiro, Zahar, 1982.

_____. *O Conceito de Poder de Hannah Arendt*. In: Freitag, Barbara e Rouanet, Sergio Paulo (orgs.). *Habermas: Sociologia*. São Paulo: Ática, 1993

_____. *Erläuterungen zur Diskursethik*. Frankfurt: Suhrkamp, 1991.

HEIDEGGER, Martin. *Seminários de Zollikon*. Petrópolis: Vozes, 2001.

MOUFFE, Chantal. *On the Political*. Abingdon: Routledge, 2005

_____. "Deconstruction, Pragmatism and the Politics of Democracy". In: Simon Critchley et. alii. *Deconstruction and Pragmatism*. Ed. Mouffe, Chantal. London, Routledge, 1996.

NANCY, Jean-Luc. *Le Partage des Voix*. Paris: Éditions Galilée, 1982.

ROUANET, Sergio Paulo. *Teoria Crítica e Psicanálise*. Rio de Janeiro: Tempo Brasileiro, 1989.

SCOTT, Joanna Vecchiarelli e STARK, Judith Chelius. "Rediscovering Hannah Arendt". In: Arendt, Hannah. *Love and Saint Augustine*. Ed. Scott, Joanna Vecchiarelli e Stark, Judith Chelius. Chicago: University of Chicago Press, 1996.

PSICANÁLISE

PODEMOS AINDA, EM NOSSA ÉPOCA
PÓS-FREUDIANA E PÓS-MARXISTA,
CONSIDERAR REALIZÁVEL A AMBIÇÃO
DOS FREUDO-MARXISTAS DOS ANOS
1930 DE FAZER UMA SÍNTESE DAS
DUAS TEORIAS?

ELISABETH ROUDINESCO

(TRADUÇÃO DO FRANCÊS POR MARCELO ROUANET)

Iluminismo e perversão do Iluminismo no Ocidente

Estou muito feliz em oferecer esta conferência vienense a Sergio Rouanet, cujo trabalho eu admiro. Creio que a última vez que nos vimos foi em Parati, mas antes disso eu me lembro de sua maravilhosa conferência na Sociedade Internacional de História da Psiquiatria e da Psicanálise, em novembro de 2006, para o 150º aniversário de nascimento de Freud. Ele nos falou dos dez "livros amigos" de Freud, aquela lista de livros selecionados por Freud, em 1906, por iniciativa de Hugo Heller, representativa do gosto vienense do início do século XX, aquela Viena que Sergio, eminente germanista, tão bem conhece. Freud dizia assemelharem-se os bons livros aos bons amigos, a quem se pede conselho e com quem se gosta de brindar, mas sem que nos intimidem por sua superioridade. Daí não mencionar nem Shakespeare, nem Sófocles, nem Goethe, e Sergio Rouanet mostrou que Freud formara sua lista a partir da leitura do jornal *Neue Freie Presse*, de 1º de novembro. Um devaneio, como se vê.

Por isso ofereço a Sergio esse devaneio vienense sobre o Iluminismo francês e alemão.[1]

MARÇO DE 2014

Incessantemente se pergunta por que a democracia, que permanece o melhor sistema de governo humano, não consegue evitar certos extravios que são as tiranias e ditaduras. Como, por exemplo, o incontestável progresso das ciências, fonte sem precedentes de melhoria da vida humana, pode também voltar-se contra seus próprios princípios. Mas, antes de abordar essa questão, definirei alguns termos que utilizo.

Formado a partir do latim *perversio*, o substantivo *perversão* aparece entre 1308 e 1444. Quanto ao adjetivo *perverso*, foi constatado em 1190, derivado de *perversus*, particípio passado de *pervertere*. Contudo, tal noção só será conceito na metade do século XIX, quando a psicopatologia inventará discurso para classificar na categoria de nosologia o conjunto de comportamentos humanos e transformar o perverso – quer dizer, o pervertido ou o corruptor – em doente afetado por anomalias e desvios, num mundo em que a sanção divina teria assumido o aspecto de ciência quantitativa.

Pervertere significa, portanto, virar, reverter, inverter, mas também erodir, desregular, cometer extravagâncias. É perverso, então – em francês e em português só há um adjetivo para vários substantivos –, aquele acometido de *perversitas*, ou seja, perversidade, vontade de destruir, de se autodestruir, de cientemente se prejudicar, fazer o mal, cultivar a infâmia, a obscenidade, e de lançar à sociedade, se não a deus ou aos deuses, o maior dos desafios: mostrar não só que se pode gozar o mal, mas que é por esse gozo que se pode aceder à beleza suprema da arte.

O perverso é ontologicamente cruel, sem afeto nem emoção, por tornar impuro seu corpo, e sua alma é o instrumento de sofrimento inicialmente autoinfligido de modo a melhor impô-lo aos outros.

---

[1] Conferência pronunciada em Viena dia 24 de setembro de 2007, no XIX Colóquio de Línguas Neolatinas, a convite de Georg Kremnitz.

O termo *perversão* conserva então, em todas as línguas europeias, mas em graus variados, o rastro de sua antiga designação: sempre há perversidade na perversão.

O inglês é fértil a respeito, como se de longa data essa língua soubesse exprimir todas as suas facetas. Perverso significa mau, obstinado no mal. *Perverseness* remete à perversidade, assim como *perversity*, correspondendo ao adjetivo *perverso* no sentido de pervertido, apóstata, mas também o verbo *pervert*, que significa depravar, desviar. Quanto ao substantivo *perverter*, esse designa o perversor. Perversão no sentido moderno impôs-se como termo proveniente das classificações da Psicopatologia.

Em alemão, o termo *perversão* foi inventado pelos sexólogos e depois imposto na clínica germanófona como termo técnico, enquanto na linguagem coloquial se diz *verderben* para corromper, corromper-se ou deteriorar. *Verderb* significa corrupção; *verderblich*, pernicioso; *Verderbnis*, perversão em sentido forte. *Verderbt* é para depravado, tudo isso englobando a perversidade.

Em geral, a raiz latina impôs-se em todas as línguas latinas. Palavra hoje quase universal, exceto no vocabulário recente da psiquiatria, em que foi abolida em benefício de *parafilia*, designando não pejorativamente as antigas perversões sexuais, como que querendo negá-las ou aboli-las.

Delimitado o termo, voltemos ao que ele evoca quando se fala não mais de perversão sexual ou atitude psicológica, mas de processo histórico pelo qual o ideal do bem ou do progresso reverte-se em seu contrário. Como pode o Iluminismo tornar-se obscuro, sombrio, deixando de veicular a ideia de melhoramento possível, mas, ao contrário, seu rebaixamento? Como pode ele ser pervertido ou perverter a si próprio ao ponto de contrariar o projeto inicial que continha? Creio tratar-se aqui da grande questão moderna, na medida em que assistimos no Ocidente a um progresso considerável, mas que só veio depois de um século – o XX –, o mais sangrento da história.

Entramos na era da sociedade de mercado depois do triunfo da Europa sobre a barbárie nazista – perversão absoluta –, mas também depois do desmoronamento do comunismo, o que é uma tragédia. Pois, diferentemente do nazismo, o comunismo era portador de um ideal iluminista revertido em seu contrário. Portanto, vivemos hoje num mundo unilateral, padronizado, globalizado, que apaga as diferenças, abole a cultura em benefício do dinheiro, substitui o gozo corporal pela expressão do desejo, privilegia a emoção e a memória sobre a razão e a história.

Em poucas palavras, se o nazismo foi o resultado de uma desnaturação do mais sofisticado saber científico da Europa – por ter tido como projeto a erradicação do gênero humano –, e se o stalinismo foi a forma pervertida do ideal comunista, a sociedade pós-industrial é a versão pervertida do ideal moral do capitalismo, que buscava inicialmente favorecer todas as liberdades humanas para privilegiar o princípio da liberdade sobre o da igualdade. No lugar desse ideal, tem-se hoje a ditadura do corpo, da emoção, da loucura de prejudicar outrem para melhor tratá-lo enquanto vítima, e, finalmente, da violação da intimidade pela mídia.

A filosofia dessa inversão tem nome: é a revolução assim chamada cognitiva ou cognitivista, o novo fanatismo dos tempos modernos, o pequeno fascismo ordinário, como dizia Deleuze. Dou esse nome genérico a uma ideologia com facetas múltiplas e frequentemente contraditórias, mas que invadiu, sob diversas denominações, todos os saberes contemporâneos. Apoiando-se nas mais evoluídas ciências atuais – biologia, genética, neurociências –, essa ideologia preconiza o desaparecimento de toda forma de subjetividade humana em proveito de naturalização etológica de todos os comportamentos humanos, aproximadamente assimilados a condutas inatas, sobre as quais nenhum determinante é efetivo: nem o social, nem o psíquico, nem a história. Essa revolução, que não é materialista em sentido estrito – por despreocupar-se das condições materiais em que se desenrola a existência humana –, preconiza, portanto, a abolição de todas as teorias embasadas no princípio de uma subjetividade e historicidade do homem. Sua geração é por ela atribuída à metafísica e, consequentemente, a um pensamento do divino e da transcendência. Assim, ela prega a desaparição da história – e, portanto, da filosofia da história –, o desaparecimento do inconsciente e do desejo – e consequentemente dos processos psíquicos descritos pela psicanálise – e, finalmente, da antropologia clássica fundada sobre a diferenciação natureza-cultura. Consequentemente, ela valoriza não a desconstrução das fronteiras no sentido de Derrida, mas a abolição de todas as fronteiras e, portanto, qualquer distinção possível entre as espécies animais. Desaparecimento da exceção humana enquanto única a pensar o mundo com a razão e a linguagem.

Segundo essa revolução, que substitui pelo determinismo biológico e fisiológico todos os outros determinismos – culturais, sociais, psíquicos –, descenderíamos não do macaco, pertencente ao reino animal, mas dos seres biológicos sem pensamento nem história, não bichos, mas subanimais, já que, pelas maldades que a civilização teria induzido em nós, seríamos incapazes de viver segundo esse ideal de naturalização. Para criar o homem novo conforme essa revolução, seria necessário nos "renaturalizar", quer dizer, habituar-nos a viver como ratos de laboratório sobre os quais a ciência teria todos os direitos, até os de nos dar a entender que não passamos de genes e neurônios e que consequentemente nossa vida intelectual, mental, cultural não tem valor algum.

É bem sabido, contudo, que o mundo animal – ao qual todos pertencemos – não é exatamente semelhante ao mundo humano propriamente. Pois se somos animais, somos também animais singulares, capazes do melhor e do pior, o que os animais, nossos primos da outra espécie, não são. Sabemos pensar que existimos, sabemos falar, sabemos inventar leis, criar obras, sabemos ser sublimes quando necessário, mas somos também capazes não de matar, como fazem os animais, mas de gozar o sofrimento que impomos aos outros, de que os animais são incapazes. Os animais são mortíferos, jamais perversos, pois ignoram ser mortíferos e consequentemente não podem se regozijar do que fazem: não são torturadores como somos, não transgridem leis por estarem submetidos às leis da natureza.

Mesmo assim, a nova abordagem cognitiva estabelece contínuo absolutamente radical entre os modelos humanos e os modelos animais, para assim perverter, aliás, as relações homens-bichos – sustentando que esses últimos podem ser perversos – ou ainda avaliar as emoções humanas como se avaliam destroços de navio ou avião depois da catástrofe. Assim, segundo essa estranha concepção do gênero humano, um trauma não será avaliado a partir do sofrimento real de cada sujeito, mas segundo escala preditiva. Essa grade de avaliação impôs-se, especialmente depois do 11 de Setembro de 2001, para indenizar as vítimas a custo mínimo. Assim, a perda de um cônjuge é avaliada em 100, a de um primo em 50, etc. O mesmo vale para invalidez consequente à catástrofe. Todas as hoje elogiadas células psicológicas visam confessadamente, sob o manto da compaixão, avaliar o custo financeiro de um trauma para determinar quem poderá voltar a trabalhar ou ser declarado inválido.

Desde a metade do século XIX, os pensadores do Iluminismo pressentiram, em graus variados, essa inacreditável inversão levando à transformação dos homens em coisas. Eles hostilizaram o obscurantismo – situando-se, portanto, do lado da ciência e do materialismo – tanto quanto se rebelaram contra a ideia de que a história seria linear e orientada para porvir radiante.

Historicamente, o espírito do Iluminismo surge com o Renascimento e o desmoronamento da antiga representação do Cosmo, dominada pela potência divina e pela crença num geocentrismo segundo o qual a Terra estaria fixa no centro do Universo. Mas é no século XVIII que nasce verdadeiramente o espírito do Iluminismo e a vontade de esclarecer, não obscurecer o Mundo, em relação mística havendo deus. O Iluminismo desde Kant se define, como se sabe, pela possibilidade de o homem usar livremente a razão. Funda-se na certeza da existência no Homem de um espírito crítico, capaz de recusar a crença e os falsos saberes. O Iluminismo privilegia o julgamento singular, caracterizando-se, enfim, pela constituição de uma opinião pública.

Mas esse primado concedido à opinião pública, se não esclarecido pelo Iluminismo, é o mais temível instrumento de aniquilação do espírito do Iluminismo. O Homem sempre se arrisca, de fato, a passar de tutela a outra, substituir a antiga ordem divina por uma ordem da razão e da ciência que pode se reverter em seu contrário ao se tornar dogma tão tirânico quanto o que se queria abolir.

Daí necessitar-se, como mostrou Elisabeth Badinter, para que o "verdadeiro" Iluminismo exista, que se criem as condições para que a opinião pública seja esclarecida pelos representantes dos saberes intermediando o poder político e a opinião pública. Eles desenvolvem primeiro um desejo de glória e uma exigência de dignidade assegurando-lhes consagração perante a opinião pública, manifestando em seguida uma vontade de poder, seja enquanto conselheiros dos príncipes, seja ao entrarem eles próprios na política, mas sob o risco de perderem sua liberdade intelectual quando, encastelados numa ideologia dominante, deixam de ser portadores do espírito do Iluminismo.

Exatamente no Iluminismo nascerá o movimento crítico desse ideal visando esclarecer os príncipes e os povos. Com o advento do capitalismo burguês, a situação dos intelectuais muda. Só conseguem esclarecer o povo recusando-se a ser os conselheiros dos príncipes: seu exemplo mais ilustre é Victor Hugo; depois, Zola.

Quase todos os escritores do século XIX foram assombrados por essa questão. E, é claro, acham-se rastros disso em toda a filosofia alemã, em Nietzsche especialmente. O advento das massas na história e o nascimento da famosa "opinião pública", tão característica do advento do Iluminismo, foram sentidos por aqueles autores "pessimistas" e às vezes tão conservadores que são um flagelo. Pensamos aqui nos escritores do século XIX, de Flaubert a Dostoiévski, passando por Wilde, Huysmans e muitos outros. Eles tinham consciência de que o culto da igualdade, que visava substituir a cultura das elites pela cultura da opinião pública, arriscava-se a favorecer o contrário de verdadeira igualdade fundada sobre o acesso de cada um à razão. Ao querer a igualdade para todos, diziam eles, questionar-se-ia enfim o espírito de liberdade, cujos portadores só poderiam ser as elites esclarecidas. Contradição, portanto, entre os adeptos ferrenhos de uma liberdade individual que transmitiria, só ela, o Iluminismo, e os partidários do advento de uma sociedade igualitária, pensada enquanto a única capaz de carregar a aspiração dos povos por um ideal de progresso.

No século XIX, os portadores do Iluminismo de fato relacionam-se com o poder político, mas se colocam na condição de esclarecedores do povo contra um poder considerado detestável. Ou renunciam a qualquer poder de esclarecer para se voltar à estética, à arte. É o caso, evidentemente, de Flaubert ou Baudelaire, mas também de Oscar Wilde ou Proust, que, ao descrever nobreza crepuscular e transformar sua vida em obra de arte, prefere morrer a sobreviver num mundo abominado. Assim, esses intelectuais – mesmo os mais pessimistas e anti-iluministas – prolongam o movimento do Iluminismo com um "contramovimento", o Iluminismo sombrio. Se a expressão anti-Iluminismo vem já de Nietzsche, que assim designava toda uma vertente associada ao ódio à Revolução e à democracia – de Burke a Wagner –, a noção de Iluminismo sombrio, que retomo de Theodor Adorno, designa algo totalmente diferente: precisamente a ideia de criticar os excessos vinculados à crença na felicidade e no progresso, criticar o ideal burguês, sem com isso abandonar o espírito do Iluminismo.

Contra o anti-Iluminismo, aliás, Nietzsche queria acender novo Iluminismo, e é nesse espírito que se pode situar Freud enquanto nietzscheano. Ele reacendeu o espírito do Iluminismo sem ceder às ilusões de um otimismo linear demais. Freud é misto de Diderot, Sade e Voltaire contra um fundo de romantismo tornado científico, como ressaltara Thomas Mann.

Fascinado pela morte e pelo sexo, mas preocupado em explicar racionalmente os mais cruéis e sombrios aspectos da psique humana, Freud teve a ideia que eu acho genial de relacionar ao cenário grandioso das dinastias trágicas da Grécia Antiga a vida privada da família burguesa *fin de siècle* tratada na mesma época dele por todos os psicólogos especializados em neurose: "Cada ouvinte", diz ele, "foi um dia em germe, em imaginação, um Édipo que se apavora ante a realização de seu sonho transposto para a realidade." À figura de Édipo ele acrescentou a de Hamlet, herói culpado confrontando o espectro paterno que cobra vingança.

Que o complexo de Édipo – matar o pai e esposar a mãe – logo se tornasse, devido aos próprios psicanalistas, psicologia familista ridícula justamente denunciada por numerosos filósofos, isso nada retira da força de gesto inaugural consistindo em localizar o sujeito moderno face a seu destino: o de um inconsciente que, sem privá-lo da liberdade de pensamento, o determina involuntariamente. Freud critica então o ideal de liberdade segundo o Iluminismo, mas prosseguindo daí o espírito do Iluminismo.

Revolução do senso íntimo, a psicanálise teve por vocação primeira mudar o Homem mostrando que o "Eu" (*Je*) é algum outro e o "mim" (*moi*) não domina sua morada. Com esse gesto, Freud se delimitou dos psicólogos e sexólogos de seu tempo tornando legível nossa vida inconsciente fora de qualquer ciência comportamental. Ele deu conteúdo literário e filosófico a essa área, em vez de pretender examiná-la pelos meios da ciência positiva. Mesmo se, de modo ambivalente, não cessasse de querer dar conteúdo científico a sua doutrina.

Freud foi tanto pensador do irracional e da desrazão quanto teórico da democracia associada à ideia de que só a civilização, quer dizer, a imposição legal contra a onipotência das pulsões assassinas, permitia que a sociedade escapasse a uma barbárie desejada pela própria Humanidade.

Mesmo não sendo grande leitor de Sade, ele partilhava a ideia de que a existência humana se caracteriza menos por uma aspiração ao bem e à virtude do que por uma busca por permanente gozo do mal: pulsão de morte, desejo de crueldade, amor ao ódio, vontade de infelicidade e sofrimento. Por isso, ele reabilitou a bela ideia segundo a qual a perversão – e consequentemente a reversão do Iluminismo em seu contrário – é necessária à civilização como parcela maldita das sociedades humanas e do próprio Homem. Mas em vez de fundar o mal na ordem natural do Mundo, como fazia Sade, e de tornar a animalidade do Homem o sinal de uma inferioridade racial, como faziam os sexólogos de sua época, adeptos da teoria da degenerescência, ele preferiu sustentar que só as artes, a civilização e a cultura podiam arrebatar a Humanidade inteira de sua própria vontade de aniquilamento. Tal é, portanto, a visão freudiana do Iluminismo necessariamente luminoso para esclarecer a porção sombria do Homem – desejo de morte e vontade de destruição –, necessariamente sombria, para reatualizar a parte luminosa da razão humana. Daí se deduz a concepção política de Freud.

Freud preferia a monarquia constitucional inglesa à soberania republicana do Ano 1, instaurada pela Convenção (24 de junho de 1793): a primeira encarnava a seus olhos uma cultura do ego, um eu puritano capaz de dominar suas paixões, uma retidão moral, uma ética da coação; a outra, ao contrário, representava para ele o território do id, da desordem, da libido e da multidão pulsiva; enfim, uma irrupção das forças incontroláveis, porém não despojadas de sedução. O masculino por um lado, com admiração por Cromwell, e por outro o feminino, com o fascínio por Charcot e as demonstrações da Salpêtrière.

Para além dessa polaridade Inglaterra-França e dessa inscrição da diferença dos sexos nas escolhas culturais, Freud ressalta incessantemente, de *Totem e Tabu* a *O Homem Moisés,* que o assassinato do pai era sempre necessário à edificação das sociedades humanas. Mas, consumado o ato, a referida sociedade só sai da anarquia assassina se a esse ato se segue sanção e reconciliação com a imagem paterna. Ou seja, Freud crê simultaneamente na necessidade do assassinato e em sua interdição, na necessidade do ato e no reconhecimento da culpa sancionada por lei. Crê que toda sociedade humana é atravessada pela pulsão de morte, de erradicação impossível; mas ele sustenta também pressupor em toda sociedade a aptidão para o perdão, o luto, a redenção.

Pode-se deduzir de tal posição que a psicanálise seja ao mesmo tempo regicida, por se apoiar naquela tese freudiana da necessidade do ato assassino, e hostil a qualquer forma de execução – suplício ou pena de morte –, já que o ato, embora se repita na história das revoluções, deve ser seguido por sanção que tende a abolir a possibilidade do crime e consequentemente da execução?

Desde seu exílio americano, Theodor Adorno e Max Horkheimer se entregam a longa digressão em 1947, no célebre *Dialética do Esclarecimento,* sobre os limites da razão e os ideais do progresso. *Aufklärung* em alemão significa simultaneamente Iluminismo e razão. Também eles pensadores do Iluminismo sombrio, compartilharam a ideia freudiana de que a pulsão de morte – sob a forma do gozo do mal – só se limita pela sublimação, único modo de aceder à civilização: "Os homens já chegaram tão longe na dominação das forças naturais", dizia Freud em 1930, "que com a ajuda dessas últimas fica-lhes fácil exterminarem-se totalmente".

O exemplo da Alemanha mostrava de fato que os ideais do progresso podiam reverter-se em seu contrário assim que os representantes da classe dominante, por medo da irrupção das massas, cediam ao mal absoluto delegando todos os seus poderes aos mais populistas dos ideólogos, os nazistas, majoritariamente provenientes do mundo do crime, da mediocridade revanchista – a opinião pública sob sua forma hedionda –, portadora de projeto de destruição radical da razão e da Humanidade. E para apoiar sua argumentação, os dois filósofos da Escola de Frankfurt evocam os nomes de Kant, Sade e Nietzsche ao reproduzir a história de Julieta, o momento dialético pelo qual o gozo da regressão (*amor intellectualis diaboli*) se metamorfoseara, na história do pensamento ocidental, em prazer de destruir a civilização com as próprias armas da civilização.

Longe de afirmar, como farão alguns, que a obra de Sade podia ser lida enquanto prefiguração do nazismo – eles antes anunciavam que a inversão sadiana da lei assemelhava-se a "historiografia antecipada da era totalitária". Continuando a odiar o divino Marquês, diziam eles essencialmente, os adeptos do positivismo burguês simplesmente recalcaram seu desejo de aniquilação para usar a máscara da mais alta moralidade. Assim é que foram conduzidos a tratar os homens enquanto coisas; depois, à medida que as circunstâncias políticas a isso se prestavam, enquanto detritos impróprios à normalidade humana; finalmente, enquanto montanhas de cadáveres.

Daí a cesura histórica de Auschwitz – enquanto paradigma da maior perversão possível do ideal da ciência. Adorno e Horkheimer sustentavam então que a entrada da Humanidade na cultura de massa e na planificação biológica da vida arriscava-se fortemente a engendrar novas formas de totalitarismo se a razão não conseguisse criticar a si própria nem superar suas tendências destrutivas.

Exatamente a partir do evento de Auschwitz é que esses autores – aos quais se devem acrescer Foucault, Arendt, Lacan e muitos mais – penso especialmente em Derrida e seu livro *Espectros de Marx* – tentavam, cada um a seu modo, explicar nova forma de perversão, desvio, malícia, derivados tanto de uma autodestruição da razão quanto de metamorfose peculiar da relação da Lei, por meio da qual homens ordinários se permitiram cometer, em nome da obediência a determinada norma, o mais monstruoso crime da história.

Ora, é evidente hoje que o que Adorno anunciava, como um além do nazismo, um pós-Auschwitz, está em vias de realizar-se, pois assistimos, com o advento deste novo capitalismo financeiro, a nova dissolução do gênero humano, que evidentemente nada tem de massacre coletivo nem de genocídio. A classe dominante hodierna não é mais dominante, afogada ela própria na globalização. Não reina mais sobre os homens, mas sobre as coisas que se podem localizar, medir. Sobre as coisas dessubjetivadas à sua imagem. Essa classe dominante está ela própria ameaçada pelo que ela produziu e, a propósito, a revolução cognitiva lhe fornece a moral que lhe faltava, permitindo-lhe não ter mais vergonha de si e, portanto, identificar-se com felicidade e exibicionismo ao pragmatismo das escalas de avaliação, tornando-se ela própria, aliás, sua vítima.

Freud foi o profeta laico de certa teoria da subjetividade, da qual a filosofia ocidental era a fiadora, e que no fundo pregava poder-se corrigir os efeitos negativos da reversão da razão em seu contrário. Mas, devido ao antifreudismo que domina o Planeta, o vilão é essa tradição filosófica. Contra ela, e com o desejo imperioso de aboli-la, os partidários anônimos da revolução cognitiva – digo isso por não terem nomes, o que lhes permite jamais ser identificados, ou negar o que fazem – pregam nova espécie de utopia do homem novo: não a raça dos senhores como o nazismo, não o homem igualitário da sociedade comunista, tampouco o indivíduo livre do capitalismo burguês clássico, que pressupõe uma ética, mas o fim da exceção do homem e a dissolução de sua razão em práticas corporais, sexuais e comportamentais reivindicando-se tanto de uma ideologia do gozo controlado quanto da autossujeição.

Nessa perspectiva, é esvaziada a ideia mesma de desejo, de consciência e de inconsciente, a própria ideia de possível aspiração a qualquer liberdade. Em nome do progresso final, da tranquila abolição do sujeito e, portanto, do trágico, do conflito, etc., seríamos agora convocados a nada mais ser do que um corpo biológico, cujas dissonâncias, geradas pelo capitalismo mundial, devem-se a avaliações e obrigações diversas: obrigação de moderar sua libido, não comer, não beber, não se exceder, enfim, não suscitar despesa alguma gratuita suscetível de prejudicar a sociedade.

Gozo dos corpos contra o sujeito desejante. Em tal contexto, a adesão a uma disciplina das psiques avaliada pela ciência substitui o ensino da filosofia. Igualmente, a sexologia visa substituir a psicanálise na apreensão das práticas sexuais novas, justamente quando a última nascia, no fim do século XIX, de uma separação com a sexologia, quer dizer, de uma recusa em reduzir as práticas sexuais a grande catálogo de anormalidades: atos perversos, delituosos, criminais.

Consequentemente, foi a pornografia, como esgotamento do desejo, que se tornou a figura dominante da sexualidade democrática comercial na era pós-freudiana, e Adorno anunciara isso. Não a pornografia no sentido clássico, praticada pelos aristocratas libertinos, não enquanto privilégio concedido à prática da prostituição e à contemplação ou exibição de coisas obscenas. Não a pornografia no sentido da inversão radical da Lei pregada por Sade. Pois essa tradição pressupõe norma a ser transgredida, desafiada, do mesmo modo que o libertino ou o místico desafiavam Deus, um para Lhe contrapor a figura heterogênea do mal, o outro, para incorporar o mal ao tornar seu próprio corpo depositário dos suplícios sofridos pelos mártires cristãos: flagelação, jejuns, conspurcações, torturas, mortificações, etc.

Não se trata disso hoje, mas antes da valorização de uma pornografia perfeitamente despojada de qualquer transgressão, uma pornografia organizada, higienizada, dominada, moralizada, sem mácula e consequentemente comandada por puritanismo que seria seu reverso. Quanto mais a sociedade ocidental valoriza o puritanismo, ao preferir o individualismo do gozo à subjetividade desejante, mais ela se torna pornográfica e mais ela tenta erradicar a psicanálise em benefício de uma gestão médica dos prazeres.

Pois a psicanálise, doutrina do sexo e do desejo, demonstrou só se poder construir a liberdade humana sobre o duplo reconhecimento pelo Homem de suas pulsões destrutivas e sua necessária sublimação. Nem gozo ilimitado ou dominado, nem frustração, tal seria o credo do saber freudiano. Esse repousa na ideia de que a subjetividade seria necessariamente culpada, enquanto a sexologia pós-freudiana considera que o indivíduo deve necessariamente ter direito a gozo ilimitado, desde que floresça controlado por moral puritana, ela própria encastelada num higienismo médico.

Na era da sociedade padronizada do mercado, do capitalismo pós-industrial e quase "imaterial", centrado na busca infinita pelo prazer, o indivíduo é rei, mas sem relação com um deus nem com um senhor ou qualquer outra figura de autoridade. Se ele não se cuida, sua onipotência real arrisca-se a não passar de ilusão, oscilando entre a desmedida e a deposição. Pois sem amarras com nenhuma ordem soberana – mesmo que sempre vacilante –, o indivíduo perde sua liberdade, tornando-se mercadoria. Condenado ao consumo sexual, quer dizer a uma pornografia não transgressiva, ele pode então reconstituir a lei sob a forma perversa de um deus perseguidor, ou seja, um superego puritano.

A propósito, a perversão – e não mais a neurose no sentido freudiano – domina as patologias da era pós-freudiana, encarnando perfeitamente os ideais da sociedade aditiva, toxicomaníaca e invertida como a nossa. Uma sociedade que também perverte o ideal do Iluminismo, cujos fundadores se declaravam iluministas ao preferirem a liberdade à igualdade. Nossa época ignora ambas. E isso se traduz clinicamente, já que a psiquiatria contemporânea fez a histeria desaparecer, quer dizer, o conflito, de seu catálogo, preferindo em vez dela a depressão, ou seja, a submissão, acessível à psicofarmacologia. Valorizar depressão para recalcar melancolia, fonte de criatividade e resistência ao servilismo. Nossa época é, portanto, puritana; e o desafio contra esse puritanismo, pela valorização da depressão e abolição dos conflitos, é de natureza perversa. Nossa época entrou no anti-Iluminismo, mas ao preço de incessantemente convocar o Iluminismo – o progresso, a felicidade, a higiene –, para melhor desprezá-los.

A perversão nasceu tão visível nos escritos que pretendem circunscrevê-la ou censurá-la – quer dizer, no discurso puritano – quanto nos que visam promovê-la ou exaltá-la – ou seja, o discurso pornográfico. Entre ambos há certa simetria, um produzindo o outro e reciprocamente.

Quer se pretenda abolir o ato sexual não reprodutivo em nome de uma cruzada do bem contra o mal – base do discurso puritano –, quer se imponha o gozo em nome de um higienismo corporal, isso sempre significará tornar a sexualidade meta normativa contrária à essência do desejo: uma "erótica disciplinar", segundo Foucault. O puritanismo e a pornografia pertencem a uma ordem social e sexual comum para a qual a vigilância da psique prima sobre o desabrochar do desejo. Na era liberal, em que dominam esses dois imperativos, de fato parece ter-se realizado parte do modelo sadiano. E é no continente americano – muito mais do que na velha Europa – que é mais visível o rosto desse curioso Janus moderno.

Chamo puritanismo tudo o que visa purificar a psique humana de seus desejos, prazeres, transgressões ao transformar ora em vítimas, ora em carrascos os que a eles se entregam. A propósito, o puritanismo produz sempre pornografia, pois, ao buscar erradicar o demônio do sexo, transforma-se o sexo em exibição diabólica. Nas sociedades democráticas – em que prevalece o estado de direito – a vitimização do outro é fenômeno perverso, sempre pressupondo perseguidor. Ela desemboca numa judicialização excessiva das relações entre os sujeitos, quer dizer, num domínio crescente da especialidade legal sobre as paixões da psique. Regressão do espírito iluminista que visa esclarecer a opinião, lembro; não obedecer-lhe.

E nada mais terrível do que essa supervalorização das leis sobre assédio sexual que se assiste nos Estados Unidos e agora na Europa. "Devolvam-nos Monica Lewinsky", protestou Philipp Roth, o maior escritor americano vivo, homem do Iluminismo sombrio, conservador esclarecido à Flaubert, às voltas com a paixão pelo sexo depois da invasão do Iraque pelo presidente George W. Bush, mostrando preferir um presidente tachado de pornográfico – Bill Clinton – a um presidente puritano, exibindo enquanto troféu furtado num *sex shop* a pistola de Saddam, ditador deposto. Philippe Roth, grande retratista, verdadeiro Freud dos presidentes americanos, deveria escrever a história do Salão Oval, à maneira do Complexo de Portnoy.

"A desconstrução é a América", diz igualmente Jacques Derrida. De fato, tudo se passa como se na América, verdadeiro laboratório de realização das fantasias europeias, estivesse se produzindo sob nossos olhos uma das mais paradoxais revoluções do mundo ocidental: uma sociedade inteira, devastada pela loucura das avaliações, pela medição dos afetos e pelo apagamento das fronteiras do humano, se desfaz do interior, exatamente quando ela se tornou a maior das potências imperiais e quando, em nome de um ideal do Iluminismo que ela perverte, pretende trazer a liberdade a povos que sujeita duplamente: pois só os libera de ditadura horrível – como no Iraque – para submetê-los a ditadura tão horrível quanto a dos islâmicos, sustentados por sua vez por intelectuais americanos que odeiam tanto sua própria democracia que preferem favorecer o pior a refletir sobre novo ideal de progresso. Penso especialmente em Chomsky, muito diferente dos outros intelectuais americanos rebeldes (Roth, Mailer, Sontag, etc.), cujas crenças cognitivistas – que o autorizaram a tratar de impostores todos os representantes da filosofia continental, de Lacan a Foucault, passando por toda a filosofia alemã (Adorno, Husserl) – não deixam de se vincular a seu fascínio por Osama Bin Laden, que nunca deixa de gozar o domínio sobre seus inimigos: um favorece o terrorismo como sustentara o negacionismo, enquanto o outro zomba de todos os valores democráticos pretendendo-se o perversor de sua lei.

Três exemplos mais concretos ilustram como um ideal iluminista pode oscilar em seu contrário, ao final de uma visão puramente organicista e cognitiva do humano. Vontade de dominar o indomável (a pulsão sexual) para o bem da Humanidade, no primeiro caso. Vontade de abolir a perversão com tratamentos perversos, no segundo caso. Animalizar o Homem e humanizar o robô humanoide, no terceiro caso.

Conhecido debate contemporâneo contrapõe partidários da abolição da prostituição (os puritanos) aos defensores de sua legalização enquanto "ofício do sexo" (a pornografia "dominada" ou domesticada). É em nome do higienismo e da proteção às prostitutas que certos Estados – entre eles Alemanha e Países Baixos – legalizaram as remunerações para "serviços sexuais" e inventaram "cabines de serviços", recusando a designação "bordéis" – a palavra é politicamente incorreta –, gerada por sociedades anônimas que supostamente controlam todas as formas de turismo sexual, passíveis de produzir desordem sexual ou epidemias de doenças sexualmente transmissíveis.

Ao contrário, é em nome da mesma ideologia que a Suécia tornou delituoso o consumo do ato sexual pelo cliente, pesando sobre este e sua prostituta uma repressão que deveria visar, acima de tudo, às redes de proxenetas. Num caso, industrializa-se o sexo para melhor controlá-lo, e então o Estado torna-se proxeneta; no caso contrário, pretende-se aboli-lo arriscando-se a torná-lo mais clandestino e transgressivo quanto mais se criminaliza o sexo venal. Nos dois casos, o puritanismo e a pornografia se unem, ora para promover formidável exibição do sexo, ora para proscrevê-la. Gozo propagado de um lado, gozo dissimulado de outro. Jean-Michel Rabaté, especialista em Joyce e professor de literatura na Filadélfia, desmontou bem esse mecanismo em livros sobre as lógicas da mentira. Temos a escolha binária, diz ele, entre "dizer tudo e dizer nada". Entre a exibição absoluta do íntimo e a repressão total do desejo.

Segundo exemplo: sabe-se por numerosas investigações e testemunho de que modo os sexólogos, psiquiatras ou psicólogos, adeptos do comportamentismo ou behaviorismo, se conduzem em relação ao que eles chamam hoje "desviantes sexuais", não mais pervertidos, já que a palavra *perversão*, considerada aristocrática demais, forte demais, transgressiva demais, foi banida do vocabulário da psicopatologia.

Há vinte anos, portanto, especialmente nos Estados Unidos e no Canadá, esses sexólogos, renomeados "sexoterapeutas", administram a desviantes sexuais, sempre voluntários, curiosíssimos tratamentos psíquicos e corporais. Instalados em clínicas transformadas em laboratórios de pesquisa, eles fornecem a esses pacientes, radiantes em ser assim instrumentalizados, todo um arsenal de engenhocas tecnológicas e imagens de síntese para satisfazerem todas as suas demandas. Buscando extrair a verdade psíquica do próprio corpo do voluntário, eles os incentivam a se estimular assistindo a filmes pornográficos enquanto são ligados a múltiplos aparelhos para medirem a intensidade de suas emoções ou ereções. Chegam até a lhes alugar "parceiras" que têm a missão de lhes retificar as falhas de cognição com toques ou atos sexuais que se desenrolam em presença dos terapeutas.

Assim, os desviantes sexuais, uma vez desapropriados da essência de sua perversão – sua paixão sacrílega em encarnar o mal –, são coagidos com sua plena anuência a tornar-se ratos de laboratório, exatamente quando, aliás, os defensores do reino animal condenam os sofrimentos infligidos aos ratos pelos pesquisadores. Nos laboratórios onde são tratados, os desviantes repetem fantasticamente seus atos delituosos, de modo que os referidos atos, pelo fato de ser colocados em tal condição fictícia, tornam-se um aborrecimento e, portanto, indesejáveis, por ser "autorizados". É então que são incitados a se reeducar efetuando controladamente atos sexuais ditos "normais". Quando os diversos tratamentos são declarados "ineficazes", que é o caso na maior parte do tempo, os médicos do sexo preconizam a castração, inicialmente química – por ingestão massiva de hormônios femininos – e depois cirúrgica – pela ablação dos testículos. Esses voluntários também são inúmeros.

Jamais experimentador algum comprovou esses tratamentos, já que não visam, por mais que se diga, curar os desviantes de seu desvio – sofrido, odiado ou desejado –, mas dar a cada ator social o espetáculo de uma abolição da perversão com tratamentos perversos. Ora, a partir do momento em que se quer abolir assim a perversão, arrisca-se à desaparição do corpo social da necessária relação norma-patologia, lei-transgressão. Se a ciência imita a perversão pretendendo abolir até seu nome, ela se identifica com seu objeto a ponto de se perverter também, de não cuidar de nada e de ser mera cúmplice de criminalidade ainda mais poderosa do que a que se queria abolir. Stanley Kubrick desmontou muito bem esse mecanismo em *Laranja Mecânica*.

Terceiro exemplo: sabe-se que, há décadas, militantes lutam pela melhora da condição animal, prosseguindo assim o combate do Iluminismo ao se opor às experiências inúteis, aos maus-tratos, às caçadas criminosas. Mas sabe-se também que esse movimento se reverteu em seu contrário quando, no cenário da revolução cognitiva, os extremistas da causa animal – penso especialmente em Peter Singer e suas datas – decidiram criar o homem novo vegetariano e acusar de especismo – palavra formada com base no racismo – todos os comedores de carne – ou seja, a Humanidade inteira –, equiparados a criminosos e genocidas que devem ser exterminados com práticas ditas de ecoterrorismo, semelhantes às da Al Qaeda. Eles colocam então substâncias mortais, invalidantes ou destrutivas nos produtos consumidos pelos homens para que passem por sofrimentos idênticos aos que infligem aos bichos. Pregam a zoofilia, a ponto de reivindicarem pacto de união civil entre os homens e seus animais favoritos, afirmando o igualitarismo absoluto entre todas as espécies, e odeiam os humanos, sem, aliás, amar verdadeiramente os bichos, já que só a ideologia do contínuo cognitivo os anima.

Recentemente, cientistas ingleses do instituto de ciência e tecnologia avançada decidiram, imitando o movimento dos adeptos animalistas da ecologia profunda, inventar novo direito aplicável aos robôs humanoides. Sabe-se que esses serão, em alguns decênios, os "companheiros" dos humanos: eles trabalharão em nosso lugar nas fábricas, nos bancos e hospitais, serão empregadas, enfermeiros, entregadores em domicílio o que permitirá aos homens dedicar seu tempo a outra coisa que não esse tipo de servidão. Tal é, em todo caso, o sonho da ciência.

Consequentemente, os pesquisadores especializados na fabricação desses robôs consideram hoje que eles devem ser integrados ao mundo dos vivos tanto quanto os humanos e os não humanos. E como, ao contrário dos bichos, eles sabem falar, ressaltam esses mesmos pesquisadores, eles deverão, tão logo existam, adquirir os mesmos direitos dos humanos: ter identidade, patronímico, idade e, por que não, filiação. Resta saber como serão eles sexuados. Qual será seu salário? Que filhos gerarão? A ciência nada informa a respeito.

Em todo caso, os pesquisadores, adeptos da revolução cognitiva, consideram hoje que esses robôs humanoides não são nem coisas, nem máquinas, mas seres humanos com emoções: "Talvez queiramos", ressalta seriamente Aaron Edsinger, pesquisador do MIT, "que os robôs domésticos permaneçam produtos caseiros sem emoções. Um lava-louça deveria permanecer lava-louça. Mas os robôs de crianças ocuparão um dia o lugar dos cães e gatos. Consequentemente, a outorga de direitos equivalentes para ambas as categorias de companheiros parecerá natural daqui a cinquenta anos." (*Le Monde*, 9-10 de setembro de 2007).

Gostaria, para terminar, e contra o pesadelo anunciado, de reabilitar o espírito iluminista evocando uma célebre saga, criada por George Lucas e Steven Spielberg, cineastas americanos fascinados pelas tecnologias de ponta – os famosos efeitos especiais –, que souberam dar nova vida aos mitos fundadores da Humanidade, dos quais somos os herdeiros. Quero tratar de *Guerra nas Estrelas (Star Wars),* formidável fábula sobre os próprios Estados Unidos.

O filme coloca em cena, atravessando várias gerações e num universo galileano constituído por infinidade de galáxias, uma epopeia guerreira no qual se misturam, como na história do Olimpo, da Bíblia ou do Faroeste, os deuses, os homens, os animais, os titãs, os semideuses, os demônios, as quimeras e, consequentemente, para nossa modernidade, os robôs humanoides.

Cada espécie tem sua linguagem, mas cada espécie também está sujeita a metamorfoses e mutações. Os robôs humanoides são fabricados à imagem dos homens que os fizeram. Uns são encantadores, lembrando cavalheiros ou objetos transicionais, à maneira de Winnicott, condicionados por certos homens para cumprir tarefas admiráveis. Outros, ao contrário, são assassinos, condicionados por outros homens para matar os homens e destruir a Natureza e a cultura.

Quanto aos animais, eles são de todas as espécies e de qualquer obediência, frequentemente mutantes, a meio caminho num percurso darwiniano que ilustra as transformações da noção de "próprio do homem". O homem que encarna as virtudes ancestrais do bem e da sabedoria, e que é, portanto, o depositário da memória do Universo – quer dizer, a dos homens, dos animais e dos deuses –, é um mutante esverdeado, metade homem, metade bicho, feio e minúsculo, que fala enigmaticamente invertendo as palavras e a sintaxe.

O universo em que vivem todas essas espécies é incessantemente atravessado, e quase ontologicamente, pelo conflito eterno opondo as forças do mal – o imperialismo, a barbárie, a tirania sob todas as formas – e as do bem – o Iluminismo, o progresso, a democracia. Mas o herói verdadeiro desta saga, Darth Vader, não pertence nem a um campo nem a outro. É um ser atormentado pela dialética bem-mal, que gerou dois gêmeos voltados a destruí-lo. Ele era inicialmente um homem de elite, apaixonado por uma rainha, guerreiro do Iluminismo, herói no sentido grego. Depois, decepcionado pela incompetência dos mestres da sabedoria, que cederam à corrupção, ele é atraído pelo "lado sombrio da Força", quer dizer, o mal absoluto que cada homem carrega dentro de si sem saber.

Ele se transforma então em fascinante robô humanoide, negro teutão surgido de uma lenda wagneriana. Mas, para que essa metamorfose possa ocorrer, necessitou-se que seu corpo e seu rosto fossem inteiramente queimados, em combate singular contra aquele que o iniciara no bem. Ele não é, portanto, um verdadeiro humanoide? Com sua armadura guerreira, submisso a um senhor bárbaro, desfigurado por seus vícios, ele fala como respira, ao modo de um asmático ou ventríloco. Quando, quase vencido pelo próprio filho em combate mortal e instado por seu senhor bárbaro a matá-lo, ele dirige sua potência guerreira contra aquele que o sujeitou. Sob o robô humanoide aparece então o rosto do herói que ele foi outrora. Mas esse rosto agonizante, embora magnífico e cheio de humanidade, é a face pustulenta de um monstro.

Esse filme ilustra perfeitamente a história do Iluminismo, incessantemente assombrada por inversão da lei que ele deve servir. À medida que os homens pervertem os valores iluministas, eles enlouquecem a ponto de ora se acharem deuses, ora animais, ora robôs.

HENRIQUE HONIGSZTEJN

Psicanálise do antissemitismo

> "O Diabo seria o melhor expediente para desculpar a Deus, ele assumiria o mesmo papel economicamente aliviante que o judeu no mundo do ideal ariano."
>
> Sigmund Freud, *O Mal-Estar na Cultura*

"Um objeto bem contemplado abre em nós um novo órgão." Uma frase de Goethe que se presta a descrever o efeito iluminador da psicanálise sobre o objeto no qual ela se detém. O bem contemplado é possibilitado pelo órgão já aberto em nós pelas revelações de Freud, o órgão que pela atenção flutuante acessa comunicações de um inconsciente dinâmico em seu contínuo movimento, em seus contínuos conflitos.

Procurarei, a partir do diário de um conhecido nazista, Joseph Goebbels, elementos que permitam pensar que movimentos internos levam ao antissemitismo e às suas diversas exteriorizações. Ao final, procurarei responder: o que leva a que o judeu seja um alvo, pode-se dizer universal, de ataques destrutivos?

Partindo de Goebbels, encontro em seu diário, na data de 2 de novembro de 1939: "Terça-feira: viagem de avião, cedo. Por volta das 11h em Lodz... Passeio pelo gueto. Subimos e visitamos tudo detalhadamente. É indescritível. Isso não é mais gente, isso são animais. Isso por essa razão não é uma tarefa humanitária, mas uma tarefa cirúrgica. Tem que se fazer cortes aqui, e na verdade totalmente radicais. Senão toda a Europa sucumbirá à doença judaica".[1]

Ele descreve a situação em que se encontram os judeus amontoados no gueto, subnutridos, com a ausência de qualquer condição que pudesse fazer alguém experimentar algo que lembrasse alívio. Ele faz com que fotografem essas imagens e as buscará eternizar no filme *O Judeu Eterno*, cristalizando assim as projeções feitas pelo antissemita de tudo que sente como feio, odiento, mau em seu próprio mundo interno na figura de um judeu para o qual se voltarão olhares de repulsa. Ainda ligado a esse mecanismo temos três trechos dos diários. Em 7 de abril de 1929: "Eu tenho medo como os filhos dos judeus".[2] E em 6 de dezembro de 1930: "Em dez minutos apenas, o cinema parece uma casa de loucos. A polícia é impotente. A multidão estimulada se dirige aos judeus... 'Fora os judeus'... 'Os judeus são pequenos e feios'".[3]

Em 17 de dezembro de 1929, transcreve um sonho: "Tive um sonho singular: eu estava em uma escola e era perseguido através de vastos corredores por muitos rabinos da Galícia Oriental. Eles me gritavam sem parar: ódio. Eu estava adiante deles alguns passos e respondia com o mesmo grito. E assim por horas. Mas eles não me pegavam. Eu sempre estava alguns passos adiante. Isso é um bom presságio?".[4]

Projeção em funcionamento, aliviando-se de vivências de feio, pequeno, medroso, e a expectativa do retorno do projetado. Uns exemplos a mais do que se busca aliviar, encontro nos diários, em 2 de janeiro de 1926: "Uma triste entrada no ano novo... Meu coração está tão pesado

---

[1] Joseph Goebbels, *Journal: 1933-1939*. Paris, Tallandier, 2007.
[2] Idem, *Journal: 1923-1933*. Paris, Tallandier, 2006.
[3] Ibidem.
[4] Ibidem.

nessa hora. *Dreck* [merda] em mim e à minha volta". E dois dias após: "Só trabalho para me insensibilizar. Pensar sobre si mesmo traz desespero. E assim vai-se adiante. Até o fim".[5]

Em 17 de julho de 1924: "Eu estou tão sem força diante da vida diária... é preciso uma base sólida. Isso me falta... Tudo que começa vai a pique...O que começar? Eterna dúvida".[6]

Penso que Goebbels atingiu em seu desenvolvimento emocional a condição de diferenciação eu-não eu, mas com a falta de um *self* estruturado que lhe desse a segurança, a autoconfiança para circular pelo mundo com seus encontros. O objeto que ele percebe surge-lhe como alguém ameaçador, como um objetor. Assim o mundo se estabelece para ele numa posição: anti. O ódio ligado a essa condição passa a ser para ele vital, pois é um tônico do *self*, como disse-me um paciente em uma sessão: "quando puxo meu ódio, meus músculos ficam duros, eu me sinto forte". Cabe aqui a transcrição de um trecho do diário referente à explosão de ódio que foi a Noite dos Cristal (9 de novembro de 1938):

> Eu estava para voltar a meu hotel, quando vi o céu se tornar vermelho-sangue. A sinagoga queimava. Não fizemos estender os incêndios em função das construções alemãs da vizinhança. Senão, deixar queimar. O batalhão de assalto fez um trabalho extraordinário. Os despachos chegam agora do conjunto do Reich: 50, depois 75 sinagogas queimaram...
>
> Assim que retorno ao hotel, vidros voam em explosão. Bravo, bravo... procuro dormir algumas horas.[7]

O terror é projetado e os judeus o experimentam. Goebbels, que disso se livra, consegue um pouco de paz, e o ódio lhe dá o revestimento não dado pelo amor, fazendo com que se sinta poderoso e merecedor dos aplausos: "bravo, bravo".

---

[5] Ibidem.
[6] Ibidem.
[7] Idem, *Journal: 1933-1939*. Paris, Tallandier, 2007.

Outro mecanismo se junta a esses dois como estruturante, algo que vai surgindo e permanece até o final de sua vida e que em seus diários aparece descrito sempre ao término de seus encontros com Hitler: "sinto-me como uma bateria que foi recarregada". Um ser que reúne a *superpotência* o recarrega, o alivia do terrível sentimento de ser *"Dreck"*, e lhe preenche das substâncias esvaziadas pelas projeções. Em um ser trabalhando nesse nível de funcionamento mental, no qual o que predomina é se desfazer de excitações perturbadoras, as palavras deixam de ter o sentido de comunicação, de ponte entre sujeito e objeto, para ficarem sob o uso do processo primário, o de eliminação de estímulos, adquirindo um caráter mágico de ação, de coisa. *"Vernichtung"* (destruição, aniquilamento), uma das palavras preferidas de Hitler, *"Radikaler Krieg"*, a guerra radical, quase um mantra para Goebbels nos anos finais da Segunda Guerra; as fórmulas mágicas e hipnotizadoras repetidas centenas de vezes: "O judeu é nossa desgraça".

Em 9 de julho, numa reunião do Ministério, Goebbels ordenou que a frase "Os judeus são culpados" passasse a ser o teor da imprensa alemã.[8]

A culpa é dos judeus. Fórmula universal para acesso à resposta pronta para alívio de tensões. Se Goebbels via-se longe do ideal ariano, a culpa é dos judeus. Como na visão nazista, foi certamente infiltrado pelo sangue inferior, e assim se ganha um reforço do ódio aos judeus. Sendo o processo mental guiado pelo princípio do prazer que busca a eliminação de excesso de estímulos, as fórmulas, os *slogans* surgindo como respostas imediatas deixam a mente em repouso e vão ganhando, dessa forma, um lugar fundamental na mente de quem assim funciona. Cabe acrescentar que essa resposta é dada por uma figura poderosa, um Pai sem traços de fraquezas e que garante o amor a quem aceitar suas fórmulas e soluções; e que solução mais atraente a quem se sente frágil e em busca do amor protetor do que o estímulo ao ódio sob as bênçãos dessa figura? Um superego liberador de impulsos, e que impulsos! Não resisto a transcrever um trecho de *O Cemitério de Praga*, de Umberto Eco: "Ora, o senso de identidade se baseia no ódio, sobre o ódio pelo que não é idêntico... É preciso sempre alguém a

---

[8] Peter Longerich, *Goebbels: Biographie*. München, Siedler Verlag, 2010.

quem odiar para sentir-se justificado na própria miséria. O ódio é a verdadeira paixão primordial... Não se ama alguém por toda a vida... Ao contrário, pode-se odiar alguém por toda a vida... O ódio aquece o coração".[9]

E essa citação me leva a outra, de Freud, usada como epígrafe deste texto: "O Diabo seria o melhor expediente para desculpar a Deus, ele assumiria o mesmo papel economicamente aliviante que o judeu no mundo do ideal ariano".[10] Já que Eros busca (voltando a citar Freud) "conservar a substância vivente e aglomerá-la em unidades sempre maiores",[11] surge-me Hitler como alguém que poderia ser, para os alemães, a personificação de Eros em seu anseio pelo espaço vital em constante expansão, no qual pudesse conectar todos os alemães. Que poder tem esse Deus que traz segurança e alívio de todas as dores deixando-as nas costas dos judeus e que garante toda proteção aos que concretizam, em ações, seu ódio. Uma pergunta: o que faz com que o judeu seja esse alvo universal de projeções de ódio ("jogar pedra na Geni"), de terríveis avalanches aniquilatórias?

Para a resposta que me ocorre, inveja, surge de imediato outra pergunta: o que é invejado? A meu ver: trazer em si o sinal confirmador do povo eleito: circuncisão. Aos olhos de uma mente pronta ao antissemitismo isso é o sinal da aliança prometida por Deus, que é sentida assim como uma ferida narcísica que o inferioriza, que o exclui de uma intimidade ansiada. Numa enciclopédia encontramos uma citação do Talmud (Nedarim 31b): "A presença do prepúcio era olhada como um defeito, e a perfeição era alcançada pela sua remoção".[12] Algumas variações com base nesse estímulo: a citação acima expressa uma justificativa para que uma ferida seja infligida ao órgão mais carregado de valorização narcísica – o judeu encontra uma justificativa, e o não judeu uma acentuação de sua ferida narcísica por não ser eleito e, mais, não ter em si a marca da perfeição.

---

[9] Umberto Eco, *Il Cimitero di Praga*. Milano, Bompiani, 2010, p. 400.

[10] Sigmund Freud, *Civilization and Its Discontents*. London, The Hogarth Press, 1961, p. 139. (Standard Edition, v. XXI)

[11] Ibidem, p.136.

[12] R. J. Zwi Werblowsky e Geoffrey Wigoder (ed.), *The Encyclopedia of the Jewish Religion*. New York, Holt, Rinehart & Winston, 1966, p. 30. Verbete: *circumcision*.

No mito desenvolvido por Wagner em sua tetralogia, o nibelungo Alberich, ávido pela posse carnal das guardiãs do ouro do Reno ("*Das Rheingold*", ópera de Wagner), faz um sacrifício: renunciará aos prazeres sexuais em troca da posse do ouro e, assim, do anel que o tornará dono de superpoderes, algo que se repete no mito moderno do Superman, que renuncia aos seus desejos carnais por Lois Lane, sua amada, para que seus superpoderes não se percam. O que não ocorrerá na mente de um não judeu sobre isso? Talvez: o judeu recebe pela circuncisão, a perfeição pelo sacrifício de seu mais valioso órgão e torna-se assim dono de superpoderes. Superpoderes sem limites de tempo e espaço, como tudo que circula no inconsciente. Para muitos, tudo isso circula no inconsciente; para outros, isso se torna uma realidade concreta com efeitos palpáveis. O grande efeito palpável é que toda grande perturbação é causada pelo judeu, o culpado universal. Resposta palpável a isso: eliminação, ou em grau menor, isolamento nos guetos, e cada um trazendo sua marca distintiva, expondo-se assim o inimigo à vista de todos.

Vamos ver um pouco disso: séculos antes da marca distintiva imposta pelos nazistas, o Concílio de Latrão, em 1215, obrigou os judeus a ter de se distinguir dos cristãos pelas roupas e por certos distintivos. Na cidade de Mogúncia (Mainz) e logo espalhado pela Alemanha, por volta do século XIII, o judeu tinha de usar o "*Judenhut*", que tinha uma forma cônica tendendo a cilíndrica e não creio ser um malabarismo ver nessa forma um pênis. É como se assim se verbalizasse uma voz inconsciente: "vocês não têm nada de secreto e sagrado com sua circuncisão, não têm nada de perfeição, nada de pacto com o criador, olhem seu pênis ridículo que faz todos nós rirmos, coitados de vocês". O não proselitismo dos judeus alimenta a inveja e sua ação: os judeus querem conservar ocultos seus poderes para usá-los secretamente, espalhando pelo mundo suas terríveis toxinas contra as quais os não judeus não terão como se defender. Uma potência especial, desconhecida, contra a qual a mágica palavra "*Vernichtung*", aniquilamento, será a única arma. E vai-se ativando a mente antissemita: em lugar da aliança com Deus, os judeus passam a ser o povo deicida.

Assim se desenrolam os processos inconscientes de projeção, de luta contra o que é sentido como superpoderoso, e assim se multiplicam ligas antissemitas, publicações que culminam com o tristemente célebre "Protocolos dos Sábios de Sião". Com Hitler o inconsciente aflorado nos *pogroms*, nos "Protocolos", ganha uma validação: o judeu é marcado como segunda classe, e assim todos os que se sentiam por ele feridos narcisicamente foram elevados à condição de povo eleito, por serem da raça superior: a ariana. O Deus dessa raça superior é palpável, não abstrato, na figura do *Führer*, que lhes faz assistir a um espetáculo grandioso de extermínio dos judeus, que leva com eles, arrastado pelo fogo purificador, todas as dores causadas pela inveja, pelas humilhações, todas as dores mentais, enfim, que cada um desses privilegiados espectadores carregava.

Mas há um preço a pagar:

Ao projetar, aquele que o faz perde substância mental, elementos projetados não mais estão a seu dispor para ser pensados, organizados, sentidos. Pouco a pouco essa pessoa regride mais e mais ao uso de palavras como coisas e daí seu uso mágico e assim ao emprego de *slogans* e chavões como respostas não vindas de trocas com outros seres, mas como emanações do ser superior nas quais se fusionam, na busca de escapar do objeto objetor.

O instinto de morte livre ("Freitod", suicídio) proporciona experiências como a descrita por Hans Frank, governante nazista da Polônia: "O poder e a certeza de usar a força sem encontrar qualquer resistência são o veneno mais doce e pernicioso que se pode introduzir em qualquer governo".[13] O poder emanado de Tânatos livre é um vício que exige mais e mais consumo, pois fora da fusão com Eros só pode sustentar-se numa ação contínua, o que leva a uma marca constante em sua apresentação: grita, faz muito barulho. Mas esse barulho assusta a quem o carrega e daí a busca de mais e mais alvos em que descarregar esse que é na realidade um inimigo interno. Frágil, já que dissociado, esse ser sob o qual Tânatos se exerce submete-se e cria uma aliança fantasiada com o inimigo da vida,

---

[13] Max Hastings, *Inferno – O Mundo em Guerra: 1939-1945*. Rio de Janeiro, Intrínseca, 2012, p. 521.

passando a sentir-se como um aliado da morte e, assim, imortal. Reforço ao narcisismo destrutivo. Isso tem um preço: passa a agir em obediência aos chamados à destruição que estão a cada momento sendo feitos pelo líder representante de Tânatos na Terra. Algo mais: com o instinto de morte projetado, Eros ironicamente torna-se morte pela fusão em que o ser desaparece numa entidade: "*Ein Reich, Ein Volk, Ein Führer*" – manter Eros em sua ação de vida seria estar sempre atento a usar Tânatos em sua ação delimitadora, que assim permite que arte não se torne decoração, não permite que a sociedade se congele sob *slogans* que tudo explicam.

Fusão e difusão dos instintos de vida e morte, esse eterno movimento traz uma esperança de que o congelamento não ocorrerá, de que a Razão que se serve ou se alia à atenção para sua ação no mundo se fará presente como na obra do homenageado. Os que podem se encontrar com o objeto, falar a partir da ponte com ele estabelecida e o seu consequente fluir, me fazem experimentar um acréscimo, um órgão a mais que amplia a minha visão do outro, e eu me torno alguém a mais dentro de uma benigna circulação. Rouanet é uma expressão de que as forças que levam ao antissemitismo podem ser confrontadas, que os caminhos que levam aos relativismos, aos fundamentalismos, podem ao final se reduzir a pequenos atalhos para momentos de cansaço. Há um narcisismo de vida que sustenta a aliança com os que fazem ouvir a voz da Razão pelo sentimento de orgulho, que em voz que não precisa de gritos fala: A morte foi enfrentada e não me derrotou.

Comentários finais

No diário de Goebbels, na data de 8 de fevereiro de 1943, encontramos Hitler se expressando: "O judaísmo se exerce em todos os países inimigos como o elemento ativador, motor, em relação ao qual nós não teríamos algo de igual valor a opor. Daqui segue que nós precisaríamos eliminar o judaísmo de toda a Europa".[14] Essa expressão de inveja e medo

---

[14] Joseph Goebbels, *Die Tagebücher: Teil II, Diktate 1941-1945, Band I*. München, K. G. Saur, 1966, p. 295.

dá a resposta à presença em Hitler da exclamação repetida à exaustão: "*Vernichtung!*". "*Vernichtung!*". Só o aniquilamento radical pode propiciar a paz possibilitada pela erradição de um arquirrival.

Em 14 de fevereiro, Goebbels se descreve, em seu diário, como a força motora que irá impedir a burocratização do impulso da guerra total, mostrando assim ao seu *Führer* sua grandeza e grande ironia: apresentando-se como Hitler via o judeu.[15]

Neste momento, lanço meu foco sobre Hitler e o nazismo, já que o grande impulsionador destes foi o antissemitismo. Vamos então:

Percebe-se pelos dois últimos parágrafos acima a importância que tem aos olhos do antisemita o judeu, certamente originada, a seu ver, pela aliança com o Todo-Poderoso, e tendo como um fator econômico a mais a visão de um embate no qual o combatido enaltece o que o combate pelo seu poder. Se Hitler ousa combater o elemento ativador, motor das nações como diz, que força certamente ele possui para tal empresa? Hitler desse modo ativa no povo alemão uma admiração pela sua grandeza e uma união sem oposição esperando a hora do aniquilamento do Anticristo, do Anti-Hitler.

A ativação em Goebbels, como vemos acima, se estendeu a cada alemão que se viu como uma força motora nessa luta decisiva. Que alvo ideal é o judeu! Poucos em número, sem poderio militar, sem uma marca destrutiva, era um certeiro objetivo para um pronto aniquilamento, dando a cada participante uma cruz de ferro, signo de coragem. Hitler limpou a culpa que cada alemão pudesse carregar em seu íntimo, lançando-a ao judeu, e com o extermínio deste, o extermínio da culpa. Não eram por acaso as constantes festas propiciadas pelo governo nazista. O povo liberado da culpa, amado pelo Poderoso Pai Protetor, aplaudido em suas expressões extremas de ódio contra o arqui-inimigo só podia sentir-se numa constante comemoração. Essa era em sua base a adoração a uma figura salvadora, resgatadora das dores e das misérias. O antisemita Hitler apresenta algo simples e claro: os judeus são os culpados, e eu sei como anulá-los. Grita

---

[15] Ibidem, p. 345.

isso sem nenhuma hesitação, o que toca em cada um necessitado de um herói salvador que o ame, assegurando-lhes: eu me ocupo de você.

O antissemitismo ganha mais uma forte fundação, ao lado do ódio, da inveja, das projeções. Poucas constelações emocionais trazem um tal conjunto de gratificações, e facilmente isso leva a uma cristalização, a um congelamento.

O congelamento implica ausência de vida mental, já que essa é entregue ao *Führer*, o qual ordena e ao qual se obedece. Não havendo acúmulo de excitações, tudo fica em paz. Só existe movimento no líder do qual são emanadas as ordens, e nos judeus, nos quais são despejadas todas as perturbações. O ódio fica sob administração de Hitler e seus subordinados. O objetor, objeto, vai sendo eliminado, e assim também o sujeito, dissolvido na grande unidade anuladora mexida pelos cordéis emanados do *Führer*.

Nunca a extinção é total. Traços do sujeito certamente buscam se expressar; há anseios por objetos nos quais se alimentar, com os quais compartilhar e trocar as mais variadas emoções. O sujeito entregue a si mesmo leva-se à autodestruição, já que o ódio é seu guia. Não sabe mais para onde ir, como e onde se alimentar.

Estes dois últimos parágrafos me levaram ao acréscimo que se segue.

Adendo: O poder das palavras

Ao longo da leitura dos diários de Goebbels percebe-se como as palavras são revestidas de uma carga mágica, sua enunciação ganha um poder de ação, "*Radikaler Krieg*", "*Fanatisch*", guerra radical, fanático, são exemplos. Gritá-las, repeti-las, era uma garantia de efeito arrasador nos objetos aos quais elas eram dirigidas. Quero dizer algo sobre isso.

Freud, em seu *Projeto para uma Psicologia Científica*, escreve que, quando a criança é atendida em seus gestos expressando desconforto, estes passam a adquirir a importante função de comunicação.[16] O bebê encontra assim um objeto, não um objetor. A meu ver, aquele que não encontra essa

---

[16] Sigmund Freud, op. cit., p. 318.

possibilidade defronta-se com um vazio em seus contatos, e, na busca de uma ponte, esta é estabelecida pelo fortalecedor de um *self* não unificado, que é o ódio. Esse ser torna-se rígido, espasmódico, pois cada expressão sua é como se fosse um grito desesperançado e sustentado por essa emoção. Quanto mais ódio injetado, mais poderes ele se sente ganhando e assim tudo o que emite. Isso é bem visível nos discursos espasmódicos de Hitler e Goebbels, com seus clímax em palavras como as referidas acima e ainda: "*Vernichtung*", "*Juden sind unser Unglück*" (judeus são nossa desgraça). As correntes de ódio que sustentam essas palavras, e daí se irradiam, encontram no povo ávido de sustento emocional uma exacerbação de sua carga destrutiva e passam a dar, assim, às palavras seu caráter mágico de ação, com as consequências que se conhecem. Todos os que participavam da unificação "*ein Volk*" (um povo) sentiam-se poderosos, pois sua unificação com o *Führer*, o guia, os levava a ter resultados bem concretos e palpáveis: a destruição dos objetores, resultado muito superior às preces que dirigiam a um Deus que, diante daquele que os liderava, era muito fraco.

As palavras são usadas para causar impacto, já que a comunicação de um anseio é marcada como impossível, e, quanto maior a desesperança, maior é a busca do impacto confirmador da existência de quem o provoca. Os *slogans* antissemitas são uma expressão clara disso: não importa a verdade ou a mentira que transmitem, e sim o efeito – estimulante para seus enunciadores; aterrorizante para aqueles que os recebem como alvo.

Volto a tocar com outras palavras um ponto já citado. As palavras, deixando de ter origem no contato com o objeto, deixam de ser acionadas pelo desejo, expressão de Eros, e deixam assim de propiciar, ao que as emite, uma experiência de acréscimo, de expansão, lembrando que Eros conecta. As palavras tornam-se como que signos desconexos funcionando como antiobjetores; em lugar de Eros: o ódio. Não há como se conectarem para formar não digo poesia, mas sim pensamentos com os quais se conduzir na vida. A destruição leva ao que dela se pode esperar.

LUIZ FERNANDO GALLEGO

Podemos ainda, em nossa época pós-freudiana, considerar a psicanálise como um instrumento válido para compreender a produção cultural cinematográfica?

No ensaio publicado em 1993, *Mal-Estar na Modernidade*, Sergio Paulo Rouanet diz que "Freud tinha clara consciência da fragilidade do projeto iluminista". Tal assertiva pode ser relacionada, em parte, desde as ideias freudianas estabelecidas na chamada "primeira tópica" – que em drástico e empobrecedor resumo pode ser considerada uma "Psicologia do Id" com ênfase na questão da repressão, especialmente a partir da proibição do incesto. Mais adiante, haverá ênfase também na repressão aos impulsos agressivo-destrutivos, especialmente contra a figura paterna transmutada em líder mítico no texto *Totem e Tabu*, de 1912, que aponta para a interdição do incesto assim como do regicídio.

Também podemos levar em conta a própria ampliação e os desenvolvimentos do pensamento freudiano após o trabalho de 1914 (*Introdução ao Narcisismo*, um corolário da crise na teoria após a desidealização de Jung com cicatrizes remanescentes da polêmica sobre a libido). E, mais especialmente, de 1920 em diante, quando, em *Além do Princípio do Prazer*, vai ser estabelecida a – ainda hoje polêmica – especulação sobre a existência de uma pulsão de morte, culminando com o texto *Mal-Estar na Civilização* (1929).

Além de concordarmos com Rouanet quanto à "psicanálise ser a consciência infeliz do Iluminismo" e que foi "graças à psicanálise que Freud soube que nenhuma das conquistas da civilização iluminista pode ser dada como definitiva", acrescentaríamos que, em Freud, também percebemos uma questão análoga em relação à indefinição e impermanência de vários resultados iniciais das primeiras análises – bem-sucedidas no que dizia respeito à remoção dos sintomas histéricos, mas não necessariamente capazes de atingir mais plenamente o ideal freudiano de que passasse a "haver Ego onde havia Id".

A observação e a investigação clínicas de impasses em alguns tratamentos, assim como a constatação de casos carentes de reanálises, também se constituíram em um paralelo convergente com a afirmação mencionada de que, não só "nenhuma das conquistas da civilização iluminista podia ser dada como definitiva" – pois, fazendo uma paráfrase, nenhuma das conquistas terapêuticas da psicanálise clínica pode ser dada como definitiva. O que de certa forma ecoa a constatação final do coro que encerra *Édipo Rei*: "Não devemos dizer que um mortal foi feliz de verdade antes de cruzar as fronteiras da vida inconstante..." É assim que a psicanálise também jamais deve ser tomada como garantia para a conquista da felicidade, coisa que o próprio Freud já havia advertido ao dizer que sua meta seria poder atingir a infelicidade comum no lugar da infelicidade ampliada dos neuróticos.

Podemos, em tempos já enunciados como pós-freudianos, examinar o lugar da psicanálise na compreensão de manifestações culturais, especialmente em relação à produção cultural, ou, melhor dizendo, arte industrial mais característica do século XX, o cinema. Também vamos tentar ampliar o que Rouanet chamou de "mal-estar na modernidade" para o âmbito da chamada pós-modernidade. E tecer algumas considerações iniciais sobre o pós-freudismo que, conforme o ponto de vista, vai incluir mais do que o relativo desprestígio da psicanálise a partir das descobertas e dos avanços da psicofarmacologia. Assim como dos mais recentes modelos médico-psiquiátricos que modificaram até mesmo a terminologia e a conceituação clássica das situações clínicas observáveis na esfera da saúde e da doença mental. Termos como "histeria" e "neurose" foram abandonados em prol de uma nomenclatura que é quase uma novilíngua orwelliana quando prefere dizer, por exemplo, "transtorno dissociativo" e "transtorno conversivo" no lugar de "neurose histérica" (em suas formas dissociativas ou/e conversivas). Sendo a classificação tradicional preterida – não por acaso – muito associada à psicanálise, a sua história e a suas teorias.

Além desse espectro classificatório e etionosológico que tenta evitar qualquer associação com o inconsciente dinâmico descrito por Freud, o que chamamos de "pós-freudiano" também abrange um terreno que é antagônico ao que tenta deslocar a psicanálise do lugar que já ocupou até mesmo nos compêndios de psiquiatria; ou seja, todas as contribuições e ampliações – assim como as contradições e modificações – de autores que são considerados dentro do chamado "freudismo". Claro que as grandes defecções de Jung, Adler e Rank não pertencem ao corpo psicanalítico propriamente dito; assim como as banalizações em reducionismos de supostas "técnicas" ligadas à "terapia" do "grito primal", da "análise transacional", da fórmula "eu estou OK você está OK" ou da chamada "psicoterapia cognitivo-comportamental" de origens pavlovianas.

Mas, sim, são originalmente "freudianas" as contribuições de Anna Freud, Hartmann, Kris e Löwenstein no chamado escopo da "Psicologia do Ego"; assim como as ideias de Melanie Klein com sua teoria das relações objetais, ainda bastante instruída pela última teoria pulsional de Freud; os desenvolvimentos dos teóricos das relações objetais com menor ênfase na teoria pulsional (um amplo número de teóricos que passa por Ballint, Guntrip, Fairbairn e Winnicott); vários autores franceses como, entre outros, André Green e Lacan; os pós-kleinianos, com destaque para Bion e sua teoria do pensamento desenvolvida com base nos *Dois Princípios do Funcionamento Mental*, de Freud (1911); e a *Psicologia do Self*, de Heinz Kohut, que retoma – como outros seus contemporâneos (Kernberg e Bela Grumberger, entre outros) – trilhas abertas pelo texto de 1914 sobre o narcisismo, aqui referido como circunstância mais fundamental do que as configurações edípicas – além de se constituir em uma estrutura de personalidade mais frequente nos consultórios dos anos 1950 para cá. Todos estes (e muitos outros autores) são pós-freudianos, porém no sentido de sucessores originados da herança deixada por Freud.

Se pode haver antagonismo teórico entre alguns desses novos paradigmas psicanalíticos, cabe lembrar que, a rigor, também houve vários "Freuds", já que o desenvolvimento de suas ideias seguiu um caminho por vezes sinuoso e, outras vezes, até mesmo contraditório, como na modificação da ênfase de uma "Psicanálise do Id" para uma "Psicanálise do Ego" a partir do texto *O Ego e o Id* (1923) – além da radical modificação anterior da "teoria da sedução" e do trauma real para a "teoria da fantasia" já em 1897.

Desse modo, há que distinguir o que é "pós-freudiano" no sentido de uma época que dá menor importância – ou mesmo abandona – a suas ideias, por um lado, daquilo que é, por outro, pós-freudiano, mas no sentido de ampliação e/ou modificação das ideias originais do primeiro psicanalista. Depois de alguns anos de privilégio dado aos teóricos das relações objetais na Inglaterra e na América Latina, e à Psicologia do Ego nos Estados Unidos, o tão propagado "retorno a Freud", proposto por Lacan, significaria que a psicanálise deve se ater aos pressupostos freudianos originais? Como se isso configurasse um selo de autenticidade adquirida pela colocação de fronteiras no freudismo mais ortodoxo e ao qual deveríamos nos limitar?

Recorrendo ao conceito de *limite* em Kant, que "não se refere a uma limitação exterior, mas à função da validade intrínseca de uma teoria", Paul Ricoeur[1] escreveu que a teoria freudiana era, inicialmente, "limitada por aquilo mesmo que a justificava; ou seja: o reconhecimento nos fenômenos da cultura daquilo que recai sob uma econômica do desejo e das resistências". Uma conflitiva, em resumo. No entanto este reconhecimento, diz Ricoeur, "não conduz a um termo, e sim a um limiar – e os psicanalistas não deveriam limitar exteriormente sua disciplina, mas descobrir – nela mesma – razões para levar mais longe os limites já atingidos". (Analogamente, o

---

[1] Paul Ricoeur, *O Conflito das Interpretações: Ensaios de Hermenêutica*. Rio de Janeiro, Imago, 1978.

psicanalista austríaco que se radicou nos Estados Unidos, Heinz Kohut, via como artista criativo aquele que fosse capaz de ampliar o domínio do belo além dos limites anteriormente reconhecidos.)

É ainda Ricoeur quem assinala que a psicanálise já havia ampliado seus limites, ao "passar de uma abordagem redutora (aquela de desmascarar o reprimido e o repressor para desvelar o que haveria por trás das máscaras) para uma segunda leitura dos fenômenos da cultura, ao ingressar no movimento do significante que presentifica as fantasias e as recria como realidade de grau estético". Assim, *a obra de arte fica à frente do próprio artista*, sendo mais que um sintoma regressivo de conflitos não resolvidos ao "promover novas significações mobilizando antigas energias – antes investidas em figuras arcaicas – o que", diz Ricoeur, "é o verdadeiro significado do conceito de *sublimação* em Freud".

Para Kohut,[2] a arte propicia uma solução substitutiva para conflitos estruturais, oferecendo ao psiquismo uma forma outra de regressão, mas apenas temporária e controlada, proporcionando a vivência transicional para modalidades primitivas de funcionamento mental. Analogamente, pensamos que a experiência emocional de, por exemplo, acompanhar um filme, propiciaria a catarse de impulsos arcaicos identificados com o que se passa na tela, permitindo que experimentemos a sensação de controle egoico sobre o que se vê.

Tal experiência estética nos serve como um jogo, uma brincadeira, uma divertida superação de ameaças ligadas a ansiedades precoces. O deslocamento do espectador para a diegese de um filme – da qual, ao mesmo tempo, se sabe separado – é o que atende à realização do desejo no sentido de evitar angústias ligadas a ameaças infantis de desintegração e perda do sentimento de coesão, pois, como adultos, estamos, em geral, "mais à vontade no mundo das palavras, conceitos e imagens", já que somos capazes de

---

[2] Heinz Kohut, "Observations on the Psychological Functions of Music". In: P. Ornstein (ed.), *The Search for the Self*. New York, International Universities Press, 1978, vol. I, p. 233-54; Heinz Kohut e Siegmund Levarie, "On the Enjoyment of Listening to Music". In: P. Ornstein (ed.), op. cit., p. 135-58.

compreender, por exemplo, a regularidade de formato nos filmes, sabendo que têm começo e fim em um sistema organizado de imagens.

Um dos desafios contemporâneos seria o de tentar compreender manifestações midiáticas de grande receptividade pelo público, como os "*reality shows*", talvez equivalentes a uma forma regressiva de "dessublimação" porque pretensamente ligados a um enredo que pretende ser uma realidade, ainda em processo, sobre a qual surge como ponto de atração o voyeurismo mais arcaico, não dirigido às representações substitutivas que as artes visuais proporcionam e capaz de incluir alguma forma de reflexão sobre o representado. Pois nesta "dessublimação", a ambição é a de apropriar-se da coisa dita "real" como tal, e como finalidade última e única, em um estado de apresentações planas, sem abertura para algo que vá além do sensorial pré-cognitivo: a sensação visual imediata e restrita.

Mas, afinal, há alguma aproximação mais íntima entre o Cinema e a Psicanálise, além da coincidência de ambos terem seus "nascimentos" arbitrados em 1895? Foi neste ano que Freud e Breuer publicaram os *Estudos sobre a Histeria*. E que outra dupla, os Irmãos Lumière, em exibição pública, projetaram em uma tela branca as imagens registradas em película de operários saindo de uma fábrica e de um trem chegando a uma estação. Reza a lenda que parte do público saiu correndo, temeroso de que o "trem" os atropelasse.

Hoje em dia – e há muitas décadas – o grande público já está acostumado com imagens virtuais e experimenta emoções "adrenalínicas" sem abandonar as salas de exibição, mas sempre há quem fuja da psicanálise como o diabo da cruz, ainda que seja bem possível que cruz e diabo se atraiam tanto quanto sofrem de repulsa mútua como bons pares antitéticos... Glauber Rocha fez um filme para demonstrar que o mundo não é de Deus nem do Diabo, mas muita gente ainda insiste em oposições metafísicas nas quais uma provável posição inconsciente esquizo paranoide (para repetir o conceito de Melanie Klein) fundamenta o maniqueísmo. Mas voltemos ao Cinema.

Se é difícil, em pleno século XXI, nos identificarmos com o impacto daquela primeira plateia do fim do século XIX, ao se sentir frente a frente com uma locomotiva que se aproximava do público, podemos, por outro lado, compartilhar a vivência de prováveis milhares de pessoas que acordaram no meio da noite passada – ou que acordam em todas as noites do mundo – apavoradas com pesadelos ameaçadores. Aliás, um dos primeiros recursos para atrair público da (então) nova técnica cinematográfica era o das "fantasmagorias", herança da precursora "lanterna mágica" que também projetava imagens em uma superfície plana. Essas figuras algo transparentes (como seriam os fantasmas pretensamente assustadores) correspondiam ao que, com o tempo, veio a se chamar de "efeitos especiais", embora até mesmo em filmes nem tão antigos possam ser considerados, quando em confronto com os novos recursos digitais, como "*defeitos* especiais". Mas para sua época funcionaram com grande poder de convencimento.

Já foi apontado que mesmo que o sonho de um personagem de filme seja visto com distanciamento (perceber o sonho na tela como sendo sonhado por um ator, sonho este que foi inventado por um roteirista e encenado por um diretor), tal "sonho" acaba, sobretudo, sendo vivenciado de forma compartilhada por todos os espectadores. Para Siegfried Kracauer, em seu clássico ensaio psicossociológico sobre os filmes expressionistas alemães, *De Caligari a Hitler*, "o Cinema dirige-se a uma massa desejante anônima e tende a consumar esses desejos ao mesmo tempo em que os avalia – e até cria desejos de forma a fazer deles comércio; mas o filme, ao ser visto, já é produto de um coletivo, de uma conjunção de traços singulares, não sendo mais a expressão de um só".

Feita a analogia, já bastante conhecida, dos filmes na tela com o sonho nosso de cada dia – ou de cada noite –, restam outras semelhanças do processo cinematográfico com o sonhar descrito por Freud: *considerações de representabilidade* visual se destacam na elaboração dos sonhos como na dos filmes: Orson Welles, por exemplo, dizia que duas coisas não podiam ser representadas satisfatoriamente pelo Cinema – o sexo e a morte. (Talvez uma referência à impossibilidade de representar visualmente Eros e Tânatos, tal como Freud já havia questionado quando do viu como bastante restritas as possibilidades para a representação da psicanálise pelo cinema em 1926.) Entretanto, nos filmes pornográficos, o coito está lá nas telas; assim como a morte "ao vivo" estaria nos filmes escatológicos com títulos como *Faces da Morte*; para não falar nos míticos *snuff movies*.

Penso que Welles não se abalaria com este argumento questionador de sua colocação. Aquilo não é Cinema, diria ele, que já havia comparado os filmes – ou pelo menos aqueles que merecem ser considerados como Cinema – aos sonhos por uma interessante característica comum: segundo Welles, "um filme não é um relatório sobre a vida, um filme é uma fita de sonhos: e um sonho pode ser vulgar, trivial e informe; pode ser até um pesadelo; mas um sonho não é nunca uma mentira". Nem seria uma mentira aquele filme que pretende ser mais do que o uso da técnica da fotografia em movimento (e/ou o uso das modernas câmeras digitais) para criar incríveis efeitos especiais. Registrar imagens na película nem sempre seria Cinema, talvez dissesse Orson Welles. Como nem tudo que é publicado no formato livro é Literatura. Assim como nem todo charuto é uma metáfora, como dizem que Freud disse...

Na estruturação dos sonhos, Freud apontou que ocorrem condensações, deslocamentos, simbolizações, elaboração secundária, resultando no sonho manifesto que encobre seus conteúdos latentes. O Cinema pode se utilizar, analogamente, de imagens superpostas, mudanças de enquadramento, metonímias e metáforas visuais, montagem (edição), chegando ao filme que se fez, nem sempre coincidente com o roteiro que se queria realizar. Estes são alguns paralelismos mais ou menos óbvios que se pode estabelecer entre os filmes e os processos oníricos que Freud descreveu.

Entretanto, para surpresa de muitos, desde seu discípulo Karl Abraham até qualquer psicanalista cinéfilo, Freud ofereceu enormes resistências ao primeiro projeto de um "filme *psicanalítico*", que veio a ser *Segredos de uma Alma*, realizado em 1926 por Georg Wilhelm Pabst, com consultoria de Hanns Sachs e do próprio Abraham. Na verdade, mais do que resistir, Freud manifestou com firmeza seu desagrado pela participação de seus fiéis discípulos como consultores científicos do filme. Este episódio com algo de anedótico está bem narrado em vários documentos e livros, sobretudo em *Psicanálise na Tela*, de Patrick Lacoste.[3]

O que Freud mais questionava era exatamente a possibilidade de o Cinema representar visualmente os mecanismos psíquicos que ele descrevera. Ou seja, ele levava em conta as "considerações de representabilidade" do Cinema para a pretensão de *traduzir em imagens* os processos psicanalíticos (tanto a prática clínica da psicanálise como sua teoria do funcionamento mental). Talvez Freud nunca tenha se indisposto tanto com dois de seus mais leais escudeiros como nesse chamado "caso do filme". E nunca estes seguidores foram tão insubmissos para com o mestre. Tanto, que levaram suas participações adiante.

Numa conclusão ponderada (e a contragosto) somos obrigados a concordar, pelo menos em parte, com Freud: a tentativa de *representação de coisa* em um filme ainda silencioso "apequenaria" e banalizaria o desejo irrepresentável "que não tem tamanho nem nunca terá...", assim como levaria a esquematizações e empobrecimento dos conceitos desenvolvidos; além de submeter a ampla e profunda dimensão psíquica a um reducionismo empobrecedor. Como diz Patrick Lacoste: "o que pode ser mostrado pelo Cinema é da ordem da construção ou da reconstrução da verdade histórica de um sujeito, ou até da atualidade da rememoração. Nenhum procedimento da montagem pode 'exibir' o deslocamento rápido e a condensação de uma interpretação analítica, seu caráter de instante que reúne um passado e abre um devir de pensamento".

Lembremos que Freud também tinha dificuldade com a manifestação artística musical sob a justificativa de que não podia "traduzi-la" em palavras, pensamentos, reflexões. É coerente que ele também não cedesse aos encantos de um filme *mudo* para demonstrar a justamente chamada "terapia pela palavra". Entretanto só muito ingenuamente poderíamos achar que esta objeção freudiana seria resolvida com a chegada do filme sonoro. O Cinema permanece sendo, essencialmente, uma arte visual, por

---

[3] Patrick Lacoste, *Psicanálise na Tela: Pabst, Abraham, Sachs, Freud e o Filme Segredos de uma Alma*. Rio de Janeiro, Zahar, 1992.

mais que fale e, às vezes, até fale demais. E, como cantava Noel Rosa, não é só o samba que "não tem tradução" no Cinema Falado, acrescentando o compositor que o cinema ainda seria "o grande culpado" por tantos problemas... como nas *representações de palavra*.

Mas o cerne da cesura entre a Psicanálise e a "sétima arte" é outro: os mecanismos psicológicos ou metapsicológicos também não têm tradução satisfatória na tela – tal como o sexo e a morte, na opinião de Orson Welles à qual já nos referimos. O Cinema serve insatisfatoriamente à *demonstração* das teorias psicanalíticas, e o modelo seminal do filme de Pabst, de certa forma repetido em outros tantos filmes considerados *"psicanalíticos"*, raramente deu margem a grandes momentos do Cinema. Por maior que seja o interesse histórico destes filmes e por mais que guardem qualidades específicas do ponto de vista estritamente cinematográfico, geralmente ligadas às melhores características de seus diretores, poucas vezes se constituíram nos melhores filmes que eles realizaram. Um exemplo clássico é o de Alfred Hitchcock, que foi verdadeiramente genial quando abordou o *voyeurismo* impotente (incluindo a escopofilia do espectador cinéfilo) em *Janela Indiscreta*; ou quando mergulhou na necrofilia (ou terá sido na compulsão à repetição?) de *Um Corpo que Cai*, mas que não foi tão feliz em *Quando Fala o Coração (Spellbound)*, cujo tema era, em grande parte, a (ou *uma*) psicanálise – mesmo que à moda do *american way of life*. Os outros dois filmes, entretanto, são obras-primas do Cinema e também frequentemente lembrados em inúmeros estudos psicanalíticos. Curiosamente, Hitchcock, de modo bem cândido, se surpreendia sinceramente com os *significados* que críticos e admiradores franceses como François Truffaut e Claude Chabrol encontravam em suas obras – que ele considerava *feitas apenas para divertir*, pois foi assim que ele pensou os dois grandes filmes que mencionamos.

Quando os filmes se preocupam *apenas* em ser Cinema e entreter, podemos nos surpreender obtendo satisfações até maiores do que realizar desejos em "sonhos coletivos e compartilhados": uma grande parte de grandes filmes pode ilustrar a leitura psicanalítica (e neste terreno, Luís Buñuel seria um dos seus maiores nomes) tanto quanto os grandes momentos da literatura serviram a Freud nos conhecidíssimos exemplos de suas interpretações sobre *Édipo Rei, Hamlet* e *Os Irmãos Karamázov*, dentre muitos outros. Até mesmo livros *menores* como *Gradiva*, de Jensen, puderam iluminar a compreensão dos processos psíquicos – tanto quanto Freud pôde lançar uma luz sobre aquela ficção. E sem o trabalho de Freud sobre *Gradiva*, certamente este pequeno romance teria despontado para o anonimato do ponto de vista estritamente literário.

Características próprias de nossos tempos modernos e pós-modernos colocaram os filmes ao lado da ficção escrita e do que seus contos e romances representaram em outros períodos de nossa história cultural. Sem decretar, em absoluto, a "morte" da palavra escrita – e muito menos a supremacia do Cinema – podemos dizer que, provavelmente, em grande parte por sua semelhança com o sonhar, este tem sido o meio de comunicação e criação artística de maior afinidade com a Psicanálise em seus primeiros quase 120 anos de vida em comum, um casamento nem sempre harmonioso – como os casamentos em geral, cada um dos pares já se serviu do outro com atração e/ou repulsa. Na verdade, se ambos "nasceram" em 1895, décadas mais tarde, quando o Cinema, através do projeto de Pabst-Abraham-Sachs, quis se aproximar da Psicanálise, em 1926, já havia atingido a chamada "idade da razão": estava com mais de 30 anos e já se encontrava saturado de taras, perversões, pesadelos e delírios. E a Psicanálise, com base na sua experiência de ser amada-e-odiada, resistiu a aceitá-lo como paciente – difícil, como se confirmaria... mas qual analisando seria "fácil"?

Os psicanalistas, por seu lado, acabaram por usar e abusar dos filmes, assim como fizeram com romances – e com os escritores –, sem lembrar o respeito ético com quem não pediu para ser *psicanalisado*, muito menos em público e muitas vezes em toscas pseudopsicobiografias. Vários, sem o talento de Freud na abordagem de obras de arte, cometeram verdadeiras carnificinas quando pretenderam "analisar" obras de ficção e/ou seus autores. Do alto de sua arrogância, e carentes das observações de Wilfred Bion sobre esta forma de *hybris*, tomaram o discurso artístico como "material de análise" e "aplicaram" teorias psicanalíticas a torto e a direito em "inocentes obras de arte", como Freud já as descrevera ao advertir-nos para o risco de encontrarmos exatamente aquilo que já estávamos procurando encontrar.

Um exemplo de esquecimento do alerta freudiano está em um trabalho inconcluso de Melanie Klein no qual o famoso "enigma Rosebud" do filme *Cidadão Kane* foi identificado como sendo o globo de vidro que o personagem Kane, agonizante, traz nas mãos nas cenas iniciais do filme! Como o trabalho não passa de um esboço e em outros momentos é, pelo menos, coerente com a teoria da autora – além de nunca ter sido publicado por ela –, seria igualmente pouco pertinente insistir em tão surpreendente erro de leitura em um texto que não chegou a ser autorizado para publicação por quem o redigiu e que nunca deixou de ser um rascunho. O analista contemporâneo que desenterrou esse rascunho tentou justificar o equívoco propondo uma equalização do que é revelado como Rosebud na cena final do filme com a paisagem representada no interior do globo de vidro. O que não deixa de ser adequado, se considerarmos a representação de palavra no aparelho psíquico como uma síntese polissêmica de vários significados afetivos cuja essência é, a rigor, *indizível* ou *intraduzível*. Deixemos de lado, inclusive, a picaresca hipótese de que Orson Welles e seu roteirista Herman Mankiewicz tenham se utilizado do carinhoso apelido que William Hearst, o magnata da imprensa que teria inspirado *Kane*, dava a uma parte muito íntima do corpo de sua namorada, mas até este outro botão de rosa poderia estar incluído na representação visual do globo de vidro que, embora podendo lembrar uma paisagem da infância do personagem, era anteriormente de propriedade de uma namorada de Kane... mas o *misunderstanding* de assumir que *Rosebud era* o globo de vidro, ainda que representando *o seio,* foi "denunciado": "É óbvio para nós que a última palavra do agonizante Kane se refere ao seio materno, o precioso objeto perdido que ele levava consigo no globo que cai e se quebra quando, ao morrer, pronuncia 'Rosebud'". Este tipo de assertiva peremptória (*it is obvious...*) chega a lembrar a célebre piada de Schultz nos *Peanuts*, na qual Lucy proclama para Charlie Brown que "Rosebud é o trenó dele!", como se a decifração desta charada resolvesse tudo. Recordemos Édipo. Resolveu o enigma da Esfinge, mas não se transformou em sábio: foi ser rei.

Deste tipo de pronunciamento oracular e reducionista, a literatura psicanalítica esteve tristemente inflacionada por algum tempo. Mas o papel de psicanalista "leitor" que fala "em mão única" sobre o texto-paciente produzido pelo escritor (ou sobre o filme-sonho realizado por um cineasta) não é mais defensável há tempos. O que já se sabe sobre contratransferência, bem como a partir de propostas mais recentes nas teorias que privilegiam a intersubjetividade no campo transferencial/contratransferencial, devem nos advertir sobre nossa melhor postura neste terreno – e tais observações também englobam o trabalho nos consultórios. Porque filme e texto literário também *interpretam* o psicanalista que pretende interpretá-los – assim como a fala do analisando, de certo modo, também *analisa* o analista que escolhe *aquele* momento (e não outro) ou *aquele* aspecto (e não outros) para dizer algo. O "texto", seja do analisando, ou do livro, ou do filme, *lê* o analista-leitor-espectador tanto quanto este faz a *sua* leitura sobre o discurso a respeito do qual se pronuncia.

Alain Resnais, realizador de obras revolucionárias como *Hiroshima, meu Amor,* ao comentar sua experiência mais ousada, o sempre desconcertante e deslumbrante *Ano Passado em Mariembad*, disse que este filme não se passava na tela, mas sim *entre* a tela e a mente do espectador. As teorias da Intersubjetividade estavam longe de ser propostas no início dos anos 1960, quando Resnais filmou *Marienbad* e disse o que citamos. E Donald Winnicott ainda estava desenvolvendo suas ideias sobre espaços transicionais. Mas, como dizia Teillard de Chardin, "tudo que se eleva converge"; ou ainda como Paulinho da Viola cantou mais claramente: "as coisas estão no mundo, nós é que precisamos aprender". Às vezes, aprendemos juntos, embora separados no espaço e/ou no tempo. Por outro lado – e infelizmente – às vezes esquecemos juntos que um dos maiores legados de Freud foi o de *aprender* Psicanálise com os artistas. Foi assim que ele aprendeu boa parte do que nos ensinou. Disse que psicanalistas e artistas, embora com métodos diversos, bebem nas mesmas fontes inconscientes. Outros psicanalistas – como Heinz Kohut – chegaram a dizer que os artistas *antecipam* a psicologia humana dos tempos próximos vindouros, e que os psicanalistas são os que chegam em seguida nesta apreensão, exemplificando com a intuição de Kafka ao descrever através de seus personagens em *O Castelo*, *O Processo* e *A Metamorfose*, o que ele cunhou como *homem trágico* do século XX, aquele que não consegue realizar seu projeto essencial de *ser*, e com características próprias algo diversas do que ele chamou de *homem culpado* descrito exemplarmente dentro da conflitiva freudiana – ou dostoievskiana, ou edipiana, ou, de modo mais abrangente, o homem exaustivamente esmiuçado desde o Romantismo até o Realismo-Naturalismo pré-Kafka, pré-Beckett, pré-Joyce...

Será que o homem do século XXI chegou a ser percebido antecipadamente pela literatura e pelo Cinema do século XX? Se considerarmos *2001: Uma Odisseia no Espaço*, de Stanley Kubrick, realizado entre 1964 e 1968, temos que repensar o "homem massificado e despersonalizado" – no dizer de Amir Labaki em seu livro sobre esse filme, dentro do ambiente afetivamente frio de uma nave espacial onde um computador parece ter reações mais guiadas pela "emoção" do que os astronautas "humanos". Um desses astronautas vai se transformar em feto-estrela como que anunciando o *Übermensch* nietzschiano, transpondo a condição de homem como "corda estendida entre o animal e o super-homem" (ou, em melhor tradução, o "além-do-homem"). Uma *corda sobre o abismo*. E o perigo de transpô-lo, o perigo de estar a caminho, o perigo de olhar para trás, o perigo de tremer e parar. "O que há de grande, no homem, é ser ponte, e não meta: o que pode amar-se no homem é ser uma transição e um ocaso."[4]

A acreditarmos em *Blade Runner* (na tradução literal, aquele que corre sobre o fio de uma navalha, ou, em nossa expressão mais popular, aquele que anda na *corda* bamba, mas que acabou intitulado entre nós como *O Caçador de Androides*), teremos muito que pensar e fazer: a primeira coisa será descobrirmos se ainda somos nós mesmos ou se estaremos nos conduzindo como replicantes. Em *Blade Runner*, até os *replicantes* sentiam o "mal-estar" da consciência da finitude... E nós? Até quando a

---

[4] Amir Labaki, *2001: Uma Odisseia no Espaço*. São Paulo, Publifolha, 2001. (Coleção Folha Explica.)

"cultura do narcisismo" nos vai propor a negação da transitoriedade como se esta fosse um impedimento para o viver mais pleno?

Entretanto, em 2001 (o ano inaugural deste século) permanecíamos, a um só tempo, homens mais *trágicos* e menos *culpados*: pouco depois de *2001* (o filme), Kubrick, baseando-se em texto literário de Anthony Burgess, preocupava-se com um homem de um (então) futuro próximo, ainda no meio do abismo, apontando para o *Mal-Estar* (da agressividade reprimida ou domada) *na Civilização*, através de *Laranja Mecânica*. E a morte encerraria inesperadamente sua carreira logo após ele ter abordado o *Mal-Estar* da repressão sexual em *De Olhos Bem Fechados* (1999), retirado da *Traumnovelle* (Romance de Sonho), que Arthur Schnitzler – a "alma gêmea" de Freud, segundo uma afirmativa do próprio Freud – escrevera em 1926, o mesmo ano de *Segredos de uma Alma*, o filme. Mesmo transposto para nossos dias, o filme de Kubrick falava de um homem do *passado*... passado que ainda se fazia presente. Lembremos a proposta feita pelos personagens no final do pequeno romance de Schnitzler: "A realidade de uma noite – ou mesmo de toda uma vida – não significa sua verdade mais íntima. E sonho algum será totalmente um sonho".[5] A verdade mais íntima da vida permanece incognoscível e "a realidade de *toda* uma vida" não é o que melhor nos aproxima da fímbria da verdade. Talvez uma ficção, literária ou cinematográfica (que, como o sonho, não é nunca totalmente ficção) possa nos deixar, paradoxalmente, mais próximos da intimidade humana.

Mas se retomarmos a resistência de Freud ao Cinema, poderemos encontrar, em sua defesa, a assertiva de Pontalis, segundo a qual "o edifício da psicanálise foi construído sobre as ruínas do templo da imagem onírica". Nos primórdios da Psicanálise foi apenas a estimada seguidora de Freud, Lou Andreas-Salomé, que se mostrou fascinada pela rápida sucessão de imagens nos filmes – o que lhe pareceu corresponder à nossa capacidade de representação mental de imagens. Ela propôs que o cinema teria um

---

[5] Na tradução de Sergio Tellaroli para a Companhia das Letras, reeditado em formato de bolso em 2008.

efeito libertador de nossa ilusão, um poder liberador devido a uma correspondência entre o ritmo cinematográfico e o ritmo psicológico.

Mas foi apenas em 1946 que um psicanalista americano, Bertram Lewin,[6] escreveu *O Sonho, a Boca e a Tela do Sonho* em uma publicação psicanalítica "oficial" (*Psychoanalytical Quartely*) ou, pelo menos, respeitada: o texto falava da absorção do mundo através do olhar: como em um erotismo oral que se torna ocular, uma libido escópica.

A tela do cinema era vista como equivalente ao seio em que o bebê se alimenta, encosta o rosto, adormece e sonha... O trabalho do cinema, para este autor, seria transformar o mundo e os objetos em um fluxo de imagens provenientes de um seio bom: a tela na qual se projeta a película (palavra que vem de "pele"); como se a "pele do olho" (a conjuntiva) se grudasse na "pele" da tela com sua recriação da realidade.

Ele propunha um lado "bom" do cinema: uma "valência" "maternal" do cinema que propiciaria uma fusão com o mundo-imagens e um alimento sensorial-afetivo-imaginário: a realidade exterior apresentada voluptuosamente quando tratada pelo cinema. Mas, ao mesmo tempo, ele apontava que o cinema "prende" o olhar, vampiriza, viola o indivíduo como na "máquina de influência" descrita por Victor Tausk sobre uma paciente dita esquizofrênica que via imagens em um só plano (sem tridimensionalidade) que surgiam sobre paredes, muros, vidros, vidraças – suportes como as telas de salas de cinemas. Seriam máquinas que "alienam" o sujeito, roubam os pensamentos e sentimentos próprios e os substituem por outras coisas provenientes de um poder "exterior", deixando o indivíduo "estranho" para si mesmo. Rostos, semblantes, expressões, atitudes, emoções, sentimentos, visões, modos de relação não seriam mais do que reflexo de "modelos" – tal como os modelos que o público apreende por identificação com estrelas da tela, ídolos em geral, heróis de faroeste, etc., e ainda vivencia as intrigas, admira os objetos, a decoração, enfim: as imagens que o cinema obcecadamente fabrica e maquina. Daí, um "lado mau"

---

[6] Bertram D. Lewin, "Sleep, the Mouth and the Dream Screen". In: *Psychoanalytic Quarterly*, vol. 15, n. 4, 1949, p. 419-34

do cinema que levaria à alienação, através de uma forma de violência que "rouba" pensamentos e sentimentos, com ocupação e colonização do sujeito por produtos exteriores a ele mesmo.

Seis anos antes da publicação deste trabalho, Bioy Casares havia lançado o genial romance *A Invenção de Morel*, que, anos depois, seria considerado como precursor do filme *Ano Passado em Marienbad* e que trata exatamente de uma máquina capaz de apreender imagens holográficas de pessoas à medida que essas pessoas vão sendo desfeitas na realidade por aquilo que eterniza suas imagens. Ou seja, "coloniza" as pessoas reais com algo que as destrói enquanto preserva seus hologramas para uma eternidade repetitiva dos momentos de apreensão e registro do que deixará de ser realidade para ser simulacro.

E os personagens fictícios de um filme parecem dizer ao espectador: "Olhe! Mas não me toque nem desfaça a ficção, porque nós não existimos, somos marionetes de nossos discursos e dos discursos dos que nos criaram e dos que nos assistem" tal como na *Invenção de Morel* ou em *Ano Passado em Marienbad*.

Dizia Heidegger: "Que um ser seja capaz de enganar como aparência é condição para sermos enganados, não de evitarmos tais enganos". Pensando nisso, devemos levar em conta a ideia de simulacro em Baudrillard, Umberto Eco, Delleuze e Barthes, que trabalharam sobre a questão do *simulacro que constitua uma realidade em si mesma*, uma realidade diferente daquela que simula e que não necessariamente será referido a seu avesso, a realidade propriamente dita. A própria realidade de hoje em dia pode não passar de arremedo – embora, tal como um sintoma psicossomático faz o máximo para encobrir suas origens psíquicas, este arremedo de realidade encobre o que poderia ser mais verdadeiro. E, banidas da realidade, algumas verdades só poderão encontrar sua segunda morada exiladas: nas obras de arte.

Pois no mundo real não é possível chegar "ainda mais perto", *still closer*, ir além de um limite que é o limite do indizível, equivalente ao ponto cego do globo ocular que não vê tudo, tal como um periscópio que tudo vê no mar em volta, mas não enxerga a si próprio saindo das águas.

E nós também só nos vemos através do outro num campo intersubjetivo que propicie o reconhecimento na alteridade, longe do olhar narcísico que, tal como no mito, não permite o autoconhecimento, a verdade mais íntima.

O DITO E O NÃO DITO, O VISTO E O NÃO VISTO

Cabe lembrar que, para Kafka, o problema do cinema era o que não se consegue ver, o que não se consegue apreender. Ele chegou a dizer que o Cinema disturbava o ato de ver: "A velocidade dos movimentos e a mudança rápida das imagens nos obrigam a um constante *deixar de ver*, a um constante *não ver*, já que no cinema não é o olhar que se apropria das imagens, mas são as imagens que se apropriam do olhar".

Diferentemente da pintura e da fotografia – que são estáticas –, o filme é imagem em movimento, e com isto seu senso estético foi, *a priori*, deslocado mais para o âmbito da percepção imediata do que para a reconstrução reflexiva da narrativa.

Se o cinema primitivo – como, por exemplo, o dos Irmãos Lumière – usava o registro em película como *instrumento de observação dos processos de movimento*, Sergei Eisenstein levou o filme para a tradição dos princípios estéticos da pintura; enquanto o cinema expressionista alemão, mais do que um cinema do *mostrar*, era um cinema do *narrar*, com *ênfase na criação da ilusão*.

A fusão do *mostrar* com o *narrar* se cristalizou na linguagem fílmica que se baseia na suspensão da descrença, na abolição do tempo e do espaço reais, e *refaz mecanismos psíquicos* como a *associação* (através da *montagem*), a *memória* (através dos *flash-backs*) e a *atenção* (através da *focalização*).

Esta focalização da atenção visual é o que aproxima o ato de ver filmes do prazer escopofílico ou voyeurista, que, além do aspecto sexual, pode estar associado ao impulso epistemofílico – que, por sua vez, pode agregar possíveis fantasias de dominação pelo olhar – e pelo poder de um suposto saber advindo do ato de ver – ato este que frequentemente associamos à propriedade de "conhecer" (mesmo que superficialmente).

Muitos filmes já refletiram sobre o voyeurismo do espectador como perversão sexual ou como ato de incorporação através do olhar que tudo quer ver/saber – e possuir como saber (que permitiria dominar). O tema é recorrente em clássicos como *Janela Indiscreta*, de Hitchcock, ou em filmes cultuados como *Peeping Tom* (títulos em português encontrados: *A Tortura do Medo* ou *Mórbida Curiosidade*), de Michael Powell – que mereceu um pioneiro estudo psicanalítico no Brasil por Maria Manhães.

Filmes de terror *trash* como *Terror na Ópera*, de Dario Argento, ou irônicos como *Os Olhos da Cidade São Meus*, de Bigas Luna, já puniram os *voyeurs* das salas de espetáculo. Buñuel cortou um olho em *Um Cão Andaluz*. Pasolini execrou os *voyeurs* ao destacar o componente sádico – que pode estar associado ao voyeurismo –, em *Salò ou Os 120 Dias de Sodoma*, em cuja cena final o espectador vê um dos sádicos assistir às torturas e aos assassinatos das vítimas através de uma janela, com binóculos – agredindo, dessa forma, o público que havia tomado sua "trilogia da vida" (*O Decameron*, *Os Contos de Canterbury* e *As Mil e Uma Noites*) como filmes pornográficos feitos para excitação masturbatória.

Certamente dezenas – ou centenas – de outros filmes poderão ser lembrados por refletirem nosso voyeurismo, não podendo deixar de ser mencionado o sublime *Não Amarás*, de Kieslowski, parte da série O Decálogo, em que a cada um dos dez mandamentos correspondia uma história livremente desenvolvida a partir de episódios levados à justiça polonesa e recolhidos por um advogado que era corroteirista de Kieslowski. Neste filme, um jovem espiona a distância uma mulher mais velha.

O QUE A IMAGEM ESCONDE?

O que é mostrado e escolhido é "resto" do que está implícito no explícito (como nas roupas sensuais de antanho que velavam-desvelavam partes do corpo). A imagem tem concepção, fabricação, mas também projeção e interpretação – que saem fora do previsto e calculado como significado.

A visão pode se constituir em uma fantasia de "tato a distância", mas nunca tocamos, nem com a pele do olho nem com a pele do corpo: há um mistério nos interstícios e nos intervalos...

Se Kafka nos advertiu sobre o "não visto" na ilusão fílmica, podemos, analogamente, nos sensibilizarmos para tentar apreender o não dito no que é dito, seja nos textos literários, seja nas cenas dos filmes ou das peças teatrais, seja mesmo nas pausas musicais, e – tentar chegar mais perto – sem nos diluirmos ficando "perto demais" – das entrelinhas dos discursos sociais e dos que nos falam. E – por que não? – do nosso próprio texto introspectivo que terá que lidar com os pontos cegos, com as pautas inconscientes e com o incognoscível.

Não nos contentarmos com o que é *mostrado* nem com o que é *narrado* – e nem mesmo com a mescla destas exposições em seus *cortes transversais* (o que é mostrado em um momento) e *longitudinais* (o que é narrado ao longo de um tempo). Mais do que isto, o que importa é o *significado* que se possa *depreender do exposto*. E tais significados não advêm apenas do olhar, mas do *nexo ideoafetivo*: a palavra e a imagem conforme o pensamento – e o pensamento conforme o sentimento.

Roger Dadoun,[7] da Université de Paris VII, resumiu quais as principais linhas de pesquisas psicanalíticas sobre o cinema e os filmes:

1. Considerações psicanalíticas sobre os aparelhos e as máquinas de filmar:

as máquinas criadas pelo espírito engenhoso do homem à imagem e semelhança com o seu próprio corpo – e, talvez, uma projeção inconsciente de sua própria estrutura corporal; ou ainda uma projeção estrutural de seu próprio inconsciente.

Exemplos: a máquina de retrato do fotógrafo de *Blow-Up* (Antonioni, 1966) e a máquina de filmar as mulheres sendo mortas em *Peeping Tom* (Michael Powell, 1960) – o olho humano e o olho da câmera.

---

[7] Roger Dadoun, *Cinéma, Psychanalyse & Politique*. Paris, Éditions Séguier, 2000.

2. Abordagem psicanalítica de fenômenos socioculturais ligados à própria instituição do cinema – o investimento libidinal das massas nas figuras de líderes (lembrar o texto freudiano *Psicologia das Massas e Análise do Eu*).

Exemplo clássico: James Dean, figura e voz dadas às aspirações obscuras de uma juventude americana nascida e criada ao longo da Segunda Guerra Mundial em um sistema de relações parentais e sociais definidas, com uma atitude distante e rígida de mãe submissa aos imperativos psicopedagógicos estritos e por um certo apagamento da figura paternal que pode chegar a ser ausente. Sofre-se para escolher o caminho entre pai e mãe, de onde advém o desejo de se tornar "rebelde sem causa" (como no título original do filme *Juventude Transviada*), que explode em "fúria de viver" (que foi o título francês de *Rebel Without a Cause*, Nicholas Ray, 1955).

3. Perspectiva psicanalítica sobre os gêneros cinematográficos como: o herói fálico do *western* (ou do filme policial, de guerra, de espionagem, etc.; a comicidade "esquizofrênica" de Buster Keaton; o psiquismo análogo ao infantil de Carlitos entre a inocência e a crueldade, a confiança e a desconfiança, o abandono e a vitalidade, com aberturas e resistências ao mundo externo, o cair e o levantar-se...).

4. Pesquisa psicanalítica sobre o autor de obra que apresente metáforas obsessivas, mitos pessoais, apontando para a personalidade profunda e para sistemas de fantasias inconscientes do realizador, reconstruídas a partir de eventos marcantes e traumáticos de sua existência. Saída da singularidade do vivido individualmente e originalidade de uma elaboração estética que atinge uma vocação pública e comum na obra compartilhada pelo público.

5. Desenvolvimentos temáticos sobre os principais mecanismos e as formulações popularizadas da psicanálise; sexualidade, erotismo, o desejo, a castração, os complexos, os traumas, o narcisismo, o onirismo, etc.

Segundo Buñuel, "o cinema é o melhor instrumento para expressar o mundo dos sonhos, das emoções, dos instintos, e parece ter sido inventado para exprimir a vida inconsciente cujas raízes estão profundas na poesia".

6. Análise da imagem no que ela pode oferecer de especificamente cinematográfico: mais do que falar da utilização pelo cinema dos conceitos, mecanismos ou temas propostos pela psicanálise, trata-se de dar conta da *organização autônoma*, da *economia original*, do *significado próprio da realidade fílmica*: a imagem e o objeto ausente que ela representa.

7. A interpretação dos personagens como se fossem pessoas reais ou "analisandos" (isto não tem tanta especificidade fílmica; pode ser comum à literatura, ao teatro e ao roteiro do filme mesmo que não levado às telas; lembrar sempre que cinema é, em sua essência, imagem em movimento mais do que qualquer outro componente por mais importante que sejam o roteiro, a fotografia, o desempenho dos atores, etc.).

8. A tentativa de interpretação da relação entre o filme e seu público: Por que falhou? Por que fez sucesso? Como atingiu o "inconsciente" "coletivo" (nenhuma relação com o termo utilizado por Jung) naquele momento em que o filme foi lançado?

Cinema e Realidade – Sonho e Realidade Psíquica

Costuma-se dizer que, na história do cinema, os Irmãos Lumière inauguraram a vertente documental pelos temas que escolhiam ("chegada do trem à estação"; "saída dos operários de uma fábrica"). A vertente ficcional teria sido aberta por Méliès, que, em estúdio, com ajuda de cenários teatrais ingênuos e trucagens fotográficas primitivas, filmou *Viagem à Lua*. Ao longo dos anos, a maioria das pessoas, quando pensa em cinema, pensa nesta vertente: ficções, histórias narradas através de uma linguagem predominantemente visual, com uma sintaxe e convenções próprias.

No entanto, cabe considerar que mesmo os eventos registrados em película com fins documentais, quando reproduzidos em uma projeção, já correspondem a uma realidade pretérita, tão somente preservada em fotogramas que, sucedendo-se em velocidade maior do que a capacidade de resolução do olho humano, provocam a ilusão de que testemunhamos uma realidade "aqui e agora". A imagem cinematográfica é sempre virtual, sempre uma ilusão, trate-se de um documentário ou não: o que temos é uma máquina de apreender o já ocorrido num tempo passado através de um modo de registro específico.

Por outro lado, as mais inverossímeis ficções podem atingir, no cinema, tal grau de verossimilhança, que a fronteira ficção-realidade fica menos nítida para o espectador enquanto assiste a um filme. Como nos sonhos, podemos experimentar uma forte sensação de realidade. Para isto ocorrer e o espectador usufruir do filme, ele deve "jogar o jogo", aceitar as convenções daquela forma de narrativa e promover a chamada "suspensão da descrença" pelo tempo de duração da projeção.

Durante o sono é a suspensão da consciência que propicia a emergência de vivências inconscientes que, igualmente, podem nos fazer experimentar intensamente medos, paixões, satisfação, prazer. Assistir a um filme seria análogo a experimentar um sonho compartilhado e coletivo que pode nos levar do riso ao choro ou do pânico à tranquilização. Voltemos à frase de Orson Welles: "Um filme é uma fita de sonhos, e um sonho pode ser vulgar, trivial ou informe, até mesmo um pesadelo, mas nunca uma mentira".

Que verdade é esta que se pode encontrar nos sonhos e nos filmes? Freud escreveu que, apesar de todas as modificações e dos disfarces pelos quais o conteúdo ideacional que dá origem a um sonho passa para poder chegar à consciência, o *afeto* experimentado permanece inalterado no conteúdo latente.

O cinema apresenta grande poder de persuasão, mas, como foi dito anteriormente, é preciso que o espectador participe do encontro com a obra filmada. Por um lado, esta participação é passiva (relativa imobilidade física na cadeira, renúncia a outros estímulos sensoriais que não os advindos da tela, receptividade a estes). Mas é preciso haver uma *atividade* psíquica de empatia e/ou identificação (afetos) com o que está sendo projetado na tela e que estimula o olhar reflexivo e/ou sintônico com o que é visto.

Filmes falam de si mesmos e do seu público. Retomemos a *boutade* de Alain Resnais: "...o filme não se passa na tela, mas entre a tela e a cabeça do espectador". Em outras palavras, diríamos que o que se registra, já "dentro de nossas cabeças", não é só o filme projetado na tela, mas também aquilo que projetamos nele, criando-se um espaço-tempo intersubjetivo de transição entre o observador e o que é observado.

Esta interação já ocorre no processo de criação: Bernardo Bertolucci recusa a ideia de que a câmera de filmar apenas capte passivamente o que se passa à sua frente: o diafragma da câmera é uma extensão do olhar do fotógrafo e do diretor – e este olhar é ativo, seleciona o que vai ficar registrado através da escolha de ângulos, de planos, de enquadramentos, de movimentos de câmera; escolhas que *projetam* o olhar do realizador de um filme sobre o que está sendo filmado. Este modo de olhar será complementado posteriormente na montagem das cenas isoladas, montagem que vai dar forma e ritmo a um discurso predominantemente visual através da alternância de *closes* e planos filmados de diferentes distâncias, de enquadramentos fixos e *travellings*, de cortes abruptos ou fusões nas mudanças de cena, etc.

Da mesma forma, o filme que se vê (do modo como cada qual organiza seu olhar) é o filme que reconstruímos em nossa percepção/representação. É provável que aqueles filmes que atingem certa unanimidade artística e popular tenham conseguido fazer emergir, na tela e na plateia, afetos básicos comuns a muitas pessoas. Nunca foi muito diferente na história das artes: Shakespeare era popular no seu tempo (e sua obra sobrevive, ainda que sem a popularidade atual dos programas de TV) por capturar, em suas tragédias, emoções fundamentais – paixões, ódios, rivalidades –, e em suas comédias, os desencontros, as ambiguidades sexuais de personagens travestidos, o ridículo da vida, como diria um samba-canção dos anos 1950.

Mesmo sem a criatividade artística que encontramos desde o teatro grego ao contemporâneo, os programas popularescos da TV estimulam e atendem o nosso voyeurismo comum e procuram corresponder aos desejos... de mulher, homem ou criança. Emoções baratas, facilmente mobilizáveis e mesmo manipuláveis. Sem uma ética nem uma estética. Já em uma obra como *Janela Indiscreta*, Hitchcock induz o espectador a se superpor ao personagem que espiona a vida alheia que ele não pode viver, imobilizado em casa por uma perna quebrada (e sem TV, que em 1953 ainda não tinha a penetração que viria a ter). Experimentar vidas diferentes das nossas próprias e ampliar a experiência do que é ser humano é uma possibilidade do nosso encontro com obras literárias, pictóricas, musicais e cinematográficas.

Essa experiência poderá servir à alienação em relação a nós mesmos quando a busca pelo contato com a obra visa a um ideal nirvânico mais sensorial do que perceptivo-representacional: "não pensar", "distrair-se", esquecendo-se que o jogo e o brincar infantil, assim como a escuta de histórias, lendas e mitos, além de proporcionar algum prazer da ordem do que se poderia comparar com o estético-sensorial, também liberam o anelo por prazeres inconscientes que talvez ainda não tivessem representação psíquica.

Tendo o cinema se transformado cada vez mais num produto "artindustrial" com altos custos e exigência de retorno financeiro, cada vez mais se estimula a premissa tradicional de que deve ser só "diversão", como se apenas comédias grosseiras, aventuras violentas ou melodramas românticos pudessem capturar a nossa atenção. Primeiro grande meio de comunicação de massas, o modo de chegar ao público utilizado pelo cinema foi suplantado, em termos de alcance, pela TV – que o incluiu na telinha. E posteriormente se viu transformado em fetiche portátil dentro de caixas de videocassete ou de discos de DVD ou Blu-Ray. Isto vem acarretando outras formas de olhar que prescindem das antigas enormes salas de exibição, verdadeiros "templos" arquitetônicos onde se repetia todo um ritual de se assistir a um filme em companhia de uma massa – e ao mesmo tempo em relação única e pessoal com o filme – após todas as luzes se apagarem para a luz única da tela se destacar e penetrar nossas pupilas.

Se o sonho é a expressão de um desejo e a evitação de um desprazer, o que se dá através de uma regressão para o pensamento em imagens, o cinema é o pensamento em imagens que visa atender desejos e produzir algum tipo de prazer; no mínimo, estético-sensorial. Pode-se assistir a um filme de Chaplin ou de Hitchcock como uma mera diversão que nos aliene de nós mesmos, uma pausa, um hiato no cotidiano adverso e desprazeroso. Mas também podemos experimentar um prazer criativo advindo de um encontro empático e/ou identificatório, tal como o que se pode ter encontrado e preservado em algum tipo de registro mnêmico na escuta de uma canção de ninar ou de uma história narrada por alguém que nos acalentou em nossa infância, fase em que, como apontou Freud (idealmente), "não precisamos do humor para nos sentir felizes na vida".

Como diz Lacan, toda pintura é hiperverbal. Podemos repetir a formulação para a imagem cinematográfica. Godard, pelo menos inicialmente, não fazia distinção entre falar de um filme e fazer um filme. A pintura nos convida a falar dela, e as imagens construídas a partir das artes visuais fazem um recorte na realidade que só pode ser realizado porque a palavra existe, e sem um recorte dessa ordem cairíamos na dimensão do infinito. Mas os filmes, tal como nossa vida, têm um começo e um fim nas sessões de cinema. Como as sessões psicanalíticas, nas quais o enquadre é fundamental, pois só através dele é que se estabelece a comunicação entre uma e outra pessoa.

Assim é que a crítica e o ensaio sobre filmes e sobre o cinema em geral continuarão a existir enquanto houver narrativas imagéticas como as dos filmes. E a aproximação através da psicanálise continuará sendo pertinente por tudo o que cada um deles consegue iluminar no outro.

Mas retomando as considerações iniciais, assim como o Iluminismo é um projeto sempre em construção, o Cinema atual também vive uma crise bem ampla desde a morte dos últimos grandes cineastas humanistas, como no caso do longevo Bergman, ou dos que se foram muito cedo, como Kieslowski e Tarkovski. O cinema já havia perdido Visconti, Fellini, Antonioni, Jean Renoir, Truffaut, Bresson, Chaplin – dentre outros –, e a pós-modernidade cinematográfica carece de criadores equivalentes, criando ídolos que nada mais são do que aplicados e hábeis artesãos com um verniz de citações que acabam por se constituir em filmes-colagem sobre os quais nem haveria muito o que refletir, a não ser quanto à repercussão que eventualmente alcançam.

Já há alguns anos, grande parte da crítica se voltou para a apreciação exageradamente formalista dos filmes e autores mais contemporâneos, ou mesmo separando como se fossem joio e trigo criadores que antes gozaram de algum prestígio, mas que perderam seus status no panteão do modismo.

Curiosamente, e apenas como breve exemplo, um livro publicado recentemente propõe uma revisão da obra de William Wyler,[8] que, em vida, chegou a ser considerado por alguns maior do que John Ford no time dos grandes diretores do cinema americano clássico. O autor, George Miller, escrutina a composição das cenas de inúmeros filmes do diretor, apontando aspectos psicológicos, sociais, políticos, incluindo questões como a guerra, o macarthismo, o pacifismo, o capitalismo, etc. Estilo formal e conteúdo são revistos com um cuidado maior do que nunca.

Por outro lado, entre nós, o psicanalista Jurandir Freire Costa, em seu livro de crônicas *Razões Públicas, Emoções Privadas* (Editora Rocco, 1999) em um ensaio chamado "Tarde Demais para Perdoar", já havia escrito: "William Wyler é, sem dúvida, um grande diretor de cinema. (...) Três de seus melhores filmes, em particular, chamam a atenção pela mestria estética e pela atualidade moral: *Tarde Demais*[9] (1949), *Chaga de Fogo* (1951) e *Infâmia* (1962). Nos três, Wyler analisa o tênue limite entre a virtude e a crueldade. As heroínas – Olivia de Havilland em *Tarde Demais*, Eleanor Parker em *Chaga de Fogo*, e a dupla Audrey Hepburn e Shirley MacLaine em *Infâmia* – são alvo de uma moral implacável, que não lhes deixa outra saída exceto responder com ódio ao ódio de que foram vítimas. Há um

---

[8] Gabriel Miller, *William Wyler: The Life and Films of Hollywood's Most Celebrated Director*. Kentucky, The University Press of Kentucky, 2013.

[9] Lançado em DVD no Brasil. Título brasileiro de *The Heiress*, extraído do romance de Henry James *Washington Square*, conhecido no Brasil como *A Herdeira* (que foi o título nacional de outra versão cinematográfica do mesmo livro, lançada em DVD no Brasil, dirigida por Agnieszka Holland).

ponto, mostra Wyler, em que o perdão não é mais possível, pois quem poderia perdoar já renunciou à justiça em troca de vingança. O impacto emocional dos filmes é extraordinário. Em dado momento, personagens e espectadores são levados a crer que o desfecho feliz ocorrerá, não obstante as evidências contrárias. Mas Wyler quer justo mostrar como a boa ocasião perdida dificilmente é recuperada. A dor da injustiça, excessivamente prolongada, torna-se irreversível. Ou sabemos reconhecer a chance que a vida nos dá ou não haverá segunda chance. E Wyler é eloquente: nada mais impiedoso, triste e feroz do que um universo moral sem perdão. [...] Não custa lembrar o que dizia Santo Agostinho: 'Sem justiça, o que são os reinos senão grandes assaltos; o que são os roubos senão pequenos reinos?' Muitos não terão tempo, paciência ou interesse de ler o Bispo de Hipona. Vejam, então, os filmes de Wyler. Talvez eles nos ajudem a compreender que, passado um certo tempo, tudo é tarde demais".

Talvez ainda não seja tarde demais para uma retomada de amplos projetos ligados à razão iluminista, assim como do lugar da psicanálise com todas as suas contribuições dignas de registro, tanto freudianas como pós-freudianas. Da mesma forma, pode ser que ainda haja lugar para o humanismo em filmes de grandes autores: os do passado, vistos e revistos como fazemos com os clássicos da literatura, poesia e teatro; os atuais, que ainda se filiam a essa vertente com mais prestígio do que apenas o cinema, como máquina circense de parque de diversões; e – quem sabe? – novos diretores que estariam por vir.

OSWALDO GIACOIA JUNIOR

Homenagem a Sergio Paulo Rouanet: para colocar uma questão

Com o pós-estruturalismo de Michel Foucault e Gilles Deleuze, parece que a tentativa freudo-marxista de empreender uma fusão entre a teoria psicanalítica e a crítica marxiana do capitalismo esbarrou num obstáculo crítico de grande envergadura. Num texto programático, no qual destaca a atualidade do pensamento de Nietzsche, Marx e Freud, o autor da *História da Loucura na Idade Clássica* faz consistir essa atualidade sobretudo em que esses três pensadores teriam aberto perspectivas até então inauditas para a interpretação da sociedade e da cultura, e, ao fazê-lo, fundamentaram a possibilidade de uma nova hermenêutica. Todavia, o campo hermenêutico demarcado pela ação conjunta desses pensadores talvez não circunscreva, mesmo na apreciação de Foucault, um triedro perfeitamente simétrico.

Se uma certa reserva na ênfase a ser dada a cada um deles é apenas recomendável no caso de Foucault, do ponto de vista de Gilles Deleuze o desequilíbrio na ponderação não deixa nenhuma margem de dúvida: "Considera-se como aurora de nossa cultura moderna a trindade: Nietzsche, Freud, Marx. Pouco importa que, a esse respeito, todo mundo esteja desarmado por antecipação. Marx e Freud são talvez a aurora de nossa cultura, mas Nietzsche é uma coisa inteiramente diversa, a aurora de uma contracultura. É evidente que a sociedade moderna não funciona a partir de códigos. É uma sociedade que funciona em outras bases. Ora, se considerarmos não a letra de Marx e Freud, mas o devir do marxismo ou o devir do freudismo, vemos que eles foram lançados paradoxalmente numa espécie de tentativa de recodificação: recodificação pelo Estado, no caso do marxismo ('vocês estão doentes pelo Estado, e se curarão pelo Estado') – recodificação pela família (estar doente da família, e curar-se pela família, não a mesma família). É isso que constitui exatamente, no horizonte da nossa cultura, o marxismo e a psicanálise como as duas burocracias fundamentais, uma pública, a outra privada, cuja finalidade é operar, bem ou mal, uma recodificação disso que, no horizonte, não cessa de se decodificar. O caso de Nietzsche, ao contrário, nada tem a ver com isso. Seu problema encontra-se em outra parte. Através de todos os códigos, do presente, do passado, do futuro, trata-se, para ele, de fazer passar alguma coisa que não se deixa e não se deixará codificar. Fazê-la passar sobre um novo corpo, inventar um novo corpo sobre o qual isso possa passar e escoar: um corpo que seria o nosso, aquele da Terra, aquele do relato".[1]

A passagem transcrita interessa-me não tanto pelo que afirma a respeito de Nietzsche e dos impulsos disruptivos emanados de sua filosofia, mas pela qualificação atribuída à psicanálise e ao marxismo, considerados como *burocracia privada e pública*, operando uma tentativa de recodificação pelo Estado e pela família; no caso da psicanálise, por meio do conceito de complexo de Édipo e suas consequências. Por sua vez, no prefácio à edição americana de *Anti-Oedipus: Capitalism and Schizophrenia* [*O Anti-Édipo: Capitalismo e Esquizofrenia*],[2] Foucault também se aproxima dessa

---

[1] Gilles Deleuze, "Pensée Nomade". In: *Nietzsche Aujourd-hui?: Vol. I. Intensités*. Paris, Union Générale d'Éditions, 1973, p. 160.
[2] Michel Foucault, "Preface". In: Gilles Deleuze e Felix Guattari, *Anti-Oedipus: Capitalism and Schizophrenia*. New York, Viking Press, 1977. Prefácio republicado em *Dits et Écrits (1954-1988) – Tome III (1976-1979)*, traduzido do inglês por Fabienne Durand-Bogaert (Gallimard,

posição, ao descrever em grandes traços a ética dos intelectuais durante o período histórico que se estende entre o final da Segunda Guerra Mundial e os anos 1970 do século passado.

De acordo com Foucault, teve lugar, naquele cenário, uma guerra em duas frentes: tanto contra a exploração social quanto contra a repressão psíquica, em combates que amalgamavam a política revolucionária e uma práxis de combate à repressão e ao recalque. Todavia, a partir dos anos 1970, teria havido um movimento em direção a lutas políticas que não se conformavam mais nem com o modelo prescrito pela tradição marxista, nem com o tratamento dado ao desejo pela tradição freudiana. Mesmo que as movimentações tenham ocorrido sob a égide dos mesmos velhos estandartes, abriram-se, contudo, novos campos de luta, com o consequente deslocamento dos eixos de combate. Foucault pergunta-se, então, se, em nossos dias, a retomada do projeto utópico da época de 1930, isto é, a tentativa de realizar uma síntese entre Marx e Freud, de mobilizá-los numa mesma incandescência, não teria se alterado profundamente, e, com isso, alterando-se também o perfil da ética dos intelectuais em nosso mundo.

Esse é o panorama que Foucault tem em vista, ao prefaciar a mencionada edição do livro de Deleuze e Guattari, obra que qualifica como uma *introdução à vida não fascista*, destacando a maneira singular como os autores tentaram encontrar respostas para questões concretas, que têm menos a forma tradicional do *por quê?*, senão que, muito antes, aquela de um perguntar-se pelo *como?*. Eles formulam perguntas que mobilizam, em suas tentativas de resposta, conceitos e operadores novos, originários da filosofia da diferença, como os de multiplicidades, fluxos, intensidades, objetos parciais, máquinas desejantes e *branchements* (ramificações).

Deleuze e Guattari pretendem, com eles, explorar as múltiplas maneiras pelas quais a libido investe diretamente um campo social, com seus modos de produção econômica e formações políticas, sem que tal

---

1994). Também encontrado em *Dossier Deleuze* (Hólon Editorial, 1991), organizado por Carlos Henrique Escobar e traduzido por Carmen Belo com base em texto editado de *Magazine* Littéraire, n. 257, setembro de 1998.

investimento tenha que guardar nenhuma referência originária a qualquer mediação universalizante – como, por exemplo, o complexo familiar, o partido, ou o sujeito genérico. Trata-se também de pensar a produção desejante em seus efeitos de investimento e proliferação no plano do pensamento, dos discursos e da ação política. Daí os três adversários com os quais aquela obra se defronta:

> 1) Os ascetas políticos, os militantes morosos, os terroristas da teoria, aqueles que gostariam de preservar a ordem pura da política e do discurso político. Os burocratas da revolução e os funcionários da verdade.
>
> 2) Os lamentáveis técnicos do desejo: os psicanalistas e os semiologistas que registram cada signo e cada sintoma, e que gostariam de reduzir a organização múltipla do desejo à lei binária da estrutura e da falta.
>
> 3) Enfim, o inimigo maior, o adversário estratégico (enquanto a oposição de *O Anti-Édipo* a seus outros inimigos constitui antes um engajamento tático): o fascismo. E não somente o fascismo histórico de Hitler e Mussolini – que bem soube mobilizar e utilizar os desejos das massas –, mas também o fascismo que está em todos nós, que assedia nossos espíritos e nossas condutas cotidianas, o fascismo que nos faz amar o poder, desejar essa mesma coisa que nos domina e nos explora.[3]

É por causa dessas oposições táticas e estratégicas que o livro de Deleuze e Guattari pode servir a Foucault como um manual ou guia da vida cotidiana, como indicação de uma forma ou de um estilo de vida, isto é, como um *grande livro de ética*. É claro que não se trata aqui de um cânon normativo universalmente cogente, mas de uma inversão paródica da ascese cristã: se os moralistas cristãos se obstinavam em decifrar os

---

[3] Michel Foucault, "L'Anti-Oedipe: Une Introduction a la Vie non Faciste". In: *Magazine Littéraire*, n. 257, p. 50.

traços da carne que se alojaram nas dobras de nossa alma... Deleuze e Guattari, por sua vez, "espreitam os traços mais ínfimos do fascismo no corpo" ao ver de Foucault.[4]

No outro polo da correia de transmissão, integrando a *História da Loucura* à sua crítica à mistificação e ao terrorismo totalitário do romance familiar psicanalítico, é interessante notar como Deleuze e Guattari também fazem uso do livro de Foucault para mostrar que, "em lugar de participar de uma empreitada de liberação efetiva, a psicanálise toma parte na obra de repressão mais geral, que consistiu em manter a humanidade europeia sob o jugo de papai-mamãe, *e de não acabar com esse problema.*"[5] Desse modo, temos também em Foucault, portanto, uma crítica à psicanálise, que a integra ao *dispositivo da sexualidade*, uma análise que tende a corroborar o diagnóstico formulado por Deleuze e Guattari, acima formulado, sobretudo se considerarmos que uma das funções maiores da psicanálise, dentre os dispositivos de poder que caracterizam a moderna sociedade disciplinar, consistiria justamente em reforçar o imperativo de confissão permanente, perfilando-se, então, ao lado dos vários aparelhos disciplinares, para a produção de corpos dóceis e úteis, de sujeitos assujeitados e normalizados.

Como ocorre com todo dispositivo, também a Psicanálise desempenharia uma função estratégica no espaço biopolítico instaurado entre os regimes de verdade e as relações de poder. Numa passagem lapidar a respeito desse conceito, Foucault afirma: "Aquilo que tentei fazer notar sob tal nome [dispositivo] é um conjunto resolutamente heterogêneo, incluindo discursos, instituições, arranjos arquitetônicos, decisões regulamentares, leis, medidas administrativas, enunciados científicos, proposições filosóficas, morais, filantrópicas; em resumo, tanto o dito quanto o não dito – eis os elementos do dispositivo. O próprio dispositivo é uma rede que se estabelece entre tais elementos. Por dispositivo entendo uma espécie – digamos – de formação que, num dado momento, teve por função maior

---

[4] Ibidem.
[5] Gilles Deleuze e Félix Guattari, *L'Anti-Oedipe. Capitalisme et Schizophrénie*. Paris, Les Editions de Minuit, 1972, p. 59.

responder a uma urgência. O dispositivo tem, então, uma função estratégica dominante".⁶

Assim, se a psicanálise faria parte do dispositivo da sexualidade, cuja função é regular e normalizar um conjunto de prazeres, sensações e atividades que constituem o sexo, o sexo seria, então, um produto do dispositivo da sexualidade, assim como o indivíduo é um produto das relações sociais de poder e dominação. Sendo assim, a urgente tarefa política de resistência consiste tanto em "desindividualizar, pela multiplicação e pelo deslocamento, por agenciamentos de combinações diferentes",⁷ quanto em romper com o confinamento do desejo no dispositivo da sexualidade; ou seja, dizer "não" ao "sexo rei", resistir à exigência de fazer formigar, proliferar, multiplicar e aprofundar as confissões sobre os segredos da sexualidade, de renovar, inovar, anexar prazeres e sensações, penetrar cada vez mais capilarmente nos corpos singulares dos indivíduos e nos corpos genéricos das populações, num movimento cada vez mais extensivo, profundo e global.

A psicanálise desempenharia, nesse sentido, um papel importante no empreendimento de "fixação do dispositivo da aliança e do dispositivo da sexualidade na forma da família", razão pela qual ela também "permite compreender certo número de fatos: que a família se tenha tornado, a partir do século XVIII, o lugar obrigatório dos afetos; de sentimentos de amor; que a sexualidade tenha como ponto privilegiado de eclosão a família, que, por esta razão, ela nasça incestuosa".⁸ Esse tipo de arqueogenealogia do dispositivo da sexualidade se constrói na contracorrente das análises que fazem da repressão da sexualidade (de acordo com o "paradigma repressivo"), da redução dela ao enquadramento nos moldes da família vitoriana e da função reprodutiva uma peça fundamental na história do capitalismo. É contra essa forma de historiografia, que faz coincidir a origem da idade repressiva com o século XVIII e, portanto, com a consolidação do

---

⁶ Michel Foucault, *Dits et Écrits (1954-1988) – Tome III (1976-1979)*. Paris, Gallimard, 1994, p. 299.

⁷ Idem, "L'Anti-Oedipe: Une Introduction a la Vie non Faciste", op cit., p. 50.

⁸ Idem, *La Volonté de Savoir*. Paris, Gallimard, 1976, p.143.

capitalismo industrial e da ordem burguesa, que a *História da Sexualidade* se erige enquanto história efetiva das proveniências.

"Não há por que colocar a questão: por que o sexo é assim tão secreto? Qual é a força que, por tão longo tempo, o reduziu ao silêncio e apenas acaba de ser relaxada, permitindo-nos talvez questioná-lo, mas sempre a partir e através da repressão? De fato, essa questão, tão frequentemente repetida em nossa época, não é senão a forma recente de uma afirmação considerável e de uma prescrição secular: lá em baixo encontra-se a verdade; ide lá surpreendê-la. *Acheronta movebo*: velha decisão."[9]

Algumas décadas depois, penso que podemos afirmar que o panorama da sociedade capitalista avançada se alterou de modo considerável – pelo menos a ponto de suscitar uma espécie de revisão daquele diagnóstico feito por nossos autores no final dos anos 1960 e na década de 1970 do século passado. Deleuze, que sobreviveu a Foucault, retoma sua preocupação com a crítica do capitalismo, revisitando o conceito de revolução – uma palavra que parecia desgastada no léxico do pós-estruturalismo. "Diz-se que as revoluções têm um mau futuro. Mas não param de misturar duas coisas, o futuro das revoluções na história e o devir revolucionário das pessoas. Nem sequer são as mesmas pessoas nos dois casos. A única oportunidade dos homens está no devir revolucionário, o único que pode conjurar a vergonha ou responder ao intolerável."[10]

Aqui os espaços de resistência e agenciamentos ligam-se tanto à história quanto a um movimento de transformação das pessoas; de todo modo, a única possibilidade emancipatória encontra-se na resistência ao intolerável – ou seja, no devir revolucionário das pessoas. Tudo se passa como se nossas sociedades estivessem a ponto de se transformar, ou melhor, estivessem deixando de ser sociedades disciplinares e de regulamentação

---

[9] Ibidem, p.103.
"*Flectere si nequeo superos, Acheronta Movebo!*" (Ovídio) [Se não posso mover os deuses de cima, moverei o Acheronte.] Convém lembrar que o verso foi escolhido por Freud como epígrafe de *A Interpretação dos Sonhos*.
[10] Gilles Deleuze, "Controle e Devir". In: *Conversações*. Trad. Peter Pál Pelbart. São Paulo, Editora 34, 1992, p. 211.

previdenciária, para adquirir, pouco a pouco, uma configuração pronunciadamente controladora; não se trata mais de individualizar, restringir por confinamento, sequestrar corpos, para torná-los maximamente rentáveis em termos de forças e performances, senão que "estamos entrando nas sociedades de controle, que funcionam não mais por confinamento [não que os mesmos ainda não persistam], mas por controle contínuo e comunicação instantânea".[11]

No apogeu da escalada planetária da tecnologia, temos um novo capitalismo, um capitalismo da informática e da valorização dos investimentos financeiros, dos serviços e do mercado acionário. Sob o império da Nasdaq,[12] "as conquistas de mercado se fazem por tomada de controle e não mais por formação de disciplina, por fixação de cotações mais do que por redução de custos, por transformação do produto mais do que por especialização da produção"; enfim, ele cria um homem que "não é mais o homem confinado, mas o homem endividado".[13]

A essa transformação corresponderia, pois, uma nova forma de resistência, aquela do devir revolucionário das pessoas que já não mais suportam o intolerável e fazem valer antigas estratégias de combate mobilizadas nos quadros da antiga soberania e das disciplinas, para conectá-las com as forças do presente, dando a estas um novo sentido. Nesse contexto, caberia, então, retomar a ideia – que ficou carecendo de um desenvolvimento devido à morte precoce de Foucault – de um direito novo, de uma nova função para o recurso aos direitos humanos fundamentais, às cortes de justiça e aos tribunais internacionais.

Nesse sentido, cabe lembrar um manifesto, "Face Aux Gouvernements, les Droits de l'Homme (Intervention)" [Enfrentando Governos, os Direitos do Homem], publicado no *Libération* de junho de 1984, alguns

---

[11] Ibidem, p. 216.
[12] Nasdaq Stock Market: National Association of Securities Dealers Automated Quotations [Sistema de Cotação Automatizada da Associação Nacional dos Distribuidores de Títulos].
[13] Gilles Deleuze, "*Post-Scriptum* sobre as Sociedades de Controle". In: *Conversações*. Trad. Peter Pál Pelbart. SP, Editora 34, 1992, p. 224.

dias depois da morte de Foucault, referente a um episódio que envolveu apátridas, provocou repulsa generalizada e deu origem à criação, em Genebra, de um comitê internacional contra a pirataria. A intervenção de Foucault está essencialmente ligada a um incidente internacional conhecido como o caso dos *boat people* – os barcos nos quais cerca de 800 mil pessoas tentavam "ilegalmente" escapar do Sudeste Asiático, em busca de melhores condições de existência, expondo-se – em autêntica e dramática situação de *abandono* – a toda espécie de abuso, violência, ataque, pirataria, recusa de asilo e proteção, expulsão das águas demarcadas por fronteiras territoriais, o que mobilizou a solidariedade de muitos intelectuais.

Parece-me que podemos encontrar aqui um exemplo concreto do que Foucault entendia por um "direito novo":

> Estamos aqui justamente como indivíduos privados, com nenhum outro fundamento para falar, ou para falar juntos, do que uma certa dificuldade compartilhada de suportar o que está ocorrendo.
>
> Sei bem que é preciso render-se à evidência: a razão que faz com que os homens e as mulheres prefiram abandonar seus países, ao invés de viver neles, em relação a isso, nós não podemos grande coisa. O fato está fora de nosso alcance.
>
> Quem, portanto, nos comissionou? Ninguém. E é justamente isso que constitui nosso direito. Parece-me que é preciso ter no espírito três princípios que, creio, guiam essa iniciativa, como outras que a precederam: o Île de Lumière, o Cap Anamur, o avião para El Salvador, mas também a Terre des Hommes, a Anistia Internacional.
>
> 1) Existe uma cidadania internacional que tem os seus direitos, que tem os seus deveres, e que se engaja em se elevar contra todo abuso de poder, qualquer que seja seu autor, quaisquer que sejam suas vítimas. Depois de tudo, somos todos governados, e, a esse título, solidários. 2) Porque pretende se ocupar da felicidade das

sociedades, os governos arrogam-se o direito de lançar na conta do lucro e das perdas a infelicidade dos homens que suas decisões provocam e suas negligências permitem. É um dever dessa cidadania internacional fazer valer sempre, aos olhos e aos ouvidos dos governos, os infortúnios dos homens, de que não é verdade que eles não são responsáveis. O infortúnio dos homens não deve jamais ser um resto mudo da política. Ele funda um direito absoluto a se levantar e a se dirigir àqueles que detêm o poder.

3) Temos de rejeitar a divisão de trabalho tão frequentemente proposta para nós: indivíduos podem ficar indignados e falar; os governos refletirão e agirão. É verdade que os bons governos apreciam a sagrada indignação dos governados, contanto que ela permaneça lírica. Eu penso que nós devemos estar conscientes que com muita frequência são aqueles que governam os que falam, que só são capazes de falar, que só querem falar. A experiência mostra que se pode e se deve recusar esse papel teatral de pura e simples indignação que nos é proposto. Anistia Internacional, Terre des Hommes, Médicos do Mundo são iniciativas que criaram esse novo direito – aquele de indivíduos privados de intervir efetivamente na política e na estratégia internacional. A vontade dos indivíduos tem de ter lugar por ela mesma numa realidade da qual os governos tentaram reservar um monopólio para eles próprios, aquele monopólio que precisamos arrancar deles pouco a pouco e dia a dia".[14]

No prosseguimento das pesquisas cujo primeiro resultado foi a publicação de *A Vontade de Saber* e que foram desdobradas até o final de sua vida, encontramos Foucault novamente às voltas com questões ligadas à problemática do sujeito, das experiências consigo mesmo, pelas quais os homens se dão, na história, as diversas formas de consciência de si. Trata-se aqui de um solo propício para a colocação da pergunta sobre se teríamos

---

[14] Michel Foucault, "Face aux Gouvernements, les Droits de l'Homme". In: *Dits et Écrits (1954-1988) – Tome IV (1980-1988)*. Paris, Gallimard, 1994, p. 707.

aqui também o ensejo de uma revisão nas posições de Foucault a respeito da psicanálise. Ao iniciar o curso intitulado *Hermenêutica do Sujeito*[15] com uma interpretação original do Primeiro Alcibíades, Foucault considera que o referido diálogo consubstancia "primeira grande emergência teórica" (p. 58), a "primeira formação histórica e sistemática" (p. 301), a "teoria completa" (p. 84); "a primeira grande teoria do cuidado de si" (p. 41) e do conhecimento de si.

"Parece-me que Platão ou o momento platônico, e particularmente o texto do *Alcibíades*, traz o testemunho de um destes momentos em que é feita a reorganização progressiva de toda a velha tecnologia do eu" (p. 17). O que constitui o objeto dessa hermenêutica, portanto, é uma cuidadosa reconstrução da história do cuidado de si, de suas emergências, elaborações e dos avatares na Antiguidade clássica. A dinâmica textual do *Primeiro Alcibíades* é constituída por um jogo recíproco entre cuidado de si e conhecimento de si, que "será reencontrado em toda a história do pensamento grego, helenístico e romano, evidentemente com equilíbrios diferentes, diferentes relações, tônicas diferentemente atribuídas a um ou a outro, distribuição dos momentos entre conhecimento de si e cuidado de si também diferentes nos diversos tipos de pensamento".[16]

Para Foucault, encontramos em Platão tanto um viés retrospectivo quanto prospectivo relativamente ao binômio cuidado de si e conhecimento de si. Numa direção, trata-se de retomar uma longa história pregressa, a saber, de um processo que se encontra em curso ao longo de todo o pensamento grego e greco-romano, que se inicia por práticas de si de caráter médico e místico-religioso, e culminam numa elaboração filosófica sistemática e completa, da qual "o pensamento platônico foi apenas o primeiro passo de todo um conjunto de deslocamentos, de reativações, de

---

[15] Idem, *A Hermenêutica do Sujeito*. Curso no College de France, 1981-1982. Trad. Márcio Alves da Fonseca e Salma Tannous Muchail. São Paulo, Martins Fontes, 2006. As páginas indicadas no corpo do texto correspondem a esta edição.

[16] Ibidem, p. 87.

organização e reorganização destas técnicas naquilo que viria a ser a grande cultura de si na época helenística e romana".[17]

Estaríamos enganados, caso pensássemos que o interesse de Foucault se restringe à reconstituição histórica do passado. O cerne desse interesse volta-se para um *diagnóstico do presente,* para uma *ontologia de nós mesmos.* Em certa ocasião, em resposta a uma pergunta do filósofo italiano Paulo Caruso sobre o sentido de seu trabalho, Michel Foucault declarou: "É muito bem possível que meu trabalho tenha algo a ver com filosofia: sobretudo porque à filosofia – pelo menos desde Nietzsche – compete a tarefa do diagnosticar, e não mais a de buscar dizer uma verdade que seja válida para todos os tempos. Eu procuro justamente diagnosticar: *diagnosticar o presente.* Eu procuro dizer aquilo que nós somos hoje, e o que é que agora significa dizer aquilo que nós dizemos. Esse escavar sobre os próprios pés caracteriza, desde Nietzsche, o moderno pensar, e nesse sentido eu posso me designar como filósofo".[18]

No cruzamento entre essa declaração e as reflexões de *Un Cours Inédit*[19] revela-se, mais uma vez, a surpreendente mobilidade e capacidade de surpreender, em que Foucault era mestre. No final de sua vida, não se tratava apenas de reconhecer seu nietzscheanismo medular, mas de inscrever o próprio Nietzsche num horizonte histórico-filosófico mais amplo, que tem suas origens no programa crítico de Kant, e numa retomada da tradição da *Aufklärung.* De acordo com essa retomada, os caminhos da filosofia contemporânea, abertos a partir do programa crítico de Kant, se bifurcam na alternativa de uma analítica da verdade em geral, uma genealogia da atualidade, de uma *ontologia de nós mesmos.* Nesse enquadramento, Foucault destaca a situação da França nos últimos anos daquela existente ao longo

---

[17] Ibidem, p. 63.
[18] Paolo Caruso, "Gespräch mit Michel Foucault". In: Michel Foucault, *Von der Subversion des Wissens.* Frankfurt, Fischer Taschenbuch Verlag, 1987, p. 12. Original: Paolo Caruso, *Conversazione con M. Foucault.* Milano, U. Mursia & Cia, 1969.
[19] Michel Foucault, *Un Cours Inédit.* In: *Magazine Littéraire,* n. 207, mai. 1984, p. 39. Texto republicado em Idem, *Dits et Écrits (1954-1988) – Tome IV (1980-1988).* Paris, Gallimard, 1994, p. 679-88.

de todo o curso do século XIX, e mesmo de boa parte do XX, para observar que, nas condições em que atualmente se coloca, a abordagem das tarefas da *Aufklärung*, como a questão central da filosofia contemporânea, "[...] torna-nos fraternos da Escola de Frankfurt".[20]

Encontram-se presentes, em nosso tempo, justamente as condições para que a questão da *Aufklärung* – a saber, o que é o presente – seja retomada na Europa (e talvez no Ocidente) em toda a sua envergadura e relevância (do mesmo modo que o era para a tradição que vai de Mendelssohn e Kant, passando por Hegel, Nietzsche, Husserl, pela Escola de Frankfurt, etc.) – a saber, tal como o percebeu acuradamente Michel Foucault, em termos de uma "vizinhança significativa" com os trabalhos da Escola de Frankfurt. Tais condições, em termos histórico-filosóficos, estão ligadas à fenomenologia e, em geral, aos problemas relacionados à pergunta pelo sentido.

> Penso igualmente que as análises da história das ciências, toda essa problematização da história das ciências (que também ela se enraíza sem dúvida na fenomenologia que seguiu, na França, através de Cavaillès, através de Bachelard, através de George Canguilhem, toda uma outra história), [...] não deixa de ter algumas relações e analogias, de fazer eco, até certo ponto, a esse problema da constituição do sentido: como nasce, como se forma essa racionalidade, a partir de alguma coisa que é inteiramente outra? Eis a recíproca e o inverso do problema da *Aufklärung*: como ocorre que a racionalização conduza ao furor do poder?[21]

Cinco anos depois dessa conferência pronunciada na *Société Française de Philosophie*, num curso ministrado no *Collège de France*, em 1983 (portanto um ano antes de sua morte), Foucault retoma a interpretação do texto de Kant *Zur Beantwortung der Frage: Was ist Aufklärung?* e, ao fazê-lo, recoloca o problema do destino da filosofia ocidental contemporânea na sequência da herança crítica kantiana em termos consideravelmente

---

[20] Idem, "Qu'est-ce que la Critique? (Critique et Aufklärung)". *Bulletin de la Societé Française de Philosophie*, Année 84, n. 2, avril-juin. 1990, p. 45.

[21] Ibidem, p. 44.

modificados. Nesse novo quadro, a filosofia contemporânea passa a ser dividida em duas grandes tradições críticas, ambas reportáveis e fundadas na obra de Kant. Uma dessas tradições se desenvolve, desde o século XIX, como uma *analítica da verdade*, prolongando o empreendimento crítico de Kant, ao se colocar o problema das condições de possibilidade do conhecimento verdadeiro. A outra vertente da tradição crítica da filosofia contemporânea nasce da conexão pensada por Kant entre *Aufklärung* e Revolução:

> Essa outra tradição crítica coloca a questão: o que é nossa atualidade? Qual é o campo atual das experiências possíveis? Não se trata de uma analítica da verdade, tratar-se-á disso que se poderia chamar uma ontologia do presente, uma ontologia de nós mesmos, e parece-me que a escolha filosófica com a qual nos encontramos confrontados atualmente é a seguinte: pode-se optar por uma filosofia crítica que se apresentará como uma filosofia analítica da verdade em geral, ou bem pode-se optar por um pensamento crítico que tomará a forma de uma ontologia de nós mesmos, de uma ontologia da atualidade; é essa forma de filosofia que, de Hegel à Escola de Frankfurt, passando por Nietzsche e Max Weber, fundou uma forma de reflexão na qual tentei trabalhar.[22]

Ora, não seria já tempo de se perguntar se essa ontologia do presente não seria também uma modalidade inscrita nessa longa história do binômio formado pelo cuidado de si e conhecimento de si, uma história que, já desde muito antes da prática por Sócrates da filosofia como cura, ou do conceito platônico de filosofia como terapia da alma, passando pela autocompreensão da *Aufklärung* em Kant, leva a uma compreensão *sui generis* da ética, tal como a interpreta Foucault – e que guarda vínculos subterrâneos com a psicanálise, assim como com o marxismo? Algumas passagens da *Hermenêutica do Sujeito*, que corresponde a um curso ministrado no *Collège de France* de janeiro a março de 1982, autorizam a propor essa pergunta como tarefa da reflexão: "Que a verdade não possa ser atingida sem

---

[22] Michel Foucault, *Un Cours Inédit*. Op. cit.

certa prática ou certo conjunto de práticas totalmente especificadas que transformam o modo de ser do sujeito, modificam-no tal como está posto, qualificam-no, transfigurando-o, é um tema pré-filosófico que deu lugar a numerosos procedimentos mais ou menos ritualizados".[23]

Não estaria a psicanálise, então, compreendida entre esses numerosos procedimentos, mais ou menos ritualizados, na medida em que também ela pode ser entendida, antes de tudo, como uma *techné* de automodificação e autotransfiguração do sujeito? Naquele curso, Foucault observa que, se não podemos assimilar o marxismo e a psicanálise à estrutura própria da ciência, no entanto, em saberes desse gênero, ou seja, em modalidades de discurso que não constituem ciências em sentido estrito do termo, deparamo-nos de forma inegável com exigências que são próprias da espiritualidade.

> Se considerarmos um e outra [marxismo e psicanálise] sabemos bem que, por razões totalmente diferentes mas com efeitos relativamente homólogos, no marxismo como na psicanálise, o problema do que se passa com o ser do sujeito (do que deve ser o sujeito para que tenha acesso à verdade) e a consequente questão acerca do que pode ser transformado no sujeito pelo fato de ter acesso à verdade, essas duas questões absolutamente características da espiritualidade, serão por nós reencontradas no cerne mesmo destes saberes, ou, em todo caso, de ponta a ponta em ambos.

Ora, isso significa dizer que também no marxismo e na psicanálise reencontramos as mesmas velhas exigências fundamentais do cuidado de si e do conhecimento de si; ou seja, da espiritualidade como condição de acesso à verdade. Foucault, no entanto, permanece cauteloso e reticente a esse respeito; tanto é assim que termina por formular uma pergunta radical, esclarecendo que pretende responder a ela: "é possível, nos próprios termos da psicanálise, isto é, dos efeitos de conhecimento portanto, colocar a questão das relações do sujeito com a verdade, que – do ponto de

---

[23] Idem. *Hermenêutica do Sujeito*. Op. cit.

vista, pelo menos, da espiritualidade e da *epiméleia heautoû* – não pode, por definição, ser colocada nos próprios termos do conhecimento?".

Cabe lembrar que é precisamente nesse contexto que Foucault se refere àquilo que constitui o interesse e a força das análises de Lacan: ele foi o único que, depois de Freud, teria recentralizado a questão da psicanálise justamente no plano das relações entre o sujeito e a verdade. E não valeria também para ela a modalização política dessa transformação, na medida em que, como *cuidado de si* e *conhecimento de si*, ela poderia inserir-se no âmbito de uma reflexão metapsicológica, e de uma prática terapêutica ou clínica da "alma"?

Referindo-se ao tratamento platônico do cuidado de si no *Primeiro Alcibíades*, escreve Sala Tannous Muchail: "Agora, porém, o *cuidado de si* é incorporado ao âmbito da reflexão filosófica. E, neste contexto, vincula-se ao exercício da ação política (governar-se bem para bem governar os outros), à superação das deficiências da ação educativa e amorosa, à necessidade de vencer a ignorância (duplamente, em relação ao que não se sabe e à ignorância que se ignora)".[24] Pois a psicanálise, em sua inspiração originária, é, por certo, também uma *ars erótica* de cuidado de si, um cuidar amoroso do cuidado, visando à singularidade do indivíduo, um devir emancipatório e uma transfiguração pela superação de automatismos, reificações e compulsões – também esses mecanismos são uma forma nefasta de ignorância que se ignora e aliena.

Pois, como afirma Giovanni Reale, "é evidente que a vida do homem atinge seu fim ultimativo *curando*, além de seu corpo, e mais ainda que este, *a sua alma*".[25] Aliás, essa cura da alma coloca a psicanálise na esteira e na senda dessa mesma antiquíssima tradição que remonta ao cuidado de si e ao conhecimento de si. Nesse sentido, argumenta Werner Jaeger (1933, apud REALE, 1999): "*Platão é o pai da psicanálise*. É o primeiro

---

[24] Salma Tannus Muchail, "Da Promessa à Embriaguez". In: Margareth Rago e Alfredo Veiga-Netto (orgs.), *Figuras de Foucault*. Belo Horizonte, Editora Autêntica, 2006, p. 242.

[25] Giovanni Reale, *Corpo, Anima e Salute: Il Concetto di Uomo da Omero a Platone*. Milano: Rafaello Cortina Editore, 1999, p. 259.

que revelou como parte do eu subsconsciente a monstruosidade do complexo de Édipo, do desejo de união sexual com a mãe, valendo-se, para colocá-lo à luz, da experiência do sonho, e indicando complexos similares dos desejos reprimidos que chegam até a união sexual com a divindade, com a sodomia, com a libido do assassino".[26]

Penso que as considerações aqui elaboradas podem contribuir para fornecer uma ilustração daquilo que poderia significar a diretriz dada por Michel Foucault, quando interpretava seu próprio trabalho como uma forma de filosofia que, de Hegel à Escola de Frankfurt, passando por Nietzsche e Max Weber, fundou uma forma de reflexão à qual ele próprio deu prosseguimento com sua arqueogenealogia: trata-se também de um programa de revolução erótica, pedagógica e política no qual a incandescência de Marx e Freud ainda pode nos iluminar, mesmo nos limiares pouco nítidos de transformação que parece estarmos a ponto de transpor. Como disse Rouanet certa vez: para as tarefas do pensamento, é importante formularmos perguntas, mesmo que ainda não estejamos em condição de oferecer respostas a elas.

---

[26] Jaeger, W. *Paideia*. Apud Reale, G. op. cit. p. 282.

LITERATURA

PODEMOS FALAR AINDA EM
LITERATURAS NACIONAIS, OU
DEVEMOS MOVER-NOS PARA OUTRO
PARADIGMA, APROFUNDANDO
O CONCEITO GOETHIANO
DE *WELTLITERATUR*?

BERTHOLD ZILLY[*]

Viajando entre culturas, texto e línguas

Companheiros de viagem

É um prazer e uma honra estar em tão boa companhia, e agradeço aos responsáveis, especialmente a Adriana Rouanet e a Wilson Levy, o convite para participar deste livro, bem como do simpósio que o originou. Foi a casa cofundada por Machado de Assis, a Academia Brasileira de Letras, que tão cordialmente nos recebeu, na ocasião do simpósio, para a discussão sobre literaturas nacionais e *Weltliterature*. Lugar muito apropriado, sempre renovado e atualizado, não só para discutir literatura como também para homenagear o grande machadiano que é Sergio Paulo Rouanet. Devemos a ele, entre outras coisas, a edição comentada da correspondência de Machado e vários ensaios sobre *Brás Cubas*, por exemplo, vistos numa óptica "shandiana", como ele diz, aludindo ao *Tristram Shandy*, de Lawrence Sterne, atitude de iluminista galhofeiro e

---

[*] Professor convidado da Universidade Federal de Santa Catarina; aposentado pela Universidade Livre de Berlim (FUB).

melancólico. Uma primeira versão dessa pesquisa foi apresentada numa palestra que Sergio deu nos anos 1990, na minha antiga universidade, a Freie Universität Berlin.[1] Homenagear Sergio significa também homenagear Barbara. Os dois são um ótimo time, não só competente e produtivo mas também comunicativo e gentil.

Sergio e Barbara foram sempre viajantes, em vários sentidos, e não é por acaso que essa temática ocupa lugar importante na obra dos dois.[2] Viveram em muitos países e fizeram inúmeras outras viagens, mas, o que não é menos importante e formador da personalidade, sempre estudaram diversas sociedades, civilizações, línguas, movimentando-se entre elas como 'embaixadores' culturais. É uma ideia antiga considerar a vida como viagem, ideia inclusive cultivada pelo cristianismo, embora às vezes num sentido depreciativo com respeito à vida, vista como um vale de lágrimas. Na modernidade, pelo contrário, viajar é considerado um método de conhecer a realidade e o mundo, e até um modo intensificado de viver, de se realizar, conforme o lema "Vivo, logo viajo", ou também "Viajo, logo vivo". É verdade que há grandes autores que não viajaram, como Kant e Machado de Assis, porém são exceções, e se eles adquiriram mobilidade intelectual sem mobilidade espacial, é porque fizeram muitas viagens mentais, graças aos relatos de autores que viajaram de verdade, e graças a muitas traduções. De todo modo, Sergio e Barbara são *Weggefährten* para mim há décadas, importantes para a minha biografia intelectual, embora tenhamos vivido quase sempre em cidades e países diferentes, exceto durante algum período, nos anos 1990, em Berlim.

No fundo, a palavra "*Weggefährte*", ou seja, "companheiro de caminho" ou "companheiro de viagem", etimologicamente falando é redundante,

---

[1] Sergio Paulo Rouanet, "Tempo e Espaço na Forma Shandiana: Sterne e Machado de Assis". In: *Estudos Avançados*, vol. 18, n. 51. São Paulo, USP, 2004, p. 335-354. Essas ideias foram ampliadas e aprofundadas em: Idem. *Riso e Melancolia: a Forma Shandiana em Sterne, Diderot, Xavier de Maistre, Almeida Garrett e Machado de Assis*. São Paulo, Companhia das Letras, 2007.

[2] Por exemplo, na coletânea de ensaios: Sergio Paulo Rouanet, *Razão Nômade: Walter Benjamin e Outros Viajantes*. Rio de Janeiro, Editora UFRJ, 1993.

pois o simples vocábulo "*Gefährte*", sem o lexema "*Weg*" (caminho), por si só já significa, ou significava, "companheiro de viagem", visto que está relacionado com "*Fahrt*" (corrida, viagem) e com "*fahren*" (viajar). "Companheiro" em português, por outro lado, evoca a ideia daquele com o qual se comparte o pão, de modo que estas duas palavras: "*Gefährte*" e "companheiro", aludem a duas constelações fundamentais da condição humana, que originaram termos diferentes na perspectiva, mas equivalentes no uso corriqueiro de hoje em dia. Poderiam ilustrar aquilo que Walter Benjamin, no seu famoso ensaio *A Tarefa do Tradutor* – no qual Sergio se inspirou para as suas próprias traduções –, chama de diferença entre "*das Gemeinte*" (o designado) e *die Art des Meinens* (o modo de designar), ou seja, atitudes diversas das línguas em relação à realidade e ao modo de expressá-la. Diferença sempre levada em consideração pelo próprio Sergio nas traduções que fez de vários ensaios de Benjamin.[3] Pois para este, o *Produziertsein*, o modo-de-ter-sido-produzido, a feitura de um texto, é importante para sua interpretação, prefigurando a estratégia da sua tradução. Assim, em alemão somos coviajantes, em português somos comensais, excelente combinação.

Um pensador dialógico

Viajar ou refeiçoar juntos é muito melhor do que existir como outro tipo humano, para o qual a língua alemã, por sua vez, tem uma metáfora derivada de "*Brot*" (pão): o "*Eigenbrötler*", que significa, literalmente traduzindo, "autopanheiro", ou "solo-panheiro", alguém que come o seu pão sozinho, exatamente o contrário de um "com-panheiro", ou seja, um extremado individualista, um solipsista, um homem esquisito, não sociável, misantrópico. Não sei se disso se podem derivar hipóteses sobre a sociabilidade dos alemães durante as refeições, mas sei que Sergio é o total oposto do *Eigenbrötler*, sendo homem profundamente social e comunicativo, por temperamento, mas também por convicção filosófica e política, pois sem

---

[3] Ver Lucia Castello Branco (org.), *A Tarefa do Tradutor, de Walter Benjamin: Quatro Traduções para o Português*. Belo Horizonte: Fale/UFMG, 2008, por exemplo p. 72.

diálogo e cooperação não pode haver nem filosofia nem civilização. E creio que estamos de acordo que, mesmo admitindo que a solidão também faz parte da condição humana, ela não é um valor em si, mas antes um estado passageiro, às vezes necessário e útil, ou então um mal inevitável, causando sofrimento ou melancolia. Não há dúvida de que os coviajantes e os comensais são mais úteis para a humanidade, além de serem mais felizes e mais simpáticos do que aqueles que sistematicamente viajam sozinhos e também comem o pão sozinhos. Valorizar a sociabilidade e a comunicação não relativiza o que Sergio celebra como uma das maiores conquistas da Modernidade, ou seja, a individualidade e a subjetividade, o direito do indivíduo à autonomia, liberdade, felicidade, a tomar sua vida em suas próprias mãos. Antes pelo contrário: no diálogo e na intersubjetividade o sujeito encontra não só o outro e o mundo, mas também a si mesmo.

O diálogo e a cooperação também são condições imprescindíveis na reflexão científica e filosófica. Sergio, no seu estilo de trabalho e modo de pensar, mostra que o pensamento é um processo tanto individual como coletivo, pois exige por um lado a pesquisa, a leitura na solidão, a "*Anstrengung des Begriffes*", como dizia Hegel, o esforço do conceito, o trabalho de conceituar a realidade, mas, ou por isso mesmo, exige também o diálogo, o debate, a disputa pacífica. Sendo que a leitura já tem algo de um diálogo, embora mudo, pois como leitores ficamos de certa forma ouvindo as palavras do autor, fazemos perguntas a ele, e procuramos respostas nos seus escritos, hoje também em suas palestras ou em seus blogues na internet. Quem sabe escutar, ler, conversar, discutir vai pensar melhor, com mais clareza, juízo, ponderação e empatia do que aquele que procura pensar totalmente sozinho, o que a rigor é uma ilusão, alimentada pela vaidade, pela arrogância ou pelo autoritarismo, atitudes que deformam o diálogo e a procura pela melhor solução de um problema. Sergio, ao contrário, é um pensador dialógico *par excellence*, e não é por acaso que ele, junto com a sua esposa, trouxe Habermas ao Brasil, outro pensador do diálogo.

Foi Habermas quem cunhou o termo *herrschaftsfreier Dialog* ou *herrschaftsfreie Kommunikation*, o diálogo ou a comunicação livre de dominação e hierarquia, cujos participantes se reconhecem mutuamente como iguais, companheiros competentes e sinceros na busca coletiva da verdade ou das verdades, prestes a problematizar e discutir todos os temas, de maneira compreensível e transparente para a opinião pública. Claro que isso é uma utopia, mas sem a realização de pelo menos elementos dessa utopia não há convivência, não há sociedade, não há justiça, não há civilização. Nem arte, nem literatura, nem filosofia. De propósito, o século das luzes, no seu afã cognitivo, favoreceu o diálogo, inclusive como gênero literário, promoveu salões, academias, bibliotecas, editou livros para o grande público, fomentou de um modo geral a cooperação intelectual, sem a qual não pode haver progresso científico e muito menos político.

Um filósofo como gestor cultural

Conheço Sergio Paulo Rouanet de nome e de leituras desde o fim dos anos 1970. E nos conhecemos pessoalmente, meio por acaso, em 1985, quando eu estava no Brasil, trazendo um grupo de estudantes de Berlim, para pesquisarmos o cenário cultural na recém-conquistada "Nova República", como se dizia na época, depois de duas décadas de ditadura. Queríamos informar-nos, na Embrafilme, sobre a política de cinema, incentivos, produção e distribuição, e aí Sergio nos ajudou com os contatos e informações de que dispunha. A Embrafilme, que tinha sido bastante bem-sucedida até então, que possibilitava uma produção quantitativa e qualitativamente notável, apesar da repressão, começava a ter problemas a partir do fim da ditadura. Essa estranha coincidência foi causada por mudanças conjunturais, tecnológicas, mercadológicas, justamente num momento em que se festejava o fim da censura. Nenhum de nós podia imaginar que cinco anos mais tarde um governo democraticamente eleito, obcecado pelo furor neoliberal em combinação com um intervencionismo autoritário, ia aproveitar as dificuldades da Embrafilme para acabar com ela, o que provocou praticamente o colapso da produção cinematográfica no Brasil por vários anos. E nenhum de nós podia imaginar que pouco depois Sergio ia ser nomeado ministro da Cultura, usando a sua competência para reerguer o cinema brasileiro, não só o cinema, mas a produção cultural em geral, através de novos instrumentos de fomento, dos quais até hoje é conhecida a Lei Rouanet. O Estado que se retirou do apoio direto da produção cultural estabeleceu, através das medidas rouanetianas, mecanismos tributários e padrões de qualidade para o apoio da produção cultural pela iniciativa privada, indiretamente cofinanciada pelo Estado.

Assim, Sergio sempre pensou e se preocupou não só com as ideias e as obras de arte, mas também com as condições institucionais da produção e da difusão cultural e intelectual, pois ele é o contrário não só de um *Eigenbrötler*, mas também de um *Stubengelehrter*, de um "sábio de gabinete" que só se ocuparia com livros e ideias dentro das suas quatro paredes, isolando-se do mundo prático e da própria vida, das pessoas e da sociedade. Outra característica do *Stubengelehrter* é o seu jeito sedentário, ele não anda, não viaja, não descobre o mundo, ao passo que Sergio é um viajante e um *flâneur*, sendo o seu livro *Razão Nômade* uma espécie de manifesto sobre essas duas figuras e atividades.[4] Há na literatura alemã um personagem clássico que representa esse tipo de cientista enclausurado no gabinete, Wagner, o fâmulo e assistente de Fausto, e também seu antípoda, na tragédia de Goethe. Wagner é uma caricatura da ciência universitária, com sua concepção formalista e imitativa dos estudos, um personagem seco, subserviente, oportunista. Dramaturgicamente, ajuda a deixar mais claro o caráter de Fausto, figura do século XVI, ou seja, do início da Idade Moderna, configurado por Goethe, filho da *Aufklärung*, como inovador, descobridor, fazedor.

Portanto, se Sergio não tem nada de Wagner, tem, sim, muita coisa de Fausto, personagem basicamente moderno e iluminista, apesar do seu interesse pelo ocultismo e pela religião, mas dotado de curiosidade insaciável, inteligência polivalente, um enciclopedista, com certa distância em relação à ciência acadêmica formal e tradicional. Tem o desejo moderno de se inventar e criar a si mesmo sempre de novo, o que faz dele um primo dos protagonistas de romances de formação que também começam a surgir

---

[4] Sergio Paulo Rouanet, *A Razão Nômade: Walter Benjamin e Outros Viajantes*. Rio de Janeiro, Editora UFRJ, 1993.

no final do século XVIII, inclusive e principalmente na obra do próprio Goethe, no seu *Wilhelm Meister,* romance muito apreciado por Sergio. Este, porém, diferentemente de Fausto, não corre risco de ir para o inferno, nem precisa ser redimido pelos anjos, pois não seduz mocinhas nem manda matar um casal de velhos, Philemon e Baucis. Estes morrem na tragédia de Goethe, por se oporem a um projeto faraônico de planejamento regional moderno, a construção de um pôlder para conquistar novas terras em favor do "agro-business" e da "indústria do lazer", como diríamos hoje. O progresso desenfreado, todo humanista o sabe, faz com que até projetos bem-intencionados possam ter resultados destrutivos, quando realizados autoritariamente, sem diálogo e respeito para com as pessoas afetadas. O que é um aspecto da modernidade denunciado por Horkheimer e Adorno, na *Dialektik der Aufklärung*, livro fundamental para Sergio, embora também criticado por ele.[5]

Como Fausto, Sergio gosta da missão didática, gosta de escrever, palestrar, dialogar com especialistas e leigos, como conferencista, como ensaísta na tradição iniciada por Montaigne, como professor visitante no Brasil e no mundo. Pertence ao projeto das Luzes o compromisso com a realidade também fora dos livros, com as pessoas, aplicando praticamente os resultados do trabalho teórico da razão, divulgando ideias e artes, como fizeram os enciclopedistas. Intelectual plural e polivalente, Sergio também é um homem pragmático, um administrador, um fazedor, um *Macher*, que sabe pôr mãos à obra.

Pude ver isso de perto quando ele começou, em 1994, em Berlim, a fundar o Instituto Cultural Brasileiro na Alemanha, o saudoso ICBRA, inaugurado em 1995, chamando-me para colaborar, o que fiz com prazer. Visando a divulgar a cultura brasileira e fomentar o diálogo entre ela e a cultura alemã, iniciou-se uma atraente e múltipla programação intelectual e cultural. É conhecido o prazer que Sergio tem em divulgar conhecimentos,

---

[5] Sergio até vislumbra convergências entre o anti-humanismo de Heidegger e a crítica pessimista ao Iluminismo empreendida por Adorno e Horkheimer; ver "Coruja e o Sambódromo", in: Sergio Paulo Rouanet, *Mal-Estar na Modernidade*. São Paulo, Companhia das Letras, 1993, p. 63.

em se comunicar, em mostrar, explicar, convencer, empolgar, ouvir e entender. E de apresentar artistas e autores brasileiros, como fez por exemplo com Rachel de Queiroz, que ele conhecia de longa data e a quem convidou para uma inesquecível noite de leituras e debates.

Ele tinha, com relação à política cultural externa do Brasil, um sonho, o de poder ajudar a criar uma espécie de Instituto Machado de Assis, contrapartida do Instituto Goethe, do Institut Français ou do British Council, uma rede de casas da Cultura brasileira no mundo, com certa autonomia, não atreladas diretamente ao Governo. Ora, sabemos que houve e há iniciativas nesse sentido, progressos e retrocessos, e que pelo menos dentro da América Latina existem representações culturais oficiais do Brasil, mas que há muita coisa por fazer ainda. Se o Brasil está presente culturalmente no mundo, isto se deve em grande parte a universidades, a iniciativas privadas e comerciais, a associações sem fins lucrativos, a pessoas entusiasmadas com a cultura brasileira. Mas o Brasil poderia estar muito mais presente ainda, como *Kulturnation*, com seu amplíssimo leque de obras e atividades artísticas e intelectuais, se aquilo que Sergio imaginou estivesse funcionando.

Freiburg – Davos – Porto Alegre

Fomos "coviajantes" no sentido literal, em junho de 1995, quando viajamos juntos para Freiburg, sudoeste da Alemanha, para participar de um congresso sobre o Brasil no contexto latino-americano. Sergio ia falar, como falou, sobre "A América Latina entre a globalização e a universalização", distinguindo uma internacionalização e modernização mais bem técnica e instrumental, com racionalização capitalista, por um lado, e uma internacionalização emancipatória, democrática, humana, por outro lado. Fomos de avião até Stuttgart, seguindo de carro até Freiburg, e quem conhece a geografia do Sul da Alemanha sabe que normalmente deveríamos ter levado umas duas horas para os duzentos quilômetros de *Autobahn*, passando perto de Karlsruhe. Escolhemos, porém, outra rota, mais sinuosa, mais longa e mais instigante, para ver a famosa cabana de Heidegger, em Todtnauberg, não muito longe de Freiburg. Assim coviajamos, sob pleno sol de verão, pelas estradas da paisagem montanhosa e silvestre do Schwarzwald, da Floresta Negra, uma das mais bonitas da Alemanha; e como a racionalidade não exclui a emocionalidade, antes pelo contrário, Sergio adorou, como eu também, esse espetáculo de passar por uma região em que a natureza e a civilização parecem ter alcançado uma conciliação.

E assim fomos conhecer a casinha em que Heidegger havia escrito *Sein und Zeit* e onde havia recebido visitantes como Hans-Georg Gadamer, Hannah Arendt e Paul Celan. Não era fácil localizar essa cabana, pois ainda não havia, diferentemente da situação de hoje, uma trilha marcada para turistas filosóficos. Chegamos lá naturalmente sem encontrar ninguém, e sem poder entrar; um rancho simples, mas com uma vista maravilhosa para florestas, montanhas e vales. Pode-se perguntar por que essa paisagem pacífica e bucólica não ajudou o famoso morador a criar um pensamento voltado para valores humanos como a paz, a cooperação, o diálogo, a solidariedade.[6]

Naturalmente, Sergio tinha e tem pouca afinidade com o pensamento de Heidegger, cujo envolvimento com o nazismo, sempre conhecido dos especialistas, havia voltado à ordem do dia através do livro de meu colega da Freie Universität Berlin Víctor Farías, *Heidegger e o Nazismo*. O teor autoritário e agressivo, a heroização da solidão, da angústia e da morte, o caráter antissocial, belicista e ao mesmo tempo coletivista do pensamento heideggeriano não é atraente para nenhum democrata, humanista e adepto das Luzes. Sergio o critica basicamente por sua aversão

---

[6] Sergio zomba da tendência de Heidegger e de seus discípulos de mitificar essa cabana e, de modo geral, o meio rural como fonte de inspiração, criticando a estreiteza, o etnocentrismo e o particularismo da filosofia da linguagem de Heidegger: "A linguagem pode ser a casa do Ser, como disse Heidegger, mas espero fervorosamente que essa casa não seja o chalé de madeira que o filósofo tinha em Todtnauberg, na Floresta Negra. Esse bucolismo me dá arrepios. Prefiro imaginar a linguagem como a *cidade* do Ser, com suas ruas irregulares e com muitas casas, todas diferentes, mas todas situadas no mesmo espaço humano". ("Língua e Filosofia", p. 260; In: Sergio Paulo Rouanet, *Interrogações*. Rio de Janeiro, Tempo Brasileiro, 2003, p. 245-60).

à modernidade, ao humanismo, à liberdade e à autodeterminação do sujeito, em favor da coletividade do *Volk*, de uma autenticidade solitária e vazia. "Assistimos em nossos dias a uma guerra sem quartel contra o sujeito, o homem e o humanismo. Na origem dessa guerra está sem dúvida a crítica da modernidade, de Heidegger. Para ele, todos os males da época moderna vêm da instauração da subjetividade humana como fundamento e centro do mundo."[7]

Diversas vezes falou de Heidegger pelo viés de Thomas Mann, mais especificamente de sua *Montanha Mágica*, publicada em 1925, cuja ação se passa nos anos que precedem a Primeira Guerra Mundial, terminando em 1914, com o início dessa "catástrofe seminal" (Kennan) do "século dos extremos" (Hobsbawm). Pois um ponto alto daquele romance é o famoso duelo intelectual – e físico –, nas alturas dos Alpes nevados, em Davos, entre dois personagens centrais, Settembrini e Naphta, uma luta entre Iluminismo, emancipação e liberdade, por um lado, e tradicionalismo, autoritarismo e fatalismo, por outro lado, debate que continuaria de certa forma em outro romance do autor, *Doktor Faustus*, de 1947.[8] Ora, alguns anos depois daquele duelo ficcional, em 1929, aconteceu no mesmo lugar um confronto bastante parecido, entre Cassirer e Heidegger, entre a voz da cultura, da razão, da liberdade, da democracia, da responsabilidade social, dos valores humanos universais, do cosmopolitismo, por um lado, e a voz do anti-humanismo, das forças ctônicas, do decisionismo, do etnocentrismo, do irracionalismo, do provincianismo, por outro lado.

O perigoso do debate foi que o reacionarismo ali vestiu a roupagem da inovação, da juventude, da revolta contra posições humanistas e libertárias, pró-vida, pró-sociedade, pró-felicidade, denegridas como acadêmicas, convencionais, datadas, identificadas com o *establishment*, como se diria

---

[7] Ver o ensaio "A Coruja e o sambódromo", p. 62. In: Paulo Sergio Rouanet, *Mal-Estar na Modernidade: Ensaios*. São Paulo, Companhia das Letras, 1993, p. 46-95.

[8] Sergio Paulo Rouanet e Barbara Freitag, "A Montanha Mágica e a Dialética da Inversão", In: *Tempo Brasileiro*, n. 41. Rio de Janeiro, 1975, p. 33-58.

hoje. Ou seja, posições antimodernas tentaram, e com certo êxito, tachar posições progressistas, libertárias, democráticas, modernas como antiquadas, reacionárias, elitistas – um prenúncio da propaganda nazista que faria exatamente isso, apresentando-se como voz da juventude, das classes subalternas, dos marginalizados, da revolta contra a burguesia, a burocracia, o "sistema" de Weimar, contra os donos do poder, ao passo que na realidade os supostos rebeldes eram financiados pelos setores mais reacionários desse mesmo *establishment*. O problema também é que, nos dois debates, no ficcional e no real, cada lado tinha argumentos fortes e plausíveis, inclusive os representantes do conservadorismo e do irracionalismo, mesmo porque não é muito difícil desvendar incoerências e aporias nas ideias e instituições iluministas e democráticas. Só que assinalar e criticar essas incoerências e até contradições faz parte do próprio pensamento iluminista, desde os inícios, o que vem sendo silenciado pelos críticos anti-iluministas. É importante que a justificada crítica à modernidade, sintetizada radicalmente por Horkheimer e Adorno, em *Dialektik der Aufklärung*, não se transforme em sumária rejeição de todo pensamento esclarecedor.

Sergio vê esses dois duelos, Settembrini-Naphta e Cassirer-Heidegger, continuados e atualizados em um terceiro duelo, realizado anualmente no mesmo lugar, em Davos, no Fórum Econômico Mundial. Ali se digladiam, embora não tão radicalmente, os adeptos de um neoliberalismo desenfreado, com o mercado anônimo como divindade moderna, e os de um neoliberalismo moderado, com tintas social-democráticas. Mais agudo é o duelo entre Davos e o Fórum Social Mundial, inventado no Brasil e sediado diversas vezes em Porto Alegre. Assim, o filósofo brasileiro faz a ponte entre Settembrini, Cassirer e o Fórum Social Mundial: "Os direitos da vida, que antes eram defendidos na própria cidade de Davos, estão hoje sendo defendidos em Porto Alegre. [...] Hoje como ontem, é um duelo entre os que aceitam passivamente a 'dureza do destino' e os que atribuem ao homem o poder de construir racionalmente seu futuro".[9]

---

[9] Sergio Paulo Rouanet, "O Duelo entre a Montanha e a Planície". In: *Folha de S.Paulo*, 4/3/2001.

Weimar e a *Weltliteratur*

Lembro-me de outra viagem em que nos encontramos, em 2004, quando Sergio, acompanhado de Barbara, recebeu a *Medalha Goethe*, em Weimar, concedida anualmente pelo Instituto Goethe a personalidades não alemãs com altos méritos pelo intercâmbio cultural entre a Alemanha e outros países. Outros agraciados têm sido, por exemplo, Imre Kertész, Pierre Bourdieu, Karl Popper, Daniel Libeskind, Adonis, Georges-Arthur Goldschmidt, Antonio Skármeta, John Le Carré, Jorge Semprún, Daniel Barenboim, Ariane Mnouchkine, Robert Wilson, portanto uma ótima companhia. Gratificante não é só a condecoração, mas também o lugar, pois Weimar, apesar das suas dimensões modestas, é algo como uma capital da cultura alemã, onde viveram Bach, Cranach, Herder, Wieland, Goethe, Schiller, Liszt, Nietzsche e muitos outros autores e artistas, tendo sido também o berço da Bauhaus e da Constituição da República que leva o nome da cidade.

Sergio, como já foi exposto aqui, tem muitas afinidades com Goethe, pelo humanismo, pelo cosmopolitismo, pela valorização da razão, da educação, da capacidade e do desejo do indivíduo de se formar a si mesmo, junto com a sociedade, ou eventualmente em atritos ou até conflitos com ela. Muitas vezes os protagonistas sofrem com a sociedade que se opõe aos desejos de felicidade individual ou coletiva como *stahlhartes Gehäuse*, uma "estrutura dura como aço", no dizer de Max Weber. De qualquer forma, esse anelo de o homem empreender a construção de sua própria vida, dialogando ou brigando com a sociedade, é uma das bases dos romances de formação, dos quais o *Wilhelm Meister* é um dos modelos. Friedrich Schlegel, o arauto do Romantismo, que morou durante anos, como seu irmão August Wilhelm, como Fichte, Hegel, Novalis, Tieck, na vizinha cidade universitária de Jena, chamou, apesar das suas galhofas contra o classicismo de Weimar, esse romance de "uma das grandes tendências da época", equiparando-o à Revolução Francesa e à filosofia de Fichte.

O mesmo F. Schlegel enfatizou o caráter transnacional de toda literatura, e especialmente do romance: "Es gehört schon zum Begriff eines

Romans, dass er keine Nationalität haben muss" (Faz parte da própria noção de um *romance* que ele não precisa ter nacionalidade).[10] Assim como os weimarianos Goethe e Schiller, Wieland e Herder, também os românticos não conceberam a formação da literatura alemã sem a apropriação de obras estrangeiras, através da tradução, da crítica, do teatro, das viagens. E se tinham algum orgulho da cultura alemã era justamente pela sua abertura para o exterior e sua capacidade de enriquecer-se no diálogo com outras culturas, e pela projeção que ela começava a ter no exterior. Havia, certo, também uma forte busca da germanidade na língua e na cultura popular, em Herder, nos irmãos Grimm, por exemplo, para que os alemães pudessem se conhecer melhor em tempos de fragmentação e humilhação política. Mas não em oposição à transnacionalidade; pelo contrário, o caráter nacional, a literatura e a língua alemã se formavam, na opinião desses pensadores e escritores, através do diálogo com as letras estrangeiras. O filósofo Fichte, um dos fundadores da Universidade de Berlim, e August Wilhelm Schlegel, consultor da Madame de Staël nas suas pesquisas para o seu livro *De l'Allemagne*, escreveram um manifesto sobre o "Sentimento nacional em perspectiva cosmopolita". E Jacob Grimm, como deputado da Assembleia Nacional de 1848 em Frankfurt am Main, propôs, aliás em vão, como artigo 1º da futura Constituição Alemã: "O povo alemão é um povo de pessoas livres, o solo alemão não tolerando nenhuma servidão. Ele torna livres pessoas não-livres que nele pisarem". O nacionalismo aliado ao militarismo alemão ganhou força perigosa só depois daquela malograda Revolução burguesa de 1848 e principalmente depois da unificação estatal da Alemanha de 1871, comumente atribuída a três vitórias militares, contra a Dinamarca, a Áustria e a França. Porém os precursores e criadores da moderna cultura alemã, em Weimar e Jena, só a concebiam como parte da cultura universal.

---

[10] Friedrich Schlegel. "Fragmente zur Literatur und Poesie". In: *Friedrich Schlegel: Fragmente zur Poesie und Literatur*. Erster Teil. Org. Hans Eichner. Paderborn, München, Wien, Schöningh; Zürich, Thomas Verlag, 1981, p. 83-190, fragmento nº 467, p. 123 (= *Kritische Friedrich-Schlegel-Ausgabe*. Org. Ernst Behler, vol. 16).

Goethe, mesmo durante e depois das guerras napoleônicas, que provocaram emoções antifrancesas na Alemanha, sempre defendeu a abertura da cultura alemã para com outras culturas, inclusive a francesa, aceitando até um convite de Napoleão para conversar com ele sobre o *Werther*, em 1808. Achava que a língua e a literatura alemã precisavam se desenvolver através da leitura e da tradução de obras estrangeiras, sendo ele mesmo um grande cumpridor dessa missão. Traduziu as memórias de Benvenuto Cellini, traduziu *Le Neveu de Rameau*, de Diderot, e adaptou poemas das literaturas persa e árabe, no *West-östlicher Divan*. No grande romance de formação *Wilhelm Meister*, na primeira parte, os personagens, principalmente o protagonista, Wilhelm, trabalham e vivem em um teatro itinerante. E o que está no centro desse teatro, qual é o grande projeto para ser levado ao palco? A encenação do *Hamlet*, como elemento formador da personalidade do protagonista, e no fundo, também da nação alemã. Esta se concebeu inicialmente como *Kulturnation*, uma nação ainda sem Estado, unida pela língua e cultura comum, devendo desenvolver-se no diálogo com outras culturas. Ao mesmo tempo, Goethe criou o conceito de *Weltliteratur*, basicamente no mesmo sentido que este conceito tem até hoje, ou seja, a ideia, já prefigurada em Herder, de que todas as literaturas, apesar de – e por – ter qualidades próprias e específicas, oferecem um potencial de significados com valor humano e estético que vai além das fronteiras linguísticas, culturais, nacionais, e que formam, com as suas atividades e obras mais bem-sucedidas, mais ricas em experiências estéticas e humanas, o concerto mundial das literaturas.

Machado de Assis e o "instinto de universalidade"

Machado de Assis tinha ideias parecidas, que esboçou em um dos seus primeiros ensaios literários, "Notícia da Atual Literatura Brasileira: Instinto de Nacionalidade", publicado numa revista brasileira nos Estados

Unidos em 1873.[11] Ele não deixa dúvida de que a literatura brasileira, embora ainda em fase de formação, pertence à literatura universal, vem dela, precisa dela para se desenvolver, crescer, amadurecer, e deve dar uma contribuição a ela. São principalmente as nações jovens, mas não só elas, que dependem do intercâmbio com outras literaturas. "O diálogo com a melhor literatura do Ocidente é uma das vias pelas quais o nosso autor se afirma como grande escritor e, por essa via, eleva a produção literária de seu país a um patamar de igualdade com essa literatura."[12]

A literatura expressa os costumes, a sensibilidade, a mentalidade de uma região, nação, época, sim, mas isto não necessariamente pressupõe temas regionais ou nacionais: "Perguntarei mais se o *Hamlet*, o *Otelo*, o *Júlio César*, a *Julieta e Romeu* têm alguma coisa com a história inglesa ou com o território britânico, e se, entretanto, Shakespeare não é, além de um gênio universal, um poeta essencialmente inglês". A literatura brasileira pode achar os seus temas, locais, personagens em qualquer lugar do mundo, e por outro lado, a literatura estrangeira pode inspirar-se em temas, locais, personagens do Brasil. Machado distancia-se delicadamente do Indianismo sem negar-lhe razão de ser, inclusive do ponto de vista da civilização universal: "Compreendendo que não está na vida indiana todo o patrimônio da literatura brasileira, mas apenas um legado, tão brasileiro como universal, não se limitam os nossos escritores a essa só fonte de inspiração. Os costumes civilizados, ou já do tempo colonial, ou já do tempo de hoje, igualmente oferecem à imaginação boa e larga matéria de estudo". O que escrevem autores nacionais pode ser interessante para leitores estrangeiros, ainda que Machado pareça supor nestes uma curiosidade mais bem geográfica-sociológica: "Não faltam a alguns de nossos romancistas qualidades de

---

[11] Machado de Assis. "Notícia da Atual Literatura Brasileira: Instinto de Nacionalidade". In: M. de A. *Obra completa*. Rio de Janeiro, Aguilar, 1973. v. 3, p. 801-809. Ver também: Marta de Senna, "Machado de Assis: 'Certo Instinto de Nacionalidade'". In: *Escritos: Revista da Fundação Casa de Rui Barbosa*, Rio de Janeiro, ano 3, n. 3. 2009, p. 77-90.

[12] Marta de Senna. Op. cit. p. 79.

observação e de análise, e um estrangeiro não familiar com os nossos costumes achará muita página instrutiva".

Ou seja, neste ensaio Machado relativiza a importância do caráter nacional da literatura brasileira e de qualquer literatura. A insistência de certos autores e críticos no "instinto de nacionalidade" não é rejeitada por Machado, ao contrário, é justificada, ao menos parcialmente, mas ao mesmo tempo é sutilmente ironizada: "Há nela [na opinião] um instinto que leva a aplaudir principalmente as obras que trazem os toques nacionais. A juventude literária, sobretudo, faz deste ponto uma questão de legítimo amor-próprio." Ou seja, o nacionalismo literário é apresentado quase como atitude juvenil e imatura. Na passagem seguinte, Machado defende a Arcádia Mineira contra a acusação dos nacionalistas *ex-posteriori* de não ter reivindicado a Independência. Com respeito à literatura contemporânea, ele a caracteriza com os seguintes atributos, combinando censura e elogio: "Viva imaginação, delicadeza e força de sentimentos, graças de estilo, dotes de observação e análise, ausência às vezes de gosto, carências às vezes de reflexão e pausa, língua nem sempre pura, nem sempre copiosa, muita cor local, eis aqui por alto os defeitos e as excelências da atual literatura brasileira, que há dado bastante e tem certíssimo futuro". Já neste ensaio podem se vislumbrar elementos da ambiguidade machadiana que Sergio admira nos romances escritos mais tarde, sendo a atribuição "muita cor local" pelo menos semi-irônica.

De acordo com a sua visão universalista da literatura, Machado sempre apoiou a atividade tradutória, vertendo ele mesmo importantes obras estrangeiras para o português, como *The Raven*, de Poe, um trecho de *Hamlet* de Shakespeare, *Les Travailleurs de la Mer*, de Hugo, trechos da *Divina Commedia*, de Dante, até um poema de Schiller, *Die Götter Griechenlands*, para este último baseando-se em uma versão francesa. As reflexões sobre o nacional e o universal assim como as traduções o ajudavam a esclarecer, a si mesmo e aos colegas e leitores, o rumo da literatura no contexto da civilização, termo usado por Machado, junto com o adjetivo "civilizado", no sentido de "civilização universal", a não ser que fale expressamente em "civilização brasileira". Atribuía a autores nacionais a capacidade e a missão de falar para um público internacional, afirmando por exemplo de Gonçalves Dias que "pertencem os seus versos pelo assunto a toda a mais humanidade, cujas aspirações, entusiasmo, fraquezas e dores geralmente cantam". E não há dúvida de que Machado, principalmente a partir de *Brás Cubas*, achava que a sua própria obra também pertencia à humanidade. Queria ver os seus livros traduzidos para outras línguas, inclusive o alemão, desejo quase inteiramente frustrado, excetuando--se isoladas traduções para o espanhol, pouco antes do seu falecimento.[13] A estranha discrepância entre o valor "objetivo" de Machado e seu reconhecimento fora do Brasil só terminou, tardiamente, em meados do século XX, quando a sua obra começou a ser traduzida e estudada no mundo inteiro, embora de modo hesitante e incompleto.

Pode-se dizer, portanto, que o ensaio "Instinto de nacionalidade" tem um subtexto que justificaria um subtítulo aparentemente oposto, na verdade perfeitamente complementar: "Instinto de universalidade". Foi assim que o crítico brasileiro Adriano Schwartz intitulou uma entrevista com o crítico português Abel Barros Baptista.[14] Este tem uma abordagem por assim dizer rouanetiana: "Não nego que haja em Machado referências a um contexto brasileiro, mas tenho outro tipo de indagação, saber o que ele pode dizer a um europeu no final do século XX". Sergio talvez tenha sido um dos primeiros a perceber que a ambiguidade e a relatividade que marcam caracteres e ideias na ficção de Machado também valem para a sua reivindicação do "instinto de nacionalidade". Tem toda a razão em questionar a repetida afirmação da "brasileiridade" de Machado por parte da crítica:

---

[13] Ver: Hélio de Seixas Guimarães, "Uma Vocação em Busca de Línguas: as (Não) Traduções de Machado de Assis". In: Andréia Guerini; Luana Ferreira de Freitas; Walter Carlos Costa (orgs.). *Machado de Assis. Tradutor e Traduzido*. Florianópolis: PGET/UFSC; Tubarão, Copiart, 2012, p. 35-43; Pablo Cardellino Soto. "Traducciones de Machado de Assis al Español". In: Andréia Guerini; Luana Ferreira de Freitas; Walter Carlos Costa (orgs.), op. cit., p. 129-59.

[14] "Instinto de Universalidade. Crítico português tenta livrar Machado de Assis da dependência da análise crítica associada à questão da identidade brasileira". In: *Folha de S.Paulo*, 28/3/1999, caderno "Mais!".

"Supondo que fosse verdadeiro o antigo preconceito que via em Machado um escritor pouco interessado por problemas nacionais, isto teria feito dele um escritor medíocre? É preciso, para que se tenha o direito de admirá--lo, defendê-lo, dessa acusação pérfida, citando interminavelmente frases do próprio Machado, sempre as mesmas, como: 'O que se deve exigir do escritor, antes de tudo, é certo sentimento íntimo, que o torne homem do seu tempo e do seu país?'".[15] Seria uma tolice negar a brasilidade da ficção machadiana; mas o que interessa muito mais são outros aspectos no bruxo do Cosme Velho, aqueles que, acrescento eu, interessam também a críticos e tradutores estrangeiros, ou seja, justamente a sua universalidade, a sua atualidade, a sua importância transcultural, trans-histórica, translingual. No espírito goethiano e machadiano, Sergio aprecia a literatura brasileira com um olhar comparativo e cosmopolita, e aprecia a literatura universal com um olhar brasileiro.

"Crônica de Viagem": entre a língua de Deus e a diversidade babélica

Não há literatura universal sem tradutores. Foi José Saramago quem sintetizou o papel desses entendedores e mensageiros interculturais: "Os autores escrevem as suas respectivas literaturas nacionais, mas a literatura mundial é obra dos tradutores". Estes, internacionalistas natos, vivem e viajam procurando e pesquisando o potencial de significados que textos estrangeiros têm além do público-alvo para o qual foram escritos, além das fronteiras linguísticas, culturais, nacionais. Flanadores e viajantes entre as línguas e culturas, ajudam outros leitores a também flanar e viajar entre elas. São mediadores de mão dupla, pois revelam as obras não só para leitores de outros idiomas, mas também para leitores nativos, informando-os sobre a recepção e interpretação lá fora, o que pode jogar nova luz sobre os textos de partida.

---

[15] Sergio Paulo Rouanet, "Contribuição para a Dialética da Volubilidade". In: *Revista USP*, n° 9, 1991, p. 187. A citação de Machado é do seu ensaio "Instinto de Nacionalidade".

Para um homem de letras cosmopolita, um crítico que gosta de ir *ad fontes*, um pensador que acredita no valor transnacional e translingual de palavras e ideias, é coerente e quase inevitável que atue, como o seu "patrono" Machado, também como tradutor. Vertendo vários textos-chave de Walter Benjamin, Sergio virou um dos principais intérpretes e divulgadores de sua obra no Brasil; além disso, um comentador perspicaz da "tarefa do tradutor" e profundo entendedor da língua alemã. A compreensão e a reconfiguração de um texto intelectualmente sofisticado e *"formbestimmt"*, esteticamente marcado, pressupõem não só a mais elevada competência linguística e cultural, junto à capacidade analítica, mas também empatia e afeição pelas duas línguas envolvidas.

Sergio, inspirado em Benjamin e sua ideia da "língua pura", pré-babélica, adamítica, anterior à expulsão do Jardim do Éden, faz quase uma declaração de amor à língua de partida, na qual admira a transparência, a plasticidade e a sensorialidade das palavras compostas, inclusive de alguns termos filosóficos, como *Begriff, Aufhebung, Wirklichkeit*: "Quem traduz do alemão descobre, fugazmente, na superfície bruta da língua humana, os ecos, exilados, da língua de Deus: concreção, transparência, paixão nomeadora."[16] Graças às suas qualidades de crítico e de tradutor, Sergio conseguiu apropriar-se, para si mesmo e para os leitores de língua portuguesa, de um dos textos mais exigentes e mais difíceis não só de Benjamin, mas de todo o pensamento em língua alemã: *Der Ursprung des deutschen Trauerspiels*, um tratado seminal sobre literatura, dramaturgia, filosofia, teologia, política da época do barroco. Esta corrente cultural interessa a Sergio, também, por ser uma das fontes de inspiração da forma narrativa shandiana, identificada e analisada por ele em Sterne, Garrett, Machado e outros autores da literatura universal. Na Alemanha, quem mais praticou

---

[16] Idem, "Crônica de Viagem: A Língua de Deus", p. 83. In: Idem, *A Razão Nômade. Walter Benjamin e Outros Viajantes*. Rio de Janeiro: Editora UFRJ, 1993, p. 77-84. É interessante observar que essa plasticidade da língua alemã se deve em muitos casos ao latim, mas se encontra bem menos nas línguas neolatinas. *"Begriff"* p.e. é um empréstimo semântico de *"conceptus"*, que vem de *"capere"* ("apanhar", "tomar"), e *"Wirklichkeit"* de *"actualitas"*, que vem de *"agere"* ("atuar", "agir").

esse estilo satírico-melancólico, que é ao mesmo tempo quase um estilo de vida, uma atitude em relação à realidade e à humanidade, talvez seja Heine, a começar pela sua *Harzreise* (Viagem pela Montanha do Harz), talvez um dos próximos autores a ser estudado por Sergio.

Quando um leitor alemão começa a folhear a edição brasileira do *Trauerspielbuch*, fica com inveja, pois não há edição do original com tantos paratextos elucidativos, facilitando o acesso a esse tratado semi-hermético. Pois a tradução propriamente dita é precedida de uma "Nota do Tradutor" e de uma "Apresentação", de trinta páginas, e acompanhada de numerosas notas de rodapé, que traduzem e explicam citações, nomes próprios ou outros detalhes necessários para a compreensão, aquilo que os linguistas chamam os pressupostos de um enunciado. A apresentação, com reflexões epistemológicas tão originais quanto didáticas, contextualiza o texto e analisa sua composição, de modo que o leitor vai conhecendo as circunstâncias biográficas e institucionais da gênese do livro, a história do teatro alemão no século XVII, a evolução do termo barroco, o conceito benjaminiano de alegoria. Não há dúvida de que a elaboração de paratextos faz parte da tarefa do tradutor, o qual assim vira explicitamente aquilo que sempre foi implicitamente: comentador, crítico, ensaísta.

Sergio discute extensamente o título do livro, um exemplo dos limites da tradução que evidenciam a necessidade de explicações fora do texto principal. O que cria problemas aqui é o termo "*Trauerspiel*", às vezes entendido como sinônimo de "*Tragödie*", mas não em Benjamin, quem distingue os dois conceitos. Visto que uma recriação da feitura, da forma, da formação do título em português não teria sentido – pois daria mais ou menos "A origem do espetáculo fúnebre alemão" –, o tradutor escolhe uma solução funcional para transmitir ao leitor do texto-alvo as principais propriedades denotativas do termo. O resultado, perfeitamente convincente, das suas reflexões é: *Origem do Drama Barroco Alemão*, o qual assim entrou no pensamento literário-filosófico brasileiro.[17] Mas sempre que é possível

---

[17] Walter Benjamin, *Origem do Drama Barroco Alemão*. Tradução, apresentação e notas de Sergio Paulo Rouanet. São Paulo, Brasiliense, 1984.

resgatar, reconfigurar, reconstruir em português a feitura, a confecção, a construção do termo ou do sintagma alemão, preferencialmente com a sua carga conotativa, então Sergio escolhe uma solução reconfiguradora, possivelmente estranha, germanizando um pouco o português, resgatando, sem pôr em perigo a compreensibilidade, as propriedades e estranhezas do estilo benjaminiano, as suas sutilezas, ambiguidades, polissemias, e diminuindo cautelosamente o seu hermetismo. Assim, de um modo geral, a tradução, "transcriando" o estilo benjaminiano, como diria Haroldo de Campos, consegue ser duplamente leal: leal ao autor, porque procura, com êxito, transpor os meandros, a sugestividade, a alusividade do original, mas também leal ao leitor, pois suaviza esses meandros, essa sugestividade e essa alusividade, para que o leitor possa entender o andamento das ideias, junto com a maneira de que são enunciadas. Defende uma parcial interpenetração e mútua interpretação das línguas: "A tradução permite à nossa língua transcender-se em direção às outras, e obriga as outras línguas a se transcenderem em direção à nossa. Pela tradução, nossa cultura se abre ao mundo, e nossa própria língua pode ser modificada. Pois, numa grande tradução, como também observou Benjamin, não se trata tanto de transformar a língua estrangeira na nossa, mas de deixar a nossa língua ser transformada pela língua estrangeira".[18]

E aquilo que for difícil de entender no texto propriamente dito fica esclarecido em paratextos, nas explicações e interpretações do tradutor-comentador-crítico. De modo que aconselho a todo alemão com bons conhecimentos do português: se tiver problemas para entender *Ursprung des deutschen Trauerspiels,* por favor, leia *Origem do Drama Barroco Alemão*.[19] De certa forma isto vale para todas as traduções de alta qualidade,

---

[18] "Língua e Filosofia", p. 258. In: Sergio Paulo Rouanet, *Interrogações*. Rio de Janeiro, Tempo Brasileiro, 2003, p. 245-60. Ver também "Crônica de Viagem: A Língua de Deus", in: Sergio Paulo Rouanet, *A Razão Nômade. Walter Benjamin e Outros Viajantes*. Rio de Janeiro, Editora UFRJ, 1993, p. 77-84.

[19] O crítico alemão radicado no Brasil Gunter Pressler comenta: "O grande mérito de Rouanet está no desafio de encarar e solucionar a tradução deste livro. Está na introdução sistemática esclarecedora para qualquer

ou seja, para aquelas que procuram alcançar o difícil equilíbrio entre a estranheza e a naturalização, a alteridade e a assimilação, a estrangeirização e a domesticação. A língua-alvo muitas vezes revela no texto de partida significados normalmente despercebidos pelos leitores nativos. "Nesse sentido, o principal mérito da tradução não é tornar um texto acessível a outros povos, mas revelá-lo ao próprio locutor nativo. Em tese, uma boa tradução francesa do *Fausto* é mais útil ao leitor alemão que ao francês."[20]

Sergio tece instigantes reflexões sobre a relação entre a linguagem humana em geral e as línguas concretas, entre o universalismo e o particularismo linguístico, entre a traduzibilidade e a intraduzibilidade.[21] Procura mediar entre posições extremas, pois, embora se incline para o universalismo, admite que as diversas línguas oferecem da realidade interpretações diversas, até a organizam de modo diferente. Esta diversidade é uma riqueza cognitiva e estética, pelo que deve ser mantida e defendida contra uma globalização homogeneizadora, mas não deve ser exagerada e muito menos absolutizada, pois as particularidades das línguas não chegam a formar visões do mundo incomunicáveis, como postulam ideologias etnocêntricas. Ao contrário, as línguas e suas visões do mundo são permeáveis e comunicáveis, sim, através do diálogo intercultural e científico, do multilinguismo, das viagens, das traduções. Pois, nas suas estruturas profundas, as realidades, as sociedades, as pessoas são iguais ou muito parecidas, já que a natureza humana no mundo inteiro é basicamente a mesma, e além disso versátil, desenvolvível, capaz de aprender e de compreender. Os textos são intraduzíveis e traduzíveis ao mesmo tempo, mas prevalece

---

análise deste livro e, ainda mais, na postura do 'iluminista pragmático e autocrítico' que recusa qualquer posicionamento dogmático"; in: Gunter Karl Pressler. *Benjamin, Brasil: A Recepção de Walter Benjamin, de 1960 a 2005. Um Estudo sobre a Formação da Intelectualidade Brasileira*. São Paulo, Annablume, 2006, p. 176-177. No estudo exaustivo de Pressler, as traduções e os ensaios de Sergio ocupam um lugar de destaque.

[20] "Crônica de Viagem: A Língua de Deus", p. 78. In: Sergio Paulo Rouanet. *A Razão Nômade. Walter Benjamin e Outros Viajantes*. Rio de Janeiro, Editora UFRJ, 1993, p. 77-84.

[21] Sergio Paulo Rouanet, "Língua e Filosofia". In: Idem, *Interrogações*. Rio de Janeiro, Tempo Brasileiro, p. 245-60.

a traduzibilidade, principalmente quando as traduções incluem perífrase, comentários, ensaios contextualizadores.

Essa inteligibilidade é um fato empírico, mas tem, ao mesmo tempo, algo de sublime e de milagroso, pelo que é perfeitamente legítima a excursão do viajante intercultural em um metaforismo metafísico: "Entre os dois extremos de Éden e Babel, é preciso, mais que nunca, pensar na mediação de Pentecostes, em que as línguas não sejam barreiras, e sim pontes, e em que o universal não signifique a dissolução terrorista das particularidades linguísticas".[22]

---

[22] Idem. Op. cit., p. 260.

EDUARDO PORTELLA

Sergio Paulo Rouanet e a literatura

Cabe-me dizer algumas palavras sobre as relações de Sergio Paulo Rouanet com a literatura. Posso adiantar que se trata de relações muito amistosas, e até fraternas. E que ele vem trazendo, para a interpretação literária, ampla densidade reflexiva.

Particularmente porque Sergio Paulo Rouanet é personalidade pluridimensional. Oriundo das ciências sociais, ele sabe defender-se das invasivas análises de conteúdo que supervalorizam as relações de produção. As análises de conteúdo restringem o entendimento do fenômeno poético.

Rouanet convive com a psicanálise, chega a ser mesmo um dos amigos próximos do Dr. Freud, tão bem estudado pela sua luneta pesquisadora. Mas nunca se deixa subjugar pelos reducionismos persistentes desde os dias de glória dessa prestigiosa disciplina, quando os analistas costumavam pôr no divã o autor ou os desdobramentos narrativos. Machado de Assis, pobre, mulato, gago, morador do morro do Livramento, foi grandemente vítima desses diagnósticos no mínimo apressados.

Pelas mãos da filosofia SPR tem um revelador encontro marcado com a Escola de Frankfurt, escrevendo obras marcantes como *Édipo e o*

Anjo (as alegorias de Walter Benjamin), *Teoria Crítica e Psicanálise* e *Interrogações*, que as Edições Tempo Brasileiro tiveram a honra de publicar. Pela mesma editora já havia publicado *Imaginário e Dominação*, sobre o pensamento político de Antonio Gramsci. Não podemos nos esquecer do volume *O Homem e o Discurso*, entrevista realizada em Paris, por ele e José Guilherme Merquior, sobre a arqueologia de Michel Foucault, no auge do prestígio do filósofo francês de *As Palavras e as Coisas*. Na *Revista Tempo Brasileiro*, tem sido colaborador assíduo, e não posso deixar de mencionar o ensaio pioneiro sobre Thomas Mann, escrito em parceria com Barbara Freitag, "A Montanha Mágica e a Dialética da Inversão", publicado no n. 41, em 1975.

Em um texto surpreendente, publicado na *Revista Tempo Brasileiro* n. 131, de 1977, ele desdata a fase nacionalista da nossa cultura, retira-a da moldura paulistana de 1922, para alargá-la, e destaca as antecipações do século XIX, predominantemente francês.

Sem deixar de ser fiel ao nacional, Rouanet transpõe as fronteiras transnacionais. Opera o que venho chamando de emancipação da identidade. Porque a identidade trancada em si mesma termina sendo, cada vez mais, uma ocorrência fundamentalista. Desde que emancipada dispensa o confronto, e consegue ser, com tudo o que possa ter de local e cosmopolita, um lugar emancipado. E mais: a própria emancipação nacional, se mal calibrada, pode resvalar no confinamento. Incorrer nas "patologias da internacionalização" (são palavras de Sergio Paulo Rouanet).

Mas voltemos ao traço identitário da literatura, à sua pluriunivocidade, para compreender por que somente um aparelho transdisciplinar se encontra em condições teóricas, críticas, de acompanhar o movimento crispado da linguagem literária.

E Rouanet dispõe desses instrumentos de navegação. O nosso saudoso Afrânio Coutinho, introdutor do *new criticism* no Brasil, condenava, com a veemência que lhe era própria, a prática do que designava impiedosamente de "achismo". A conjugação do verbo achar na primeira pessoa jamais foi uma categoria reflexiva. O crítico não "acha", apreende. Vê através de suas lentes multifocais. Sobretudo em tempo de transformações, quando houve deslocamento, descentralização, desplenificação da literatura plena. Porque a literatura, mais do que a intriga desdobrada, é a trama da linguagem. E essa surpresa da linguagem se esquiva à compreensão de candidatos a intérpretes, ingênuos, destituídos de argumentos críticos.

A temperatura reflexiva do ensaio de Sergio Paulo Rouanet aponta na direção do conhecimento crítico, do saber sabido e por saber.

Em que pesem às qualificadas interpretações sobre figuras tutelares da literatura brasileira, a sua contribuição maior para a nossa história literária consiste na edição da correspondência ativa e passiva de Machado de Assis. Correspondência que, pela sua programação, ordenação, interpretação, transforma-se de repente, como num passe de mágica, em correspondência ativa.

Em palestra na Casa de Machado de Assis, a Academia Brasileira de Letras, Sergio Paulo Rouanet reiterou a sua arguta valorização do literário. Soube discorrer com precisão sobre a função constitutiva da ambiguidade. Capitu, figura central, encarna a ambiguidade. E por isto é mais. O debate moralista em torno da culpa ou não de Capitu nunca foi um problema literário. Machado entregou ao leitor a força criadora da ambiguidade. A ambiguidade produz e libera o entendimento.

Por todas estas razões, Sergio Paulo Rouanet, companheiro e militante, juntamente com Barbara Freitag, do argumento *Tempo Brasileiro*, porta-voz autorizado do Iluminismo, sem ter feito a opção da crítica literária, a exerce de forma superlativa.

GERALDO CARNEIRO

Literatura nacional ou *Weltliteratur*? (A sintaxe das pedras e palmeiras)

(Todos os poemas desta fala, alguns deles clássicos de nossa língua, foram mencionados de memória, por razões que se deduzirão a seguir. Quase todos fazem parte não apenas de nosso patrimônio literário, mas de nossas afeições.)

Não sei falar sobre a literatura brasileira senão movido pela paixão. Só sei que minha terra tem palmeiras, minha terra tem macieiras da Califórnia onde cantam gaturamos de Veneza, minha terra tem palmares onde gorjeia o mar.

Não sou teórico da literatura, mas vivo dela e por ela desde que me desentendo por gente. Gostaria de começar a falar a respeito dela no momento em que a universalidade se encontrou com a circunstância: Machado de Assis. Aliás, Joaquim Maria Machado de Assis. Escritor carioca, nascido no Morro do Livramento, perto da Central do Brasil.

Somos todos filhos de Machado. Sou admirador dele desde a infância. Primeiro, porque ele inventou Capitu, a maior heroína da literatura brasileira. Até hoje todo o mundo discute se Capitu traiu ou não traiu seu marido Bentinho, que passa todo o romance assombrado por essa dúvida, o que faz dele uma das melhores encarnações do nosso *to be or not to be*. Cá entre nós, que ninguém nos ouça, Capitu pode até não ter traído Bentinho, mas não há dúvida de que Bentinho tem o maior talento para *marido traído*. E uso esse eufemismo porque não me atrevo aqui a pronunciar a palavra que qualifica – ou desqualifica – os maridos traídos.

Machado, além de suas imensas qualidades estilísticas, ao alcance de qualquer leitor da língua portuguesa, é autor de pelo menos duas ou três parábolas fundamentais para a compreensão deste país. Antecipou, por exemplo, em sua novela *O Alienista*, que, no Brasil, a sanidade às vezes se confunde com a loucura, e vice-versa. Vinte anos antes de *A Interpretação de Sonhos*, de Freud, Machado escreveu: "A loucura, objeto de meus estudos, era até agora uma ilha perdida no oceano da razão; começo a suspeitar que é um continente".

Outra dessas parábolas é o romance *Esaú e Jacó*, que antecipa uma das características mais resistentes da vida política brasileira. O que distingue os dois protagonistas do livro é que um é monarquista, o outro, republicano. E ambos são radicais na defesa de seus credos. Só que, no meio da história, o monarquista se torna republicano, e o republicano, monarquista. Trocando em miúdos, Machado antecipou que a vida partidária no Brasil é uma farsa, em que os atores trocam de papel ao sabor das circunstâncias. Esaú e Jacó parece dizer que, pelo menos no Brasil, a fidelidade ideológica é igualzinha a Capitu. Se bobear, ela capitula.

No entanto a literatura brasileira não começa com Machado. Não sei quais foram nossos princípios – e, se me permitem um neologismo, os nossos "principícios". Talvez possamos considerar a hipótese de que literatura brasileira é toda a literatura escrita no Brasil. Ou, como se diz em português castiço de hoje em dia, toda a literatura *made in Brazil*.

Gosto de pensar que nosso primeiro poeta foi José de Anchieta, recém-canonizado. Embora tenha nascido nas Ilhas Canárias, Anchieta é brasileiro nos autos religiosos ou no poema épico "De Gestis Mem di Saa" [Os Feitos de Mem de Sá], de Anchieta (1563). Mesmo que meu latim ginasiano não me permita avaliar a força de suas palavras, elas teimam em ressoar em minha memória: "Obtenebrata diu barathi caligine caeci, / Gens fuit australis, saevi subiecta Tyranni / Colla iugo". Na tradução brasileira de João Bortolanza: "Envolta, há séculos, no horror da escuridão idolátrica, houve nas terras do sul uma nação, que dobrara a cabeça ao jugo do Tirano infernal, e levava uma vida vazia de luz divina!" (1998).

E para quem diz que Anchieta não fez os milagres do protocolo canônico, poderíamos replicar que, além de suas perambulações missionárias, ele descreveu a natureza à sua volta com uma linguagem tão desprovida de vibrações egocêntricas que parece escrita por um santo.

Gosto de pensar como patrimônio de nossa literatura os sermões proferidos por Antônio Vieira. Por exemplo, o "Sermão da Quarta-feira de Cinza", que ainda não tinha o "s", com o qual o Padre Vieira consegue convencer os baianos a abandonar o carnaval e os deleites da carne, coisa que, como se sabe, até hoje não é nada fácil. E naturalmente os sonetos de Gregório de Matos, assim como seus poemas sarcásticos ou picarescos. No tempo dele, aliás, chamava-se o beija-flor de pica-flor. Gregório se aproveitou disso para escrever um poemeto em louvor de uma freira que teve a ousadia de debochar de sua silhueta: "Se Pica-Flor me chamais, / Pica-Flor aceito ser, / Mas resta agora saber, / Se no nome que me dais, / Meteis a flor que guardais / No passarinho melhor! / Se me dais este favor, / Sendo só de mim o Pica, / E o mais vosso, claro fica, / Que fico então Pica-Flor."

Em busca de nossos antepassados e ancestrais, tenho trabalhado numa releitura da Inconfidência Mineira, no fim do século XVIII. Isto me possibilitou uma proximidade, pelo menos imaginária, com os poetas da nossa Arcádia, não apenas como escritores, mas como personagens de sua conspiração para tornar o Brasil independente. Em suas biografias, com certeza, encontramos a ideia de construir uma nação. Será que encontraríamos em seus poemas indícios de uma literatura nacional?

Claudio Manuel da Costa, por exemplo, conseguiu fugir da imitação completa de um mundo pastoral inspirado na Antiguidade e semeou as pedras de Minas Gerais em seus poemas. Talvez antecipando a pedra no caminho de Drummond, que por sua vez é ancestral da educação pela pedra de João Cabral. Trinta anos atrás, escrevi um poema a propósito de Claudio Manuel que diz: "por nome de pluma Glauceste Satúrnio / natural da vila de Mariana / sonhou com ninfas aventurosas praias / achou refúgio na Arcádia e entre cautelas / a própria terra feita de escrituras / penhas & palavras / amou com parcimônia quase usura / nas horas vagas cultivou o hábito / de emprestar dinheiro a juros / acumulou escravos e sonetos / e mais pudesse mais acumulara / como desconfiasse da posteridade / e de outras deusas menos inconstantes / fez imprimir os versos num volume / de esplêndida fatura e frontispício / onde o tipógrafo lavrou assim: / *Orbas Completas* de C. M. da Costa".

As *Orbas*, e não Obras Completas citadas no poema, se devem ao erro do tipógrafo de Lisboa, onde o Dr. Claudio Manuel mandou imprimir seus versos. Erro este que ficou para sempre estampado e assim é reproduzido nos livros de história. Assim como os erros históricos da Inconfidência Mineira.

O mais interessante de nossos poetas do século XVIII, Tomás Antonio Gonzaga, nasceu em Portugal. Gonzaga foi, embora nascido em Portugal, o nosso primeiro poeta a cantar as delícias da intimidade: "Tu não verás, Marília, cem cativos / Tirarem o cascalho e a rica terra, / Ou dos cercos dos rios caudalosos, / Ou da minada serra. // Verás em cima da espaçosa mesa / Altos volumes de enredados feitos; / Ver-me-ás folhear os grandes livros, / E decidir os pleitos. // Enquanto revolver os meus consultos. / Tu me farás gostosa companhia, / Lendo os fastos da sábia mestra história, / E os cantos da poesia".

Antes que o leitor suponha que houve outro erro de revisão, esclareço que eu não disse fatos, mas "fastos", que eram os registros públicos de fatos notáveis, palavra que só os camaradas de Gonzaga, quase todos juristas, seriam capazes de decifrar.

Os poemas de Gonzaga não eram semelhantes aos idílios imaginários dos pastores da Arcádia, perdidos na nossa corrida do Ouro, nos subúrbios do Ocidente. Por ser filho de mãe e avó inglesas, ele talvez conhecesse versos de William Shakespeare e John Donne. Isto talvez o tenha ajudado a escrever sobre mulheres de carne e osso, a quem o poeta conheceu no sentido bíblico, assim como Jacó conheceu Raquel, e Salomão conheceu a Rainha de Sabá. Se é que tal consórcio carnal não foi um factoide fabricado por um dos marqueteiros de Jerusalém.

Gonzaga foi também o autor de nossa primeira grande sátira política, *As Cartas Chilenas*, nas quais celebrava os malfeitos do governador Luís da Cunha Meneses, exemplo de corrupção e despotismo. Satirizado com o apelido de Fanfarrão Minésio, Cunha Meneses é o precursor de tantas figuras abomináveis da política do futuro.

A despeito de suas diferenças, os poetas Alvarenga Peixoto, Claudio Manuel e Gonzaga tiveram em comum a vida interrompida pela prisão, o que fez com que sua posteridade ganhasse uma face trágica. No caso de Claudio, a tragédia foi que essa face trágica se agravou pelo suicídio mais suspeito de nossa história da literatura, semelhante a outros falsos suicídios da história recente do Brasil.

Em suma, foi, provavelmente, no século XVIII que o Brasil, se não chegou a inventar o Brasil, pelo menos sonhou que um dia essa nação existiria.

Enquanto pensávamos na revolução propriamente dita, os alemães do movimento Sturm und Drang inventavam o Romantismo. Quinze anos antes do fim da Inconfidência, o poeta e escritor Johann Wolgang Goethe escreveu o livro *Os Sofrimentos do Jovem Werther*, que desencadeou, como quase todos não sabem, uma onda de suicídios por toda a Europa. E escreveu também, na segunda metade do século XIII, sua primeira versão do Fausto.

Isso nos remete ao eixo temático que encerra este livro, "Literatura nacional ou *Weltliteratur*?". Nada mais *Weltliteratur* do que o Fausto. Imagino que mesmo nas culturas mais diversas e remotas possa haver uma fábula sobre um demônio que sobe ou desce à Terra para testar a resistência de um ser humano virtuoso. Já no "Prólogo" da peça, Mefistófeles vai até Deus para falar mal do gênero humano e diz: "O pequeno deus do mundo ainda é / feito da mesma têmpera, e tão bizarro / como no primeiro dia. Acho que ele / viveria mais convenientemente se vós / não lhe tivesses torturado o cérebro com / um raio da tua luz celeste. Ele chama / isso de razão, e só a emprega para se / governar mais bestialmente do que as / próprias bestas".[1]

Enquanto nossos poetas da Arcádia passeavam como pastores em meio às ninfas imaginárias de Minas Gerais e pensavam na venalidade dos agentes da Coroa portuguesa, Goethe pensava na venalidade do ser humano.

Podemos compreender, nesse contexto de abstração conceitual, que Goethe declare que "A literatura nacional não significa grande coisa, a época é da literatura mundial e todos nós devemos contribuir para apressar o surgimento dessa época". Quando disse essa frase, em 1827, ainda não havia a nação alemã, mas Goethe já era poeta e escritor consagrado em toda a Europa. Havia sido ministro no século anterior e fora condecorado por Napoleão Bonaparte, em 1808, com a grande cruz da Légion d'Honneur. Portanto, sua frase sobre a literatura universal deveria fazer todo o sentido para intelectuais cultos, cosmopolitas e eurocêntricos, se me perdoam o palavrão. Mas como soaria para nós, brasileiros, que quase sempre vivemos na periferia do mundo ocidental?

Não sei. Naquele tempo, talvez causasse, sobretudo, estranheza aos intelectuais brasileiros, empenhados na construção do Brasil, que tinha apenas cinco anos de idade. Não vou recapitular para leitores tão adestrados quanto os que este livro certamente atrairá as primeiras menções à literatura brasileira. Nomes como Almeida Garrett – que ele fazia questão de pronunciar à moda portuguesa – e Gonçalves de Magalhães fazem parte de todas as compilações históricas.

De lá para cá, muitos poetas e intelectuais continuaram empreendendo o esforço de tornar concreta a ideia do Brasil. O compromisso com a ideia da nacionalidade move alguns dos textos fundamentais do século XX, como o poema "Legado", de Carlos Drummond de Andrade: "Que lembranças darei ao país que me deu / Tudo que lembro e sei, tudo quanto senti? / Na noite do sem fim, breve o tempo esqueceu / Minha incerta medalha e ao meu nome se ri. // E mereço esperar mais do que os outros, eu?

---

[1] Traduzido com base em traduções inglesa e francesa; a última assinada pelo poeta Gérard de Nerval.

/ Tu não me enganas, mundo, e não te engano a ti. / Esses monstros atuais, não os cativa Orfeu / A vagar taciturno entre o talvez e o se. // Não deixarei de mim nenhum canto radioso / Como uma voz matinal palpitando na bruma / E que arranque de alguém seu mais secreto espinho, / De tudo quanto foi meu passo caprichoso / Na vida, restará, pois o resto se esfuma / Uma pedra que havia em meio do caminho".

Com o tempo, muda a sintaxe das pedras. Sei que, no oceano da contemporaneidade, talvez nós, brasileiros, sejamos tão estranhos e remotos como o Ceilão era para os navegadores da Europa do século XVI. Depois de quatro impérios consecutivos da língua inglesa – o britânico, o americano, o da informática e o da internet –, somos os bárbaros do século XXI. Mas temos a nossa literatura, prova de nossa singularidade. Temos o sonho do Quinto Império, preconizado por Antônio Vieira. Temos como antepassados Camões e Fernando Pessoa: "Quem quer passar além do Bojador, tem que passar além da dor". E a língua portuguesa, promulgada por decreto de Dom Dinis, o plantador de naus e de poemas, melhor rei-poeta de que tenho conhecimento, já passou por muitas asperezas, e jamais deixou de navegar.

Hoje vivemos o tempo dos relativismos. Não há mais lugar para qualquer absoluto. Só que o ser humano tem a nostalgia do absoluto. A falta dele nos provoca uma espécie de luto. O luto do absoluto.

A literatura brasileira talvez já possa passar além do Bojador. Possa expressar, sem arrepios nacionalistas, a dor e a alegria do Brasil. Em breve, havemos de encontrar um tempo em que o antagonismo entre nacional e universal seja superado. Havemos de perceber, simultaneamente, a nossa diferença e a nossa universalidade.

JOÃO ALMINO

O Ocidente não existe: universalismo em Amartya Sen e Sergio Paulo Rouanet

Literatura e cultura mundial

Em mais de um trabalho, Sergio Paulo Rouanet tem citado Goethe e Marx a propósito da literatura mundial ou, em sentido mais amplo, da cultura mundial: "'Se nós, alemães, não olharmos além do círculo estreito do nosso próprio horizonte', disse Goethe, numa de suas conversas com Eckermann, [em 1827], 'cairemos facilmente num obscurantismo pedante. Por isso gosto de olhar para o que se faz nos países estrangeiros e aconselho a todos que façam o mesmo. A literatura nacional não quer dizer grande coisa hoje em dia. Chegou a hora da literatura mundial, e cada um de nós deve contribuir para acelerar o advento dessa época'. Anos depois [em 1848], Marx afirmava no *Manifesto Comunista* que 'os produtos intelectuais das diferentes nações se transformam em patrimônio comum. A unilateralidade e a estreiteza nacionais se tornam crescentemente impossíveis, e uma literatura mundial se constitui a partir das várias literaturas nacionais e locais'".

"Nos dois casos", diz Rouanet, "a literatura funciona como alusão metonímica à cultura como um todo." Para ele, em grande medida essa cultura mundial já existe e está se ampliando, na medida em que valores, símbolos e produtos culturais extravasam as fronteiras nacionais e não podem ser reduzidos à soma das culturais nacionais ou ao resultado dos desígnios imperialistas de uma cultura nacional hegemônica. Se é verdade que já entramos na fase da sociedade global irredutível à soma das sociedades nacionais, nesse caso ela teria uma cultura própria.[1]

Poderíamos falar também de uma civilização mundial? Deixo de lado por enquanto a oposição entre civilização e barbárie (a ela voltarei mais adiante).[2] Emprego o termo "civilização" inicialmente no sentido antropológico. Nesse sentido, como mostrou Rouanet num trabalho recente, as civilizações são culturas tomadas em sua maior extensão geográfica, dimensão histórica e generalidade. Para aferir a unidade de uma civilização e, no limite, da civilização mundial, seria suficiente, portanto, analisar as características da cultura, tomada em suas duas acepções: como conjunto de obras e atividades no domínio das artes, e como conjunto de representações coletivas

---

[1] Sergio Paulo Rouanet, "As Duas Vias da Mundialização", publicado na *Folha de S.Paulo*, caderno "Mais!", domingo, 30 de julho de 2000; ver também o ensaio "A Modernidade e o Livro", em *Interrogações* (Rouanet. Rio de Janeiro, Tempo Brasileiro, 2003, p. 55-56); e no mesmo livro, o ensaio "Entre a Modernidade dos Homens e a Modernidade das Tribos", p. 27-28.

[2] Deixo de lado também outro conceito de civilização, utilizado pelos teóricos alemães, em oposição ao de cultura, e igualmente discutido por Rouanet. Para eles, a cultura era a esfera do simbólico, dos valores ideais – a religião, a arte, a literatura –, enquanto a civilização era o lugar da reprodução material da sociedade – a economia e a técnica. O polo que antes era da civilização teria sido ocupado pela cultura, sendo atribuído ao povo alemão. E o polo da barbárie teria sido ocupado pela civilização e era atribuído por esses teóricos aos franceses. A França respondeu e inverteu os valores: era de fato o lugar da civilização, que designava a esfera da moralidade internacional e dos direitos do homem (ver: Sergio Paulo Rouanet, "Civilisation et Civilisations: Un Nouveau Regard". In: *L'Europe et le Legs de l'Occident: XXVIII Conférence de l'Académie de la Latinité – Du 26 au 28 janvier, 2013, Paris, France*. Rio de Janeiro, Educam – Editora Universitária Candido Mendes, 2013, p. 398).

que compreendem crenças, símbolos, valores, bem como predisposições, mentalidades e atitudes.³

As mesmas citações de Goethe e Marx estão na base de um artigo de Franco Moretti para a *New Left Review* intitulado "Conjecturas sobre a Literatura Mundial". Segundo a tese de Moretti, há um sistema literário mundial. Esse sistema é, contudo, "um sistema de variações", no qual as formas ocidentais teriam desempenhado um papel fundamental. Para muitos, à civilização ocidental corresponderia uma literatura ocidental e até mesmo um romance ocidental, cuja tradição, segundo Milan Kundera, em *A Arte do Romance,* teria sido inaugurada, durante a Renascença, na Espanha, por Cervantes. A tese de Moretti é que se "o encontro das formas ocidentais e a realidade local produziu em toda parte um acordo estrutural", esse acordo "estava assumindo diferentes formas". Mesmo que admitamos que textos antigos como *As Mil e Uma Noites* e *O Conto de Genji*, de Lady Murasaki, sejam também formas do romance, isso não invalida uma imagem utilizada por Moretti para o romance moderno: ele seria "uma onda que corre por entre os galhos das tradições locais". Seria uma "literatura nacional para gente que vê árvores; e literatura mundial para gente que vê ondas".⁴

Vou aqui me fixar nas ondas, e não nas árvores, e discutir em especial o papel da chamada civilização ocidental nos processos de universalização. As inter-relações globais e as influências mútuas entre culturas, bem como os processos de universalização e de globalização, não são um fenômeno de hoje. Em diferentes graus, existiram ao longo da história. Amartya Sen, que, diferentemente de Rouanet, não faz distinção entre globalização e universalização – analisarei essa distinção mais adiante –, estima que esses processos não são necessariamente resultado da influência ocidental e que, na verdade, os agentes mais ativos da globalização se localizaram

---

³ Sergio Paulo Rouanet, "Civilisation et Civilisations: Un Nouveau Regard". In: *L'Europe et le Legs de l'Occident: XXVIII Conférence de l'Académie de la Latinité – Du 26 au 28 janvier, 2013, Paris, France.* Rio de Janeiro, Educam – Editora Universitária Candido Mendes, 2013, p. 406 e 407.

⁴ Franco Moretti, "Conjectures on World Literature". In: *New Left Review,* London, n. 1, January-February. 2000.

com frequência fora do Ocidente. Dá como um dos exemplos o ocorrido por volta do ano 1000 d.C., quando a alta tecnologia incluía o papel, a imprensa, o arco, a pólvora, a suspensão de pontas de cadeias de aço, a bússola e a roda de moinho, todos vindo da China. A globalização levou essa tecnologia a todo o mundo, incluindo a Europa. Um movimento similar ocorreu nas matemáticas. O sistema decimal surgiu e se desenvolveu na Índia entre os séculos II d.C e VI d.C; depois foi utilizado pelos matemáticos árabes. Estas inovações matemáticas chegaram à Europa no último quarto do século X e começaram a causar um impacto nos primeiros anos do primeiro milênio, desempenhando um papel destacado na revolução científica que transformou posteriormente a Europa.

Para Sen, a civilização mundial – o termo que ele emprega é "civilização global" – é, portanto, "uma herança do mundo inteiro". "Quando hoje uma matemática de Boston utiliza um algoritmo para resolver um complexo problema computacional, talvez não esteja consciente de que está celebrando o matemático árabe Mohammad Ibn Musa al-Khwarizmi, que viveu na primeira metade do século IX. De fato, a palavra algoritmo provém do nome al-Khwarizmi (e o termo "álgebra", de seu célebre tratado: *Al-Jabrwa al-Muqabilah*)."

Sen ressalta que a impressão do primeiro livro no mundo foi um acontecimento global, que incluiu a China, a Turquia e a Índia, no qual o Ocidente não esteve implicado. A tecnologia da imprensa era chinesa, e o conteúdo era um velho tratado hindu de budismo em sânscrito traduzido ao chinês por um acadêmico de origem meio turca e meio hindu que viveu na parte oriental de Turquistão, chamada Kucha, e emigrou para a China no século V. A impressão do livro data de quatro séculos após a tradução, ou seja, do ano 868 d.C.[5]

Em seu livro *Interrogações*, de 2003, Rouanet usa a expressão cultura mundial ou universal, que seria a cultura da sociedade universal em fase de constituição, retomando uma ideia já presente em *Mal-Estar na Modernidade*,

---

[5] Amartya Sen, *El Valor de la Democracia*. Trad. de Javier Lomeli. Mataró, El Viejo Topo, 2009, p. 98-100.

publicado dez anos antes. Neste último livro, no ensaio intitulado "Elogio do Incesto", afirma que essa cultura é cada vez mais apreensível e sobretudo é apreensível pela literatura. Ela foi gerada em parte pela internacionalização econômica e se constituiu pelo intercâmbio das culturas nacionais, que resultam "em grandíssima parte de contribuições de culturas estrangeiras". A ciência, a arte, a moral e o direito – esferas de valor que integram a cultura, segundo Weber – se universalizaram e continuam se universalizando.[6]

Tanto Sen quanto Rouanet veem de maneira positiva esse processo de universalização. O primeiro acredita que as inter-relações globais têm sido, na maioria dos casos, bastante produtivas para países inteiros, e Rouanet crê que o processo de universalização nos torna menos provincianos e está acompanhado de uma pluralização cultural que preserva a diversidade.

Universalismo e pluralismo

Mas como afastar o risco de uniformização, de extinção de culturas ou de empobrecimento cultural? Rouanet faz uma distinção entre universalismo e globalização; o primeiro favorecendo o pluralismo, e a segunda a homogeneização. Num artigo para o caderno "Mais!", da *Folha de S.Paulo*, intitulado "As Duas Vias da Mundialização", de 30 de julho de 2000, e em seu livro *Interrogações*, de 2003, afirma que a cultura mundial é um encontro tenso de impulsos criadores de sociedades particulares com insumos culturais da sociedade global e é também uma unidade tensa de duas culturas: a global e a universal. Sem a cultura global, a cultura universal não teria os meios técnicos para implantar-se, e sem a cultura universal, a cultura global careceria de conteúdo ético. Enquanto a globalização nivela as particularidades, através da transnacionalização das indústrias culturais e de uma racionalidade de mercado que supõe a criação de espaços homogêneos, a universalização é pluralista, porque seus fins só podem ser atingidos por uma racionalidade comunicativa que supõe o desejo e o poder dos

---

[6] Sergio Paulo Rouanet, *Mal-Estar na Modernidade: Ensaios*. São Paulo, Companhia das Letras, 1993, p. 355, 362-63; idem, *Interrogações*. Rio de Janeiro, Tempo Brasileiro, 2003, p. 14, 33, 37.

sujeitos de defenderem a especificidade de suas formas de vida. Ao mesmo tempo está aberta a sincretismos e formas inéditas de hibridização. A globalização e a particularização seriam as duas faces da modernidade funcional, voltada para a eficácia, enquanto a universalização e a pluralização seriam as duas faces da modernidade emancipatória, voltada para a autonomia. Enquanto a universalização seria o movimento de internacionalização da modernidade emancipatória, a globalização seria o de internacionalização da modernidade funcional.[7]

O pluralismo é necessário à própria universalização, acrescento, pois é a partir do local e do particular que se produzem as inter-relações necessárias às concepções universais. Admitindo-se as afinidades entre o cosmopolitismo e o universalismo, poderíamos dizer, como um estudioso do cosmopolitismo: "O cosmopolitismo é vazio sem provincianismo, e o provincianismo é cego sem o cosmopolitismo".[8]

Iluminismo e universalismo

Ao fazer a defesa do universalismo, Rouanet nadou contra a corrente. A partir da esquerda, criticou não apenas a direita, mas visões equivocadas e dominantes da própria esquerda. E o fez reelaborando ideias da Ilustração dentro de um novo conceito de Iluminismo. Seu livro *Mal-Estar na Modernidade*, de 1993, seria uma tentativa de mostrar como a Ilustração trabalhou com as dimensões da essência humana, da ética universal e da natureza humana. Ela admitia que havia diferenças culturais e de costumes, mas, apesar das diferenças, existia uma Natureza que dava uma coerência a todas as culturas. Já Rousseau, em seu *Discurso Sobre a Desigualdade*, recomendava que se viajassem ao encontro de outros povos

---

[7] Idem, *Interrogações,* op. cit., p. 26, 56-58, 179. Ver também: "As Duas Vias da Mundialização", *Folha de S.Paulo,* caderno "Mais!", domingo, 30 de julho de 2000

[8] Urich Beck, *Qu'Est-ce que le Cosmopolitisme?* Paris, Aubier, 2006 (2004), p. 21. Apud Michel Wieviorka, "Critique de l'Universalisme: Une perspective sociologique". In: Sergio Paulo Rouanet, *Interrogações,* op. cit, p. 57

para "adquirir os conhecimentos universais que não são exclusivamente os de um século ou de um país, mas que, sendo de todos os tempos e lugares, são por assim dizer a ciência comum dos sábios".[9]

A crítica iluminista dispõe de um modelo de homem universal, de um saber universal e de um repertório universal de normas e valores, ou seja, de uma moral universal, que não estão fundados num grupo, numa etnia ou cultura. Seu lugar é o próprio universal. Diz Rouanet: o iluminista "não fala *a partir* da nação, mas a defende quando ela está sendo vítima de uma agressão por parte de outras nações, e pode fazê-lo precisamente porque qualquer forma de agressão injustificada é uma violação de normas universais". "Ele não fala *a partir* de uma etnia, mas é contra qualquer manifestação de racismo, porque esta é uma lesão da dignidade universal do ser humano."

A ideia iluminista é universalista em sua abrangência, pois visa a todos os seres humanos, sem limitações; individualizante em seu foco, pois os sujeitos e os objetos do processo de civilização são indivíduos e não entidades coletivas, e emancipatória em sua intenção, pois esses indivíduos devem aceder à plena autonomia, no tríplice registro do pensamento, da política e da economia.[10]

O Iluminismo tal como proposto por Rouanet é uma utopia. Não se confunde com a Ilustração, que é um fenômeno histórico e europeu. Situa-se no campo das ideias, que podem ser utilizadas como um guia, um farol, em qualquer tempo e lugar.

Relativismo, dinamismo cultural e pensamento crítico

Algumas das reflexões críticas de Rouanet sobre o relativismo – e em especial o relativismo cultural – são ainda da década de 80 e 90 do século passado, mas têm se tornado cada vez mais atuais. Sem terem-se

---

[9] Jean-Jacques Rousseau, *Discours sur l'inégalité parmi les hommes*. Paris, Garnier, 1960, p. 111. Apud Sergio Paulo Rouanet, *Mal-Estar na Modernidade*, op. cit., p. 289.

[10] Sergio Paulo Rouanet, *Mal-Estar na Modernidade: Ensaios*, op. cit., p. 9, 33, 69, 89-90.

modificado ao longo dos anos, têm ganhado atualidade porque as correntes relativistas contra as quais têm lutado somente têm-se engrossado ao longo desses anos. Os particularismos – baseados em religião e nação em especial – têm aguçado disputas políticas e até mesmo alimentado guerras civis e internacionais.

Comecemos com um livro que teve enorme impacto nos meios intelectuais brasileiros quando foi lançado, *As Razões do Iluminismo*, de 1987. Ali Rouanet explica por que a geração de uma cultura autônoma não deve ficar confinada a fronteiras nacionais: a inteligência não tem pátria, a cultura autêntica pode ser estrangeira, a cultura nacional pode ser alienada e, se a cultura é verdadeiramente universal, ela é também *ipso facto* nacional.[11]

Numa entrevista ao caderno "Ideias", do *Jornal do Brasil*, de 24 de setembro de 1988, discute a ideia central do seu próximo livro, que somente seria publicado pela Companhia das Letras em 1993, cujo título provisório era então *A Coruja e o Sambódromo* (título que seria mantido como um capítulo do livro, que veio a ser intitulado *Mal-Estar na Modernidade*). Limitando-me à questão da cultura, já naquela entrevista e depois no livro, Rouanet se opõe à ideia de que somente existem culturas específicas, culturas sempre independentes, conhecimentos restritos a uma nação ou a um povo.

Os particularistas, deterministas culturais, em geral não querem perceber a realidade dinâmica das culturas nem, em maior ou menor grau, seu caráter híbrido. Ora, afirma Rouanet em *Mal-Estar na modernidade*, "cultura é síntese sempre se fazendo, e será tanto mais vigorosa quanto mais diversificados forem os elementos que entrarem nessa síntese".[12] Não se

---

[11] Idem, *As Razões do Iluminismo*. São Paulo, Companhia das Letras, 1987. (Especialmente o ensaio intitulado "O novo Irracionalismo Brasileiro", p. 127-28. Esse ensaio foi publicado originalmente sob o título "Verde-amarelo É a Cor do Nosso Irracionalismo", na *Folha de S.Paulo* ("Folhetim") de 17 de novembro de 1985, e incorpora trechos de artigo posterior, intitulado "Blefando no Molhado", "Folhetim" de 15 de dezembro de 1985. Parte do mesmo ensaio foi publicado em francês, em "Lettre Internationale", *Printemps*, Paris, 1989, com o título de "Le Vert et le Jaune").

[12] Idem, *Mal-Estar na Modernidade: Ensaios*, op. cit., p. 356.

trata de uma ideia restrita às culturas ocidentais. Um professor de estudos islâmicos, por exemplo, redator-chefe da revista *Al Tasamoh* (Tolerância), Abdulrahman Al-Salimi, em seu ensaio "Can Universalism Survive?" [Pode o Universalismo Sobreviver?], afirma que a noção de que "nenhuma cultura na Terra pode permanecer estática todo o tempo" e de que, "ao contrário, elas se esforçam por melhorar", estaria de acordo inclusive com princípios corânicos.[13] Essa natureza dinâmica e sincrética das culturas problematiza, por sua vez, as noções de identidade e de raízes, que supõem uniformidade, paralisia e, quando negam a hibridização, endogamia.

Olhar-se no espelho que mostre o caminho do futuro e não apenas confirme o que são na face imobilizada de seu presente; manter a perspectiva da mudança sem se descaracterizarem, eis o desafio que enfrentam todas as culturas.

Ao condenar as culturas apenas ao que elas são, o relativismo é conservador e avesso à crítica. Para Rouanet, ele desativa a razão ao torná-la relativa, entre outras particularidades, a uma cultura: deixa o pensamento crítico sem instrumentos para criticar os horrores, as perversões e as violências que existem efetivamente. Está a serviço de uma estratégia defensiva diante do vento subversivo do universalismo.

Aqui entra o conceito de "historismo". Ainda em *Mal-Estar na Modernidade*, Rouanet chama de "historista" a atitude ou posição teórica caracterizada pela rejeição do universal e pela exaltação de uma particularidade, investida numa totalidade temporal ou grupal. Para ele, o mais influente dos relativismos históricos é precisamente o cultural, que justifica uma atitude de tolerância com relação às culturas alheias e favorece o *statu quo* por duas vias: a noção de que todos os critérios de julgamento moral se enraízam na cultura e a noção correlata de que não há possibilidade de avaliação intercultural ou transcultural. A particularidade é, assim, uma arma do poder repressivo, e todo historismo é sempre de direita

---

[13] Abdulrahman Al-Salimi, "Can Universalism Survive?", *L'Europe et le Legs de l'Occident: XXVIII Conférence de l'Académie de la Latinité – Du 26 au 28 janvier, 2013, Paris, France*. Rio de Janeiro, Educam – Editora Universitária Candido Mendes, 2013, p. 137.

e protecionista. Protege um patrimônio: a propriedade, a tradição ou a ordem social. Isso não significa preconizar a extinção das particularidades existentes (as tradições culturais se mantêm em sua variedade), nem mesmo o uso metodológico do relativismo para estudar a cultura alheia, mas criticar o uso ideológico de particularidades reais como álibi para a dominação ou como pretexto para silenciar a crítica e a autocrítica. O historiador não se oporia às práticas da Inquisição, pois foram culturalmente condicionadas e faziam sentido na Idade Média cristã. Noutro exemplo, se todos os padrões são culturalmente condicionados, não existindo padrões transculturais de avaliação, como criticar, por exemplo, o nazismo? "Considerar 'igualmente válidos'", diz Rouanet, "o parricídio e a benevolência com os mais velhos, a mutilação clitoriana e a emancipação da mulher, o sacrifício ritual e o respeito aos direitos humanos, não é suspender o julgamento – é aprovar a prática injusta. Não é uma abstenção, e sim um voto a favor do *statu quo*."

Mas poderíamos perguntar: não faria sentido advogar direitos de grupos específicos, como as mulheres ou os negros? A resposta de Rouanet é a de que o que está em jogo nesses casos é um direito de autoexpressão e de autorrealização "dos indivíduos de uma certa etnia e de um certo sexo, que querem emancipar-se da discriminação que sofrem *enquanto seres humanos*, e que só podem fazê-lo através de um modelo de homem universal, *cujos direitos incluem a não-discriminação por motivos de sexo e de raça*".

Em *Mal-Estar na Modernidade*, ele admite que a maior parte do estoque cultural da humanidade escapa ao alcance do universalismo. Porém existe uma base da universalidade: é a uniformidade fundamental que vale para todos os traços da cultura, uniformidade que abrange a "unidade psíquica fundamental do homem, suas vulnerabilidades e inclinações universais, sua fragilidade diante da natureza e sua necessidade de proteção contra a violência social". Existem, por outro lado, normas não generalizáveis, por lesarem interesses fundamentais do gênero humano.[14]

---

[14] Sergio Paulo Rouanet, *Mal-Estar na Modernidade: Ensaios*, op. cit., p. 53-56, 58, 60, 68-71, 85-87, 95, 269, 276, 278.

O universalismo – digo – não é um dado, um conjunto de valores e princípios a serem impostos. É uma abertura ao diálogo e à livre escolha que se coloca à prova no confronto racional entre os indivíduos e entre as culturas. No entanto, os direitos humanos, a liberdade, a tolerância e a democracia, em particular, são valores fundamentais para a própria afirmação das diferenças e a autoafirmação de coletividades étnicas, nacionais, de gênero, que até mesmo o pensamento relativista procura valorizar.

UNIVERSALISMO E DIREITOS HUMANOS

Para Rouanet, a recuperação do universalismo já estaria, aliás, "se dando a partir do movimento pelos direitos humanos, que traz uma doutrina [...] puramente universalista. Não pensa nos direitos de uma raça, de uma casta, de uma classe, mas nos direitos universais de todos os homens [...], os direitos inerentes ao famoso Homem em geral".[15] Como diz Michel Wieviorka, em seu ensaio "Critique de l'Universalisme: Une Perspective Sociologique" [Crítica do Universalismo: Uma Perspectiva Sociológica], "o universal dos direitos do homem [...] é mundial, sem fronteiras".[16]

Amartya Sen também defende a universalidade dos direitos humanos. Nas palavras dele, "na sua forma mais geral, a noção de direitos humanos constrói-se a partir de nossa humanidade compartilhada. Esses direitos não se derivam da cidadania de determinado país, nação ou grupo". Assim, por exemplo, "o direito humano de uma pessoa de não ser torturada é afirmado independentemente do país do qual essa pessoa é cidadã, e também do que o governo daquele país – ou qualquer outro – deseja fazer" e "um estrangeiro não precisa da permissão de um governo repressivo para tentar ajudar a uma pessoa cujas liberdades estão sendo violadas".[17]

---

[15] Sergio Paulo Rouanet, em entrevista ao *Jornal do Brasil*, 24 de setembro de 1988, p. 10-11.

[16] Michel Wieviorka, op. cit., p. 56

[17] Amartya Sen, "Human Rights and Asian Values", *New Republic*, New York, July 14-July 21, 1997.

Agrego a essas ideias que os direitos humanos não são um objetivo que, uma vez alcançado, perde relevância, pois o importante é "o direito a ter direitos", para usar a expressão de Hannah Arendt; é avançar sobre territórios novos, virgens, ter respostas para as novas demandas, expandir o campo do direito, da política, para fazer face a novos desafios.

Mas não seria a doutrina dos direitos humanos precisamente o exemplo de um particularismo da civilização ocidental? "Longe de ser uma ideologia ocidental", afirma Rouanet em seu ensaio "Liberdade Transcultural", publicado no caderno "Mais!", da *Folha de S.Paulo*, em 2001, "a doutrina dos direitos humanos serve para condenar o próprio Ocidente, cujas políticas imperialistas violam o mais elementar dos direitos do homem, o direito a moldar o próprio destino". Serve hoje em dia, acrescento, para condenar práticas racistas na Europa, a pena de morte em Estados norte-americanos, o *status* legal da prisão de Guantánamo e a invasão de privacidade no programa de espionagem do governo norte-americano. Naquele mesmo ensaio, Rouanet cita Amartya Sen para objetar que a liberdade seja um conceito culturalmente condicionado, válido apenas no Ocidente.[18]

A LIBERDADE, A TOLERÂNCIA E A DEMOCRACIA COMO PRINCÍPIOS UNIVERSAIS

Pela importância da reflexão de Sen sobre a liberdade, a tolerância e a democracia como valores universais não intrinsicamente vinculados ao Ocidente, vou diretamente aos textos dele sobre este tema: seu artigo "Human Rights and Asian Values" [Direitos Humanos e Valores Asiáticos], publicado na revista *New Republic*, em 1997; seu livro, de 1999, *Development as Freedom* [Desenvolvimento como Liberdade],

---

[18] Sergio Paulo Rouanet, "Liberdade Transcultural", *Folha de S.Paulo*, caderno "Mais!", domingo, 1º de abril de 2001. Os comentários de Rouanet dizem respeito a ideias de Amartya Sen, desenvolvidas, entre outros, no ensaio "East and West: The Reach of Reason", publicado na *The New York Review of Books* (New York, 2000).

em especial o capítulo sobre "Culture and Human Rights" [Cultura e Direitos Humanos], seu artigo "East and West: The Reach of Reason" [Oriente e Ocidente: O Alcance da Razão], publicado na *The New York Review of Books*, em julho de 2000, e seu livro *El Valor de La Democracia* [O Valor da Democracia], de 2009.[19]

Rouanet concordaria com a afirmação de Amartya Sen de que "muitas características do Iluminismo Europeu podem estar vinculadas a questões que foram levantadas antes – não somente na Europa, mas amplamente pelo mundo".

Quando associamos a civilização ou cultura ocidental predominantemente aos valores da liberdade e da tolerância, estamos falando de um tempo curto da história, ou seja, assimilando à sua "essência" uma característica do Ocidente que surgiu há poucos séculos. Diz Amartya Sen que "há uma tendência substancial para extrapolar para o passado o presente. Valores que o Iluminismo europeu e outros desenvolvimentos relativamente recentes tornaram muito difundidos não podem ser realmente vistos como parte do patrimônio ocidental tal como vivenciado ao longo de milênios. Em resposta à questão 'em que data, em que circunstâncias, a noção de liberdade individual [...] primeiro se tornou explícita no Ocidente', Isaiah Berlin observou: 'Não encontrei evidência convincente de qualquer clara formulação disso no mundo antigo'".[20]

Outra questão é saber se ideias surgidas numa cultura ou civilização devem ser tratadas como sendo intrinsecamente vinculadas a elas. Amartya Sen afirma que não. Podemos admitir, por exemplo, que a liberdade individual foi disseminada a partir da Ilustração, mas isso não torna essa ideia essencial, fundamental ou intrinsecamente (o termo que ele emprega é "*quintessentially*") ocidental, nem é obviamente um impedimento a que

---

[19] Amartya Sen, "Human Rights and Asian Values", op. cit.; Idem, "Culture and Human Rights", In: idem, *Development as Freedom*, Oxford, Oxford University Press, 1999, p. 232-48; Idem, "East and West: The Reach of Reason", *The New York Review of Books*, New York, July 20, 2000; idem, *El valor de la Democracia*. Mataró, El Viejo Topo, 2009.
[20] Idem, "Human Rights and Asian Values", op. cit.

seja assimilada em outras partes. Trata-se de uma ideia que migrou de um país para outro não apenas no âmbito do Ocidente, de maneira semelhante à expansão da organização industrial e da tecnologia moderna, e lembremos, digo eu, que as práticas capitalistas são hoje em dia tão japonesas ou chinesas quanto norte-americanas.

O fato de um elemento cultural não ser autóctone, explica Sen, não invalida sua centralidade em determinada cultura, tal como ocorre com a pimenta longa, o chili, que alguns consideram o ingrediente distintivo da cozinha indiana, presente nos *"curries"*, mas que era desconhecido na Índia até que os portugueses o trouxessem. Ele dá também exemplo no campo da matemática, em que o conceito de "seno" usado na trigonometria e supostamente importado pela Índia dos britânicos, na verdade, havia se originado na Índia e sido discutido em textos do século V, sendo depois assimilado pelos árabes e através deles traduzido ao latim.[21]

Em "East and West: The Reach of Reason", expõe a tese de que não existe fronteira cultural que oponha o Oriente ao Ocidente com base nos valores do uso da razão, da tolerância, da liberdade e do respeito mútuo. Para ele não existe tampouco "desarmonia cultural", que significaria que culturas distintas sistematicamente não tivessem simpatia nem respeito uma pela outra e não fossem capazes de entender uma à outra nem de fazer uso conjunto da razão.

A racionalidade, o liberalismo, as ideias de direito e de justiça, o amor à humanidade – é ainda ele quem afirma – não são predominantemente valores ocidentais. O Ocidente não é a única fonte de ideias liberais e racionais – de escrutínio analítico, debate aberto, tolerância política e concordância em discordar.

Se não utilizarmos um enfoque seletivo e adotarmos uma perspectiva ampla da história, vamos encontrar a tradição autoritária e a tradição libertária nas mais variadas regiões do mundo, e às vezes na mesma região, no mesmo país e no seio do mesmo povo. Sen argumenta que, já que

---

[21] Idem, *Development as Freedom*, op. cit., p. 243-44. Ver também *El Valor de la Democracia*, op. cit., p. 102.

muitos sistemas de valores diferentes e muitos estilos de raciocínio floresceram na Ásia, é possível caracterizar, por exemplo, os "valores asiáticos" de muitas maneiras diferentes. O contraste entre um Ocidente que valorizaria a liberdade e a autonomia e um Oriente que enfatizaria a disciplina e a ordem – ideia que tomou corpo através de citações seletivas de Confúcio – seria difícil de se sustentar ao se compararem as respectivas literaturas.[22]

Escritores clássicos do Ocidente tais como Platão, São Tomás de Aquino e Santo Agostinho priorizaram a ordem e a disciplina, em vez da liberdade. Por outro lado, noutras partes do mundo, encontramos exemplos de pensamento com ênfase na liberdade e na tolerância, bem como em tendências universalistas.

Embora considere primordialmente como fontes históricas do universalismo a Grécia antiga, o Império Romano e o cristianismo, o filósofo francês François Julien, em seu livro *De lo Universal, de lo Uniforme, de lo Común y del Diálogo entre las Culturas* [Do Universal, do Uniforme, do Comum e do Diálogo entre as Culturas], reconhece que a China "a tal ponto se concebe a si mesma como uma cultura do global que simplesmente o julga de entrada como uma evidência dada" e que o universalismo também foi um traço da cultura árabe. A tradição árabe não apenas retomou o debate aberto por Platão, Aristóteles e seus comentaristas mas também levou o universalismo a novos desenvolvimentos, desenvolvimentos que a escolástica não deixará de fazer seus, forjando questões e conceitos que colocarão em marcha a filosofia europeia da época clássica.[23]

Abdulrahman Al-Salimi, no já citado artigo intitulado "Can Universalism Survive?", concordaria com este ponto de vista, ao destacar elementos da história e da cultura islâmicas. Segundo ele, houve na tradição islâmica pensadores isentos que adotaram um enfoque universalista em relação às nações, comunidades e culturas. "Na época medieval", diz, "o

---

[22] Este ponto, que já havia sido levantado em "Human Rights and Asian Values", é retomado por Amartya Sen em "East and West: The Reach of Reason".

[23] François Julien, *De lo Universal, de lo Uniforme, de lo Común y del Diálogo entre las Culturas*. Madrid, Ediciones Siruela, 2010, p. 102, 112, 114.

'universalismo' tornou-se em parte um fenômeno islâmico." "A própria *'ilm al kalam'* ou teologia pode ser descrita como tendo uma 'tendência universalista'." Refere-se a uma conversa relatada pelo *scholar* Umar Ahmad bin Muhammad bin Sa'adi: em encontros de ulemás, participavam distintas seitas islâmicas, ateus, pensadores livres, judeus e cristãos, que debatiam usando argumentos intelectuais, não opiniões ou analogias. Outro exemplo apontado pelo autor é o do bretão Daniel of Morley, que nos finais do século XII viajou à Península Ibérica islâmica em busca de sabedoria. Em suas memórias diz que, após passar por Paris, onde encontrou uma espécie de pensamento petrificado, dirigiu-se a Toledo, para lá ouvir os mais sábios filósofos do mundo. Al-Salimi considera que este é um exemplo de alguém que, em busca de sabedoria, foge da Europa imersa no isolamento em favor do universalismo radiante do Islã. Finalmente refere-se a escritos de Al Tawhidi. Este cita o vizir Ibn Sam'aan, que expunha as características positivas e negativas de diferentes civilizações e culturas, afirmava que cada nação tinha suas virtudes e seus vícios, e todos os povos e grupos sociais e religiosos tinham boas e más características. Al Tawhidi também cita seu xeque – o lógico Abu Sulaiman Al Sijistani – como tendo um enfoque universalista, quando afirmava que todas as nações e comunidades compartilhavam as características boas e más em comum, bem um intelecto comum, mesmo que falassem línguas diferentes, e que a sabedoria não era restrita a uma geração ou tribo, e sim compartilhada por toda a humanidade.[24] A importância atribuída à lógica seria um dos elementos da manifestação desse universalismo islâmico, o que é reconhecido também pelo ensaísta François Julien em seu já citado livro.

Sen, por sua vez, afirma que vários dos líderes históricos na Ásia não apenas enfatizaram a importância da liberdade e da tolerância, mas também tinham teorias claras sobre o porquê dessa importância. Dentro da tradição islâmica, um dos melhores exemplos de tolerância é o de

---

[24] Al-Salimi, op. cit., p. 127-136. As referências a Al Tawhidi foram recolhidas de Abu Hayyan Al Tawhidi, *Al Basaa'ir wa'l Dhakhaa'ir*, 1. Impression. Ed. Widad Al Qadhi. Beirut, Dar Sader. Sem data, Part 1, p. 228; Part 2, p. 163.

Akbar, imperador mongol muçulmano da Índia. Sen relata, com maior ou menor detalhe, em vários de seus textos, entre os quais "Human Rights and Asian Values" e "East and West: The Reach of Reason", as ideias e as políticas daquele imperador, que governou no final do século XVI. Reconhecendo a diversidade de denominações religiosas da Índia, Akbar assentou as fundações do secularismo e da neutralidade religiosa do Estado, que, ele insistia, deviam assegurar que nenhum homem se visse prejudicado por causa de religião, que deveria ser de sua livre escolha. Ele promovia discussões envolvendo filósofos hindus e muçulmanos (xiitas, sunitas e sufis), cristãos, judeus, parses, jainistas, *sikhs* e seguidores da Charvaka, uma das escolas indianas de pensamento ateu que data do sexto século antes de Cristo.

Segundo Akbar, "a busca da razão", em vez da "confiança na tradição", era a maneira de lidar com problemas sociais difíceis. Para ele, a moralidade podia ser guiada pelo raciocínio crítico; ao fazer julgamentos morais, argumentava, não devemos subordinar o raciocínio ao comando religioso, nem depender do "terreno pantanoso da tradição". A razão tinha de ser suprema, já que até mesmo para disputar a validade da razão temos de oferecer razões. Atacado pelos tradicionalistas que arguiam em favor da fé instintiva na tradição islâmica, Akbar comentou: "A busca da razão e a rejeição do tradicionalismo são tão patentes que dispensam a necessidade de argumentar. Se o tradicionalismo fosse correto, os profetas teriam meramente seguido seus próprios precursores (e não trazido novas mensagens)".[25] Diga-se, de passagem, que essa busca da razão condiz com os preceitos do Islã. Já no século VIII os *mu'tazilíes* explicavam o Corão segundo a razão e faziam dela o critério da lei religiosa. No Islã existe um conceito chamado *ijtihad*, que significa diligência própria, raciocínio independente, o esforço de reflexionar por conta própria.

---

[25] M. Athar Ali, "The Perception of India in Akbar and Abu'l Fazl". In: Irfan Habid (ed.), *Akbar and His India*, p. 220, apud Amartya Sen, "East and West", op. cit. Algumas das traduções de textos de Akbar citadas por Sen constam de Akbar Vincent Smith, *The Great Mogul*. Oxford, Oxford University Press/Clarendon Press, 1917, p. 257.

Volto a Amartya Sen. No já citado artigo "East and West", ele diz que nos pronunciamentos de Akbar sobre a necessidade de neutralidade religiosa por parte do Estado, podemos identificar as fundações de um Estado secular que ainda não existia na Índia e em nenhum outro lugar. Portanto, suas conclusões obtidas através do exercício da razão, "codificadas durante 1591 e 1592, tiveram implicações universais". A Europa tinha tanta razão de ouvir aquela mensagem quanto a Índia. As Inquisições ainda vigoravam, e enquanto Akbar escrevia sobre a tolerância religiosa em Agra em 1592, Giordano Bruno era preso por heresia, e finalmente, em 1600, queimado na fogueira no Campo dei Fiori, em Roma.

Akbar convidou muitos intelectuais e artistas hindus para sua corte e até mesmo confiou a um general hindu o comando de suas forças armadas. Em 1582, libertou "todos os escravos imperiais", já que "está além do domínio da justiça e da boa conduta", ele dizia, "tirar proveito da força".

Demonstrando abertura para o mundo, ele afirmou: "não devemos rejeitar uma coisa que foi adotada pelos povos do mundo meramente porque não podemos encontrá-la em nossos livros; senão como podemos progredir?". A observação dizia respeito ao uso do tabaco, que ele experimentou uma única vez, mas o princípio tinha uma implicação mais ampla. E Akbar não foi um exemplo isolado entre os imperadores mongóis. Ao contrário, com a notável exceção de Aurangzeb, eles fornecem bons exemplos tanto da teoria quanto da prática da tolerância política e religiosa.

No capítulo "Culture and Human Rights", de seu livro *Development as Freedom*, Amartya Sen afirma que "para a Índia em particular, a tradição de secularismo pode ser rastreada até a tendência de um pensamento tolerante e pluralista que já havia tomado raiz nos escritos de Amir Khusrau no século XIV bem como nos dramas de Shudraka e na poesia devota não sectária de Kabir, Nanak, Chaitanya e outros". Também na Índia "pode-se apontar a importância das escolas ateias de Carvaka e Lokayata, que se originaram muito antes da era cristã, e produziram uma literatura ateísta durável, influente e vasta", o que é uma indicação da liberdade de pensamento fora da tradição ocidental. Destaca que "a Índia tem o maior volume de escritos ateus e materialistas entre as civilizações antigas, e o sânscrito e o páli têm uma literatura ateia e agnóstica mais vasta do que a existente em qualquer outra tradição clássica". Lembra ademais que "a única religião do mundo que é firmemente agnóstica, ou seja, o budismo, é de origem asiática".[26] No artigo "Human Rights and Asian Values", ressalta o papel do budismo como forma de pensamento, ao frisar a grande importância que a tradição budista atribui à liberdade. Além disso, as tradições de um pensamento anterior com o qual o budismo se relaciona deixam muito espaço para a vontade e a livre escolha. Nessas tradições, "a grandeza da conduta tem que ser atingida na liberdade".

Sen procura demonstrar noutro livro, *El Valor de la Democracia*, que a própria história da democracia é mais ampla do que a tradição ocidental pode fazer crer. Diz que para Tocqueville, embora a grande revolução democrática fosse considerada uma experiência nova, "podia também ser vista, de uma perspectiva mais ampla, como parte da 'tendência mais antiga, contínua e permanente conhecida na história'".

Segundo Sen, a defesa do pluralismo, da diversidade e das liberdades básicas, bem como o fomento e a proteção do debate público em nível político, cultural e social se encontram na história de muitas sociedades, em países como a Índia, a China, o Japão, a Coreia, o Irã, a Turquia, no mundo árabe e em muitas regiões da África. Este patrimônio global nos proporciona bases suficientes para questionar a visão da democracia como forma de ocidentalização.[27] Ele dá exemplos da África, onde a estrutura do império africano implicava "que os reis e chefes de governo governassem com o consentimento popular", onde existe uma tradição de pluralismo e de debate público e onde o autoritarismo foi enormemente influenciado pelo processo de colonização e pela guerra fria. Ali existiriam formas de vida democrática, por exemplo, com a instituição de "*la palabre*", uma maneira de criar diálogo num esforço para resolver conflitos. Cita um caso ocorrido em 1526, quando, "numa troca de descortesias entre os reis do Congo e de Portugal, foi o primeiro, e não o último, que argumentou que

---

[26] Amartya Sen, "Culture and Human Rights", op. cit., p. 245.
[27] Idem, *El Valor de la Democracia*, op. cit., p. 10, 15.

a escravidão era intolerável. O rei Nzinga Mbemba escreveu ao rei português que o comércio de escravos deveria cessar, "porque é nosso desejo que nesses reinos do Congo não haja comércio de escravos nem qualquer mercado de escravos".[28]

Ainda em *O Valor da Democracia*, Sen afirma que "a antiga Grécia" não deve ser "vista como parcela de uma tradição especificamente ocidental". Segundo ele, existe "um elemento implícito de pensamento racista nessa ideia reducionista que enlaça a civilização ocidental com a Grécia antiga. Dessa perspectiva, não há grande dificuldade em ver a godos e visigodos, bem como outros povos europeus como herdeiros da tradição grega ('todos são europeus'), enquanto há uma enorme reticência em levar em conta os vínculos intelectuais da Grécia com o pensamento do antigo Egito, Irã e Índia, apesar do grande interesse que os gregos demonstraram – como registram os estudos contemporâneos – em se lhes acercar (mais do que aos godos, por exemplo)". A isso se acrescente que os clássicos gregos tiveram enorme influência no pensamento árabe e numa matéria mais especializada, nas matemáticas índias, e a excelência do conseguido – o destacado florescimento da filosofia, da literatura, as matemáticas e as ciências árabes – é um tributo à criatividade dos árabes – que estavam abertos à inovação – e ao debate público aberto que empreenderam. E ainda: "Nada nos indica que a experiência grega de governo democrático teve um impacto imediato nos países situados a oeste da Grécia e de Roma – por exemplo, França, Alemanha ou Inglaterra. Em contraste, algumas das cidades da época na Ásia – no Irã, Báctria e Índia – incorporaram elementos democráticos no governo municipal, principalmente devido à influência grega. A cidade de Susa, no sudoeste do Irã, por exemplo, durante vários séculos depois da era de Alexandre contou com um conselho eleito, uma assembleia popular e magistrados propostos pelo conselho e eleitos pela assembleia. Existem também evidências

---

[28] Basil Davidson, *A History of West África 1000-1800*. Harlowe, England, Longman, 1977, p. 286-87, apud Amartya Sen, "East and West: The Reach of Reason", op. cit.

consideráveis de elementos de governo democrático a nível local na Índia e na Báctria no mesmo período".²⁹

A esses exemplos apontados por Sen, agrego que as primeiras assembleias políticas constituídas no Ocidente não se originaram na Inglaterra ou na França, países que foram importantes para a difusão da ideia democrática, e sim na Espanha da época medieval, nas regiões de fronteira entre a ocupação moura e os avanços cristãos, como bem mostrou Carlos Fuentes em seu livro *El Espejo Enterrado* [O Espelho Enterrado].³⁰ Naquelas cidades de fronteira, floresceram as liberdades civis e o autogoverno. Não apenas se criaram assembleias municipais, mas também justiças independentes, e se estabeleceram constituições locais.

Ainda na Espanha, mas em território árabe e islâmico, são vários os exemplos de tolerância religiosa, em especial em relação aos judeus, perseguidos pelos visigodos antes da chegada dos árabes, bem como pelos cristãos nas regiões por estes controladas. Citando María Rosa Menocal, em seu livro *O Ornamento do Mundo*, Amartya Sen afirma que o fato de que Córdoba fora sob o governo muçulmano na Espanha "um sério rival para Bagdá, e talvez um pouco mais do que isso, em sua disputa do título de lugar mais civilizado do mundo", deveu-se à influência conjunta do Califa Adb al-Rahman III e seu vizir judeu Hasdai ibn Shaprut. Entre os exemplos de tolerância, menciona o do médico, rabino, teólogo e filósofo Maimônides, que, ao fugir da perseguição dos judeus na Espanha do século XII, foi buscar abrigo na corte do imperador muçulmano Saladino no Egito, onde obteve uma posição honrosa.³¹ Acrescento o caso do sultão Mohamed V, o construtor do Pátio dos Leões da Alhambra, que em 1367 abrigou em seu reino de Granada centenas de famílias judias que de outra forma teriam caído em mãos de seu inimigo Henrique de Trastamara, depois rei Henrique II, de Castela. No final de seu reinado, em 1391, acolheu muitos refugiados que escapavam do movimento antijudeu nos territórios cristãos. "Exemplos

---

[29] Amartya Sen, *El Valor de la Democracia*, op. cit., p. 22-23, 36.
[30] Carlos Fuentes, *El Espejo Enterrado*. Madrid, Taurus, 2007 [1998], p. 96.
[31] Amartya Sen, *El Valor de la Democracia*, op. cit., p. 29, 88. Também em Amartya Sen, "East and West: The Reach of Reason", op. cit.

semelhantes podem ser encontrados noutras partes da cultura islâmica", diz Sen em *Development as Freedom*. "Os imperadores turcos eram frequentemente mais tolerantes do que seus contemporâneos europeus. Abundantes exemplos disso podem ser encontrados também no Cairo e em Bagdá."[32]

Sen cita casos de tolerância ou de compromisso com a comunicação e o debate públicos em outras partes do mundo, entre os quais o da Constituição dos dezessete artigos do Japão, adotada no ano 604 d.C. e que coincidia em grande medida com o espírito da Carta Magna firmada na Inglaterra seis séculos depois.[33] Um exemplo ainda mais antigo é o do imperador Ashoka, da dinastia Maurya, na Índia, que durante o terceiro século antes de Cristo cobriu o país com inscrições em tabletas de pedra sobre o bom comportamento e o governo sábio, inclusive advogando liberdades básicas para todos (diferentemente de Aristóteles, sem excluir as mulheres nem os escravos). Insistiu em defender que esses direitos devessem ser gozados até mesmo pelos "povos da floresta" que viviam em comunidades pré-agrícolas. Gostava de raciocinar sobre os componentes particulares de cada religião e se manteve fiel ao que chamava de "caminho da razão", insistindo "na necessidade de diálogo aberto e de livre escolha". Segundo Sen, "quanto ao domínio e jurisdição da tolerância, Ashoka era um universalista".[34]

Esses e outros exemplos demonstram que as contribuições para a ideia de democracia, que é realmente nova como valor universal, não são produto de uma cultura específica, se recolhidas na perspectiva de uma história longa.

A classificação segundo os critérios da liberdade e da tolerância

Podemos nos perguntar com Sen: se os valores asiáticos são intrinsecamente autoritários, então Gautama Buddha, Lao-Tzu, Ashoka, Gandhi, Sun Yat-Sen e tantos outros não eram realmente asiáticos? E poderíamos

---

[32] Idem, "Culture and Human Rights", op. cit., p. 239.
[33] Idem, *El Valor de la Democracia*, op. cit., p. 35.
[34] Idem, *Development as Freedom*, op. cit., "Capítulo 10"; "East and West", op. cit.; "Human Rights and Asian Values", op. cit.

acrescentar uma pergunta simétrica a essa: escritores clássicos do Ocidente tais como Platão, Santo Tomás de Aquino e Santo Agostinho, que priorizaram a disciplina e não a liberdade, não foram na realidade ocidentais?

Há uma diferença de ênfase entre Sen e Rouanet: enquanto o primeiro procura mostrar que os processos de universalização e os valores que em geral atribuímos à Ilustração são na verdade compartidos por povos em vários quadrantes do mundo, Rouanet, embora reconhecendo que "a Antiguidade clássica, o cristianismo, a Renascença e a Reforma foram forças poderosíssimas", observa que "de certo modo todas confluíram para a Ilustração e já estão contidas nela", o que justifica tomá-la como fonte de inspiração para a utopia iluminista contemporânea.[35]

Rouanet, contudo, concorda com Sen: em vista da diversidade dentro de cada país, pode ser sensato, quando se fala em liberdade e tolerância, classificar Aristóteles e Ashoka de um lado e, de outro, Platão, Santo Agostinho e Kautilya, um autor hindu do quarto século antes de Cristo, que enfatizou a disciplina e a ordem.[36]

Como diz Rouanet, "Sen mostra que [a tese dos 'valores asiáticos'] resulta da conjunção de duas ideologias, que, parecendo opostas, são na verdade complementares: o etnocentrismo europeu, que reivindica para o Ocidente o monopólio das ideias liberais, afirmando que elas jamais floresceram em outras regiões do mundo, e o nacionalismo autoritário da Ásia, que endossa esse julgamento, transformando-o em avaliação positiva. É claro que a tese é invocada apenas pelos governantes dos países autoritários e não pelos dissidentes, que se contentam, modestamente, com os valores universais".[37] De fato, para ilustrar este ponto, Amartya Sen se pergunta em seu livro *Development as Freedom*: quem interpreta melhor o que o povo de Myanmar deseja? Os militares no poder ou a dissidente Aung San Suu Kyi?[38]

---

[35] Sergio Paulo Rouanet, *Mal-Estar na Modernidade*, op. cit., p. 14.
[36] Amartya Sen, "East and West", op. cit.; *El Valor de la Democracia*, op. cit., p. 87; Sergio Paulo Rouanet, "Liberdade Transcultural", *Folha de S.Paulo*, caderno "Mais!", domingo, 1º de abril de 2001
[37] Sergio Paulo Rouanet, "Liberdade Transcultural", op. cit.
[38] Amartya Sen, "Culture and Human Rights", op. cit., p. 247.

Uma tal classificação que agrupe pensadores a leste e a oeste por afinidades intelectuais desmascara uma das formas assumidas pelo relativismo cultural de nossos dias: aquela que advoga a existência de particularidades que corresponderiam a uma essência da cultura local – às vezes ignorando a própria história ou num movimento reacionário de recuperação de tradições – para defendê-la da ameaça do Ocidente. A ideia da proteção dos valores locais contra o que se presumem ser as influências ocidentais tem servido à opressão e à preservação da desigualdade e das discriminações. Não se trata de uma tendência recente. Na Tunísia, quando se discutia a abolição da escravidão no século XIX, os fundamentalistas de então diziam que se tratava de uma imposição do Ocidente e que era contrária ao Corão (de fato, faz parte da Charia), o que não impediu, contudo, que acabasse predominando a visão universalista. Ainda hoje, basta ouvir o noticiário para recolher exemplos de declarações e políticas danosas aos interesses de minorias dissidentes, declarações e políticas que alegam a necessidade de pautar o comportamento social e as decisões políticas pela cultura do próprio país, como se fosse imutável.

Ao se oporem a essas declarações e políticas, os oprimidos reivindicam "sempre em nome de algum princípio universal", como bem observou François Julien. Isso ocorre porque, enquanto a identidade diferenciada que consiga realizar-se por completo perde consciência de si mesma e se anula, o universal revela um efeito de carência nunca inteiramente satisfeita; ele é a completitude que falta, um chamamento que não se contenta com o mundo dado e que impulsiona, a partir do interior de sua própria limitação, a superação desse mundo, voltando a abrir-se ao ilimitado, ou melhor, ao ilimitável.[39]

Por outro lado, reconheço que os oprimidos podem aceitar sua condição em nome do particularismo cultural. Neste caso estamos diante de uma condição revoltante: aquela que Etienne de la Boétie definia como "servidão voluntária".

---

[39] François Julien, op. cit., p. 136-38.

Universalismo descentrado e transcultural

A mencionada classificação, que abandona os pontos cardeais para se concentrar nas afinidades de ideias, parte de um conceito de universalismo que não é, portanto, europeu nem ocidental; é *descentrado* e *transcultural*. Já Montesquieu, nas suas *Cartas Persas*, mostrava que as categorias universais não tinham pátria; podiam, por exemplo, ser produzidas na Pérsia para serem aplicadas à França. Voltaire, em seu *Ensaio sobre os Costumes*, ao analisar determinados ritos chineses, em que predominava um deísmo ameno e não dogmático, entendia que a China estava mais próxima dos ideais universalistas do que a Europa e que os críticos europeus da China a julgavam a partir de seus próprios preconceitos e não de critérios universais.[40] Montaigne talvez fabulasse ao descrever a crítica implícita dos canibais brasileiros à sociedade europeia da época, mas o pressuposto era válido: a crítica podia ser feita a partir de valores universais. Eles "se indignam", dizia Montaigne, "com a desigualdade das riquezas e se espantam com a paciência dos miseráveis, que suportam a injustiça em vez de incendiarem os palácios de seus opressores".[41]

A morte do Ocidente

Embora o universalismo não seja ocidental e todas as culturas tenham a possibilidade de absorver suas categorias e seus valores, podemos ainda nos perguntar se a civilização ocidental desempenha nos dias atuais um papel proeminente na difusão dos valores universais. Um desafio especial e contemporâneo é o de como enfrentar a percepção em setores conservadores das sociedades islâmicas de que elas estão ameaçadas pelo Ocidente, quando sofrem as pressões de parcelas de seus próprios cidadãos por mudança com base em princípios universais para os quais, se aceitarmos as conclusões de Sen, o Islã também contribuiu.

---

[40] Voltaire, *Essai sur les Moeurs*. Paris, Garnier, 1962, vol. 1, p. 222, Apud Sergio Paulo Rouanet, *Mal-Estar na Modernidade*, op. cit., p. 90.
[41] Sergio Paulo Rouanet, *Mal-Estar na Modernidade*, op. cit., p. 289.

Em primeiro lugar, vários analistas consideram que na atualidade a civilização mundial não é impulsionada apenas pelo Ocidente. É a opinião, por exemplo, de Michel Wieviorka, que em seu ensaio "Critique de l'Universalisme: Une Perspective Sociologique" [Crítica do universalismo. Uma perspectiva sociológica] afirma que entramos numa era de globalização econômica e cultural, bem como de multipolaridade do mundo, na qual a China, a Índia, o Brasil e outros novos países emergentes como a Indonésia põem fim à hegemonia intelectual, política e econômica do Ocidente. Para ele, com os fenômenos migratórios e as novas tecnologias de comunicação, o que era exótico porque longínquo está hoje presente não apenas no coração das sociedades ocidentais, mas também nas "cidades globais". E as antigas colônias não apenas são Estados independentes, mas também capazes de produzir uma reflexividade moderna e de pensar o mundo atual com os instrumentos de que dispõem os antigos colonizadores.[42] Exemplo não citado por ele, mas igualmente pertinente, é o do Japão, cuja difusão da produção tecnológica e cultural rivaliza com a dos principais países ocidentais.

Em segundo lugar, o alcance da chamada civilização ocidental nem sequer é objeto de consenso. Estaria a América Latina, por exemplo, fora, dentro, nas margens ou na periferia do Ocidente ou ainda seria outro Ocidente? Samuel Huntington, em seu famoso e contestável livro sobre o choque das civilizações, concebe uma "civilização latino-americana" distinta da Ocidental, mas há também quem coloque a América Latina dentro do Ocidente. O próprio Sergio Rouanet está entre estes últimos quando afirma, em seu ensaio "Civilização e Civilizações: um Novo Olhar", de 2013, que o Ocidente é, entre outras características, um espaço aberto de intercâmbios e influências, onde Laurence Sterne interage com Machado de Assis, Kafka com Borges, Niemeyer com Le Corbusier, Villa-Lobos com Bach. Existem interações do Ocidente (sobretudo nessa perspectiva ampliada) com as culturas africanas, inclusive com suas religiões; com o Oriente Médio e a Ásia.

---

[42] Michel Wieviorka, op. cit., p. 56, 59.

É necessário também desde já admitir que essa civilização – se é que existe, a isso voltarei – é um produto de influências não apenas greco-romanas e judaico-cristãs, mas também árabes (eles mesmos fundamentais para a difusão do pensamento grego na Europa), indianas e chinesas. Na Itália, como no resto da Europa e do mundo, utilizam-se os números arábicos e não os romanos. Os árabes, por sua vez, ao desenvolverem seu sistema numérico, receberam a influência da Índia. O papel, a imprensa e os livros são originalmente uma invenção da China, e se tornaram aspectos essenciais da civilização ocidental. Além disso, essa civilização não é um conjunto estático e uniforme. Se de um lado o Ocidente está marcado – já vimos que apenas numa escala relativamente curta da história – pela experiência das Luzes, muito especialmente pelos valores da liberdade e da tolerância, nele surgiram regimes ditatoriais e totalitários, como os liderados por Hitler, Mussolini, Franco e Salazar. Dentro de um mesmo país, existem ao mesmo tempo defensores das liberdades e tendências xenófobas e racistas. A civilização ocidental é, portanto, já em si um produto transcultural, dinâmico e de difícil definição.

Embora a civilização mundial seja uma herança do mundo inteiro, "somos constantemente bombardeados", afirma Sen, em "Human Rights and Asian Values", "por generalizações simplificadoras sobre 'civilização ocidental', 'valores asiáticos', 'culturas africanas', e assim por diante. Essas leituras infundadas da história e da civilização não são apenas intelectualmente rasas, elas também acentuam as divisões do mundo em que vivemos". A tese do excepcionalismo europeu, em particular, convida o resto do mundo "não ocidental" a esquecer-se de sua herança no campo da liberdade e da tolerância. Argumenta, além disso, em seu ensaio "East and West: The Reach of Reason", que assumir o ponto de vista de que existe algo essencialmente ocidental em relação a ideias e valores libertários, que seriam relacionados especificamente com a história da Europa, pode ter um efeito amortecedor sobre sua utilização noutros lugares.[43]

---

[43] Amartya Sen, "Human Rights and Asian Values", op. cit,; e "East and West", op. cit.

Neste contexto, lembremos Edward Said, que dizia que o Oriente não existe. Os ideólogos ocidentais fabricaram uma falsa especificidade do que seria o Oriente – especificidade que ele chamou de orientalismo e que vários ideólogos orientais interiorizaram por serem adequadas a seus desígnios autoritários. Podemos dizer que existe também um ocidentalismo, ou seja, uma fabricação de uma falsa especificidade do que chamamos de Ocidente. De certa forma, portanto, e apesar de sua onipresença no noticiário e nas relações internacionais, o Ocidente tampouco existe. Tal como acontece com os valores asiáticos, em relação aos quais existe um acordo perverso entre seus detratores e seus defensores, a ideia simplificadora da civilização ocidental convém tanto aos que reivindicam sua superioridade moral quanto a seus detratores, que montam estratégias de defesa com vistas a preservar práticas autoritárias, contrárias aos direitos humanos, e a adotar políticas conservadoras ou claramente reacionárias.

Admitamos, contudo, que, despido de sua ideologia, o Ocidente exista. Neste caso, poderíamos decretar a sua morte. Não é uma ideia absurda. No já citado ensaio de 2013, intitulado "Civilização e Civilizações: um Novo Olhar", Sergio Paulo Rouanet chegou a imaginá-la, "uma bela morte" que obedecesse "a seu impulso mais profundo, a abertura ao mundo", no qual, para empregar as palavras de Valéry, o poder emissor estivesse unido ao mais intenso poder absorvedor.[44]

Pois bem, se nos fixarmos nas ondas e não nas árvores, teremos a impressão de que essa bela morte já ocorreu e que ela não atingiu apenas o Ocidente. Ela é resultado do universalismo e da civilização mundial, que é algo em constante construção, processo sempre inacabado que recebe as mais diferentes influências, hoje em dia sobretudo as da revolução tecnológica, científica e das informações. O mundo continuará dividido, mas ele não se divide com base nos pontos cardeais. O que divide o mundo são as fronteiras entre a debilidade e o poder, entre a ignorância e o conhecimento, entre a justiça e a injustiça, entre a miséria e a riqueza, entre a tirania e a liberdade. Há quem acredite que existem também fronteiras religiosas,

---

[44] Sergio Paulo Rouanet, "Civilisation et Civilisations", op. cit., p. 410-11, 415.

países com tradição cristã, por exemplo, *vis-à-vis* países com tradição islâmica. Outra falácia. A verdadeira divisão é aquela entre estados laicos, onde se pode professar qualquer religião, e estados teocráticos ou com religião oficial, uns mais e outros menos tolerantes com credos diferentes dos seus. E essas divisões ocorrem dentro de uma mesma civilização mundial em construção. Num primeiro sentido, portanto, às civilizações no plural estaria se substituindo uma civilização no singular – o termo civilização aqui tomado em seu sentido antropológico.

Civilização ou barbárie

Porém também num outro sentido, o que opõe civilização a barbárie, podemos propor, como Sergio Rouanet, que passemos do conceito de civilizações, umas se opondo a outras, ao de civilização no singular, com isso reintroduzindo no conceito de "civilização" sua dimensão valorativa e normativa. O tema já havia sido levantado no primeiro ensaio de seu livro *Mal-Estar na Modernidade,* intitulado "Iluminismo ou Barbárie", uma alusão ao grupo "Socialismo ou barbárie", que se organizou na França em torno principalmente aos filósofos Cornelius Castoriadis e Claude Lefort. Ao opor Iluminismo a barbárie, existe obviamente uma assimilação entre o Iluminismo e a civilização, entendida como a civilização moderna e universal. A primeira seção do ensaio está, aliás, intitulada "A Crise da Civilização Moderna".[45]

Como Rouanet explica em "Civilização e civilizações: um novo olhar", o conceito de civilização já havia sido utilizado de maneira particularista, xenófoba e autoritária, ao ser oposto ao de barbárie. Os gregos se viam como o único povo civilizado. Esse uso perverso do conceito conheceu seu apogeu na idade de ouro do imperialismo europeu, que via os outros povos como se estivessem mergulhados na barbárie. Também foi utilizado pelos Estados Unidos na sua política em relação a outros países do hemisfério e, mais recentemente, após o 11 de Setembro de

---

[45] Idem, *Mal-Estar na Modernidade,* op. cit., p. 9, 12, 43.

2001, por aqueles, também nos Estados Unidos, que consideraram que a "civilização" foi atacada pelo Islã.

Hoje, segundo Rouanet, devemos reintroduzir a antítese, injetando nela uma estrutura de valores universal. No polo da civilização, estariam aqueles – em qualquer lugar do mundo – que lutam pelos direitos humanos e pela democracia; estaria uma utopia não eurocêntrica e universalista de emancipação econômica, política e cultural dos seres humanos, ideia irrealizável, mas insubstituível, pois sem ela nosso percurso seria cego: ideia, para Rouanet, formulada pelas Luzes, mas que, como mostrou Sen, encontrou respaldo em várias tradições culturais. No polo oposto, o da barbárie, estão o crime organizado, as classes dominantes corrompidas e responsáveis pela exclusão social, os terroristas e fundamentalistas (todos eles, das mais variadas tendências). Essa passagem das civilizações no plural para a civilização no singular é possível porque toda civilização particular tem conceitos que permitem a comunicação com o universal. É essa convicção que permitiu que países de distintas culturas e tradições aderissem à Declaração Universal dos Direitos do Homem.[46]

Universalismo e etnocentrismo

A civilização assim entendida coincide com o que, em ensaios anteriores, e muito especialmente em *Mal-Estar na Modernidade*, Rouanet se referiu como o "projeto civilizatório da modernidade". À semelhança do Iluminismo, é uma utopia que se enfrenta às realidades da barbárie. É contrária a todos os etnocentrismos, pelo menos por duas razões básicas apontadas por Rouanet: porque inclui entre seus valores centrais o universalismo, quando todo etnocentrismo é particularismo; e porque elege como sua ética a da autonomia, quando o etnocentrismo nega o preceito kantiano de respeitar a dignidade e a liberdade de todos os homens.

---

[46] Idem, "Civilisation et Civilisations", op. cit., p. 397, 400-01, 403-04, 411-12.

"Quando eu reivindico a recuperação do universal, eu estou justamente tentando recuperar aquela perspectiva que exclui o etnocentrismo", já dizia o filósofo numa entrevista ao *Jornal do Brasil* de 24 de setembro de 1988. A essa ideia ele deu seguimento em vários de seus escritos, inclusive em *Mal-Estar na Modernidade*. Ali, afirma que o iluminista "combate o eurocentrismo, porque é a extrapolação abusiva de uma particularidade que se quer hegemônica. Mas combate também o latinocentrismo, forma equivocada de responder a um particularismo com outro particularismo". O colonialismo e o imperialismo não foram universalistas. "Os ingleses", por exemplo, explica Rouanet, "não eram universalistas demais, e sim de menos. Por não serem universalistas, exportaram para outros povos suas particularidades culturais, transformando num pseudo universal o que na verdade se enraizava em características de tempo e lugar. É o esquema de todos os imperialismos: os valores metropolitanos são transformados, ideologicamente, em valores universais". "Transportando para culturas não europeias os *seus* valores e o *seu* estilo de pensar, o Ocidente burguês acreditava estar levando a essas culturas a razão em si e o pensamento em si. Era o lobo particularista fantasiado com a pele do cordeiro universal." O próprio Iluminismo podia e pode se converter em ideologia.

Uma perspectiva que favoreça o diálogo democrático entre as culturas, sem perder sua dimensão universal, deve ser pragmática o suficiente para reconhecer os limites do possível em cada circunstância histórica, mas ao mesmo tempo suficientemente ambiciosa ao tentar expandir as fronteiras do possível. Este ponto de vista reconhece a necessidade de se distribuir o acesso à universalidade, que pode ser produzida a partir de qualquer lugar. A razão é uma só e universal, mas quem nos dá o direito de dizer que somos nós os únicos a entendê-la e que somos isentos de erro? Ela tem suas histórias locais, que podem e devem ser confrontadas umas com as outras. Há que estar sempre disposto a ouvir o outro.

Para encontrar solução para as divergências e os conflitos sem recurso ao etnocentrismo, Rouanet propõe a intersubjetividade, a teoria da ação comunicativa de Habermas e Apel, na qual "não há etnocentrismo, porque as normas universais não resultam dos preconceitos da cultura ocidental. Elas derivam, seja de uma análise interna das propriedades da comunicação linguística em geral, seja de discursos reais ou simulados em que participam, *virtualiter*, representantes de todos os países e todas as culturas".[47]

Essa visão utópica acena para a possibilidade de que as culturas mais vulneráveis possam proteger-se contra o etnocentrismo e o poder dos mais fortes, estando ao mesmo tempo abertas para receber aquela influência que fará avançar suas correspondentes sociedades na direção da liberdade, da igualdade, da justiça, do desenvolvimento, de melhores relações sociais e da paz. Acena, em suma, na direção da democracia mundial, que, "em sua essência, [...] se dirige a indivíduos, e não a nações ou a culturas".[48]

Na prática – e Rouanet sabe disso – a criação dessa comunidade argumentativa sem fronteiras é de difícil execução. A lógica dos Estados frequentemente é alheia à visão universalista. Ao agirem a partir de interesses, podem ser críticos ou acomodatícios. Intervêm ou deixam de intervir ao pesarem as implicações de suas ações do ponto de vista do aumento ou da redução de seu poder e de considerações de ordem econômica ou militar.

Enquanto a democracia mundial não existe, já seria um avanço importante na perspectiva da civilização no singular a reivindicação da democracia como valor universal nos âmbitos nacionais. Como afirma Amartya Sen, "o consenso geral não é uma condição para a universalidade de um valor. Mais bem a reivindicação de universalidade reside em que a gente, em todas as partes, tenha decidido considerar um determinado valor como universal". O importante é saber se "as pessoas implicadas aprovariam aquele valor caso ele se convertesse em realidade".[49]

---

[47] Idem, *Mal-Estar na Modernidade*, op. cit., p. 9, 44-45, 65, 89-90, 251-52 e 278.
[48] Idem, "A Morte e o Renascimento das Utopias", *Folha de S.Paulo*, caderno "Mais!", domingo, 25 de junho de 2000.
[49] Amartya Sen, *El Valor de la Democracia*, op. cit., p. 37, 79.

O ESCRITOR COMO CIDADÃO DE SEU PAÍS E DO MUNDO

O cidadão do mundo, muitas vezes correndo altos riscos, pode reivindicar direitos em sua própria terra e enunciar críticas ao outro a partir dessa visão universal. No entanto, isso não sugere, como afirma Sen, que "cada um deva intervir constantemente ao proteger e ajudar outros".[50] Não sugere tampouco que, a partir do universalismo, se declare uma guerra aos particularismos, pois nem todos os particularismos são contrários aos ideais universais. "Uma coisa é uma política particularista que recorre ao genocídio para assegurar a supremacia de um grupo étnico", diz Rouanet em *Interrogações*, "e outra é uma política particularista que visa à preservação de uma festa ou uma dança popular", por exemplo.[51] Uma coisa, podemos acrescentar, é o exercício da crítica e da persuasão, e outra é a intervenção armada. Esta somente se justificaria nos casos extremos (de genocídio, por exemplo) e observado o direito internacional. O sistema das Nações Unidas pode e tem se aperfeiçoado com vistas à consecução da paz, mas trata-se de um sistema, em última instância, controlado por alguns poucos países com direito de veto.

Idealmente no seio de cada nação, de cada grupo, de cada situação particular, deve poder emergir a consciência dos valores universais de justiça e de liberdade e observar-se, assim, o princípio da autonomia dos interessados. Não se trata, portanto, de impor, de cima para baixo, sobre povos ou culturas princípios universais, de expandi-los, mas sim de criar condições para que "a fonte do processo de emancipação, pessoal ou coletivo" possa emergir e se legitimar com base no diálogo racional. Não de adotar "princípios que assegurem a inclusão teórica de todos num mesmo universo de regras ou normas", mas de adquirir "valores autorizando a subjetivação individual e a descoberta coletiva de novas possibilidades, de novos horizontes", como Michel Wieviorka argumenta.[52]

---

[50] Idem, "Human Rights and Asian Values", op. cit.
[51] Sergio Paulo Rouanet, *Interrogações,* op. cit., p. 12.
[52] Michel Wieviorka, "Critique de l'Universalisme", op. cit., p. 66.

O escritor é sujeito ideal dessa civilização no singular e da cultura universal a que me referi no começo. De fato, se, enquanto titulares de direitos, os seres humanos devem ser emancipados como indivíduos e não como membros de uma cultura ou de uma nação, com maior razão devemos afirmar que o escritor, como cidadão do mundo comprometido com sua terra e sua história, negocia com sua própria consciência; não tem que aceitar acordos ou compromissos nem se curvar ao poder e, diante da barbárie, tem a responsabilidade de resistir.

O instrumento do escritor é a palavra. Mas é também a liberdade, e por isso sua atividade é perigosa para aqueles que se armam de intolerância e repressão. Não deve estar preocupado com a conveniência ou não do que escreve. Responde apenas por suas próprias convicções.

Isso não significa renunciar a suas culturas particulares, pois a cultura universal, como também mostrou Sergio Paulo Rouanet, é plural. A boa literatura não deve – e em grande medida não pode – se evadir das questões locais, pois o homem é sempre o homem de seu tempo e de seu lugar. Mas o farol do universalismo guiará seu sentido crítico. O escritor não deve se sentir tolhido por um determinismo cultural. Como disse Rouanet em *Mal-Estar na Modernidade*, "o homem não pode viver fora da cultura, mas ela não é o seu destino, e sim um meio para sua liberdade".[53] Acrescento que o escritor está na cultura, mas também faz a cultura. A cultura a que pertence não deve ser a base, uma pré-condição para seu trabalho criativo. Ela aparecerá necessariamente, confirmada ou recriada, como resultado de seu trabalho.

---

[53] Sergio Paulo Rouanet, *Mal-Estar na Modernidade*, op. cit., p. 276.

KENNETH DAVID JACKSON

Weltliteratur e a biblioteca mundial de Machado de Assis

O conceito de *Weltliteratur* encontra no Brasil um exemplo bem desenvolvido no que denomino a "biblioteca mundial" de Machado de Assis. Não se trata apenas da coleção particular de livros do autor, parte da qual existe na biblioteca da Academia Brasileira de Letras, mas uma biblioteca que abrange todos os títulos que leu ou conheceu. As fontes dessa biblioteca geral são os círculos literários, os teatros e os salões de leitura onde o jovem autor começou a devorar tudo que encontrava nas literaturas francesa e portuguesa. Inclui tanto a leitura que o autor fazia nas associações literárias e nas bibliotecas do Rio de Janeiro da época quanto as centenas de referências feitas posteriormente a autores e livros incluídos na obra literária. A biblioteca condicionou o próprio ato criativo, que o levava a reescrever, transformar ou aproveitar-se de materiais encontrados, traçando um amplo panorama de autores de diversas línguas e épocas. Já nas primeiras páginas de *Brás Cubas* menciona Sterne, Stendhal, Xavier de Maistre, Buffon, Corneille, Molière, Bocage, Antônio José da Silva, Shakespeare, Klopstock e as *Mil e Uma Noites*. É um coro de vozes onde Machado é regente, uma coleção enciclopédica de obras que representa o repositório de uma faixa do conhecimento humano, a literatura como arte e a universalidade da escrita. Machado se aproveitou dessa biblioteca em formação, que aumentava através dos anos, não apenas para pesquisa ou referência, mas como síntese criativa de autores e obras ressuscitados *d'outre tombe* que incorporou à sua obra, onde estavam sujeitos a novas leituras e variações. Para o poeta e ensaísta Haroldo de Campos, essa assimilação machadiana era "uma química complicada na qual não era mais possível distinguir o organismo que assimila da matéria assimilada". Machado, o devorador de antecedentes, só se deixava definir e compreender através do mundo da escrita. As numerosas referências e citações que Machado extraiu da biblioteca mundial põem a Europa sob o signo da devoração; antecipam a "Biblioteca de Babel", de Jorge Luis Borges (1941), e o museu imaginário de André Malraux (1947). Contemplam múltiplas possibilidades combinatórias de reinvenção e reescritura, antecipando essa técnica da composição contemporânea. Talvez fosse Agrippino Grieco, mais que ninguém, que se dedicava a desvendar as fontes literárias machadianas, afirmando até que, nas obras, quem era menos presente era o brasileiro. Defendo outra hipótese, que a leitura seletiva do código literário universal, a incorporação de múltiplas fontes sujeitas a variação, faz parte da consciência de *Weltliteratur* do autor e é o que mais o distingue como escritor.

Exemplos de *Weltliteratur*, no sentido de coleção de manuscritos e informações, já existiam no mundo antigo, seja na Biblioteca Real de Alexandria (século III a.C.), seja na *Biblioteca Histórica*, de Diodorus Siculus (60-30 a.C.), seja na *Biblioteca* ou *Myriobiblon*, de Fócio I (820-893), em Constantinopla, sendo uma coleção de sínteses e abreviações de 280 volumes de autores clássicos. Um século antes de Machado, Denis Diderot e Jean Le Rond d'Alembert estavam escrevendo, editando e organizando uma enciclopédia unindo todos os ramos de conhecimento, para documentar a taxonomia da memória, razão e imaginação humanas, com o apoio de mais de trinta enciclopedistas franceses, intelectuais dedicados a espalhar a história e a razão por uma república de letras bem-informada e transoceânica. O seu propósito era transcendental: expor do modo mais exato possível a ordem e a conexão entre os conhecimentos humanos.

Queriam passar esses princípios aos seus descendentes. Em 1907, Machado fez uma reflexão paralela: "O tempo ajudará o tempo, e o que há nele profundo, fino e bem dito conservará o seu grande valor" (7 de julho).

Já com uma visão enciclopédica de textos, talvez inspirada em Diderot, Machado focaliza os livros lidos ou discutidos pelos intelectuais-chave na sua formação, cujos títulos entrariam na sua ficção como contraponto à narrativa, sempre questionados e manipulados com humor e sátira. Adapta "O Delírio" de Brás Cubas, por exemplo, ao "Dialogo della Natura e di un Islandese", de Leopardi. Continua a dialogar com autores e obras bem diversos, complementa a fina observação da vida social e humana do Rio de Janeiro com referências, alusões, traduções ou citações literárias encontradas na grande biblioteca. O personagem Rubião, de *Quincas Borba,* chegou a se achar autor de uma biblioteca imaginária por editar e corrigir tantas frases que "acabou por escrever todos os livros que lera". A fantasia de autoria universal de Rubião marca uma mudança na devoração crítica da herança literária universal, uma vez que a autoria fantasiosa faz uma fusão de "todos os livros que lera", apropriando-se deles e desconstruindo-os com humor e sátira, numa leitura diferencial que assimila e transforma. No conto "O Cônego, ou Metafísica do Estilo", o cônego Matias prepara um sermão num vasto mundo desconhecido de palavras e ideias, no qual vozes remotas se sobrepõem num grande coro, vindas de fontes tão diversas quanto Platão, Spinoza e Santo Tomás de Aquino, porém guiadas por uma afinidade desconhecida. O cônego atribuiu sexo aos elementos do discurso, assim os substantivos e adjetivos se juntavam pela força de sua mútua atração. Falavam de teologia, filosofia, liturgia, geografia, história antiga e moderna, dogmas e sintaxe, todos atraídos por uma lei natural de gramática e procriação, válida através do tempo. A biblioteca de Machado é concebida desse vasto mundo que unia as vozes dos anciãos num Cântico dos Cânticos harmônico ou dissonante, que é repositório de sabedoria e experiência.

Ao contrário do bibliômano das *Memórias Póstumas,* que examina, mas não descobre nada nas suas primeiras edições, Machado é bibliófago, digerindo e transformando a matéria-prima das páginas. Nesse sentido, os vermes se transformam em atores alegóricos inseridos inesperadamente na biblioteca: Brás Cubas dedica as memórias a um deles, antes de encontrar outros, literários, que estão devorando os livros. A referência é a um trabalho de Darwin sobre a criação de mofo vegetal, lido em Londres em 1837, e publicado no livro *Worms* (1881), a partir do trabalho do geólogo Charles Lyell, segundo o qual a natureza se modifica muito lentamente em vista da ação benéfica dos vermes, pois o solo passa cada par de anos pelos seus corpos nivelando-os, tirando as desigualdades. Machado se refere especificamente ao trabalho de Darwin no conto "Um Capítulo de Chapéus" (de *Histórias Sem Data*, 1884), quando Conrado propõe a teoria a Mariana de que os chapéus têm metafísica:

O princípio metafísico é este: – o chapéu é a integração do homem, um prolongamento da cabeça, um complemento decretado *ab eterno*; ninguém o pode trocar sem mutilação. É uma questão profunda que ainda não ocorreu a ninguém. Os sábios têm estudado tudo desde o astro até o verme, ou, para exemplificar bibliograficamente, desde Laplace... (Você nunca leu Laplace?) Desde Laplace e seu *Mecânica Celeste*, até Darwin e seu curioso livro sobre minhocas, e, entretanto, não se lembraram ainda de parar diante do chapéu e estudá-lo por todos os lados. Ninguém advertiu que há uma metafísica do chapéu.

Na "teoria das edições" de Brás Cubas, a vida passa por edições diferentes iguais aos livros, até a última, que o editor dá grátis aos vermes, numa sátira *noir* sobre a qualidade paradoxal da vida. O gordo verme leitor, consultado por Bento Santiago, é ator na alegoria de lisura e nivelamento, efeitos aplicados ao ato de leitura. A resposta do verme poderia ser modificada como alusão à dificuldade de decifrar os significados ocultos: "Meu Senhor... nós não sabemos absolutamente nada dos textos que lemos, nem escolhemos o que lemos, nem amamos ou detestamos o que lemos; nós lemos." A resposta do verme se conforma também aos papéis da humanidade na ópera celeste de Deus e o Diabo, cantada pelo tenor italiano Marcolini no teatro do mundo de *Dom Casmurro*: "Nós não sabemos nada das árias que cantamos, nem escolhemos o que cantamos, nem amamos ou detestamos o que cantamos: nós cantamos."

As referências e citações na prosa de ficção constituem uma seleção híbrida de livros e autores da biblioteca, unidos por temas filosóficos considerados universalmente válidos. O vasto mundo de referência, que reflete as dimensões oceânicas do mundo do império, é um contraponto às condições e personagens locais, que só se podem entender plenamente quando vistas à luz dos grandes modelos e arquétipos aos quais pertencem. Será Machado, nesse sentido, o pai do inventor da obra de arte aberta, codificada por Umberto Eco e Haroldo de Campos quase um século depois? As obras de ficção machadianas se tornam repositórios de uma coleção inusitada de obras e ideias, que o autor cita, altera criativamente, modifica, falsifica ou parodia. As colocações criativas, a presença constante de aforismos, as inferências sutis e os argumentos pouco confiáveis dos narradores têm o efeito de renovar a forma literária e camuflar as operações do autor. Já estamos na presença de técnicas do romance modernista. Se Lawrence Sterne no romance *Tristram Shandy*, modelo de hibridismo citado por Brás Cubas, levantou e misturou matérias de numerosos autores com o fim de tornar o seu romance inimitável, Machado terá seguido o seu exemplo ao importar à cidade-universo do Rio de Janeiro uma biblioteca universal. Desde uma perspectiva luso-brasileira, essa biblioteca, como aquela transferida de Lisboa por D. João VI em 1808, representa uma herança e, talvez, uma expressão tardia do barroco marítimo no Brasil.

As centenas de referências literárias, filosóficas e históricas tecidas na sua ficção apresentam ao leitor uma verdadeira biblioteca de textos e ideias, construção não linear e a-cronológica, constituindo uma estranha narrativa paralela de alusão. Escreve cada vez mais por meio de um ponto de vista distante, alegórico ou mitológico, que focaliza o universal no particular. Essa narrativa oscila entre comédia e tragédia, razão e loucura, inclusão e alienação, gerando tensões dramáticas para os seus enredos. Dessa maneira, cada parte do seu mundo ficcional faz parte de uma totalidade maior, de natureza alegórica e aforística. A incorporação de um cânone ocidental nas suas obras é parte importante da sua modernidade e mesmo da sua originalidade.

As referências que uma biblioteca mundial possibilita tornam-se essenciais, na obra machadiana, a um pleno entendimento da psicologia e da motivação dos personagens. No romance *Dom Casmurro*, por exemplo, encantado com a jovem Capitu e preparando-se para escovar o cabelo dela, Bento Santigo tem a sensação de tocar a cabeça de uma ninfa e escreve o nome da deusa mitológica "Thetis" antes de riscar. Os leitores de Camões reconhecerão o nome da nereida e ninfa do mar que era a grande paixão do gigante Adamastor; quando ele estendia os braços para segurá-la, ela o transformou na rocha gigante do Cabo da África, e continuava a provocá-lo com suas ondas. O mau presságio desse nome, aplicado a Capitu nesse momento erótico, é uma das profundas correntes da sutil descaracterização dela como *femme fatale* destruidora. Outra fantasia de origem clássica contada por Bento no capítulo XL simboliza infidelidade. Lembra-se de ter lido em Tacitus sobre as éguas ibéricas que poderiam conceber do vento; logo sua imaginação vira égua, pronta a confessar a Dona Glória os atos de amor com Capitu, ideia essa varrida pelo vento que teria a vantagem de desqualificá-lo do sacerdócio, ao mesmo tempo que associava Capitu à pan-seminação atmosférica. O corolário do motivo prepara a classificação do futuro filho do casal como estrangeiro ilegítimo semeado pelo vento. Da mesma maneira, a presença dessas referências tem uma função crítica, a de revisitar as fontes de reflexão pertinentes em toda a literatura anterior, como nos lembra João Alexandre Barbosa: "[...] a compreensão literária, só inteiramente efetivada quando preenchida pela variação histórica, haveria de incluir, para melhor incorporação das 'grandes obras', como fonte de conhecimento cultural as reflexões críticas por elas provocadas no curso do tempo" (*A Biblioteca Imaginária*, 16).

A posição social do escritor lhe permitia ver a cidade de fora para dentro e de dentro para fora. Se de um lado Machado é considerado um excêntrico escrevendo à margem do império, do outro encontrou a profissão certa e depois a fama, num vasto mar de letras, reunidas na biblioteca mundial. Fazia viagens ao redor da literatura. O alcance de suas sínteses é patente na lista abrangente de escritores europeus do francês, inglês, italiano, russo e português a quem tem sido comparado. A sua cidade-universo é trágica e indiferente como a de Thomas Hardy; evoca o lado oculto da realidade de Melville, Gogol ou Dostoiévski; os contos denunciam as aparências sociais de um Maupassant; as narrativas lacônicas e concisas têm a qualidade poética de Dickinson; as decepções e os conflitos subconscientes dos personagens lembram a desintegração social de Chekhov; e a profundidade psicológica combina a perversidade de Poe com a compostura dos personagens nos romances de Henry James.

Do repouso da sua biblioteca, Machado pôde escrever de um ponto de vista fora do texto, porque é de muitos textos. Era uma maneira original de desafiar os seus leitores a meditar sobre o significado e a natureza da sua obra num contexto maior. Escreve variações jocosas sobre Hamlet: "Há entre o céu e a terra, Horácio, muitas coisas mais do que sonha a vossa vã dialética"; "Entre o Palácio do Conde dos Arcos e a Rua do Ouvidor há muitas bocas mais do que cuida a vossa inútil estatística".[1] O biógrafo Raimundo Magalhães Jr. o caracterizou como "deturpador de citações".

Cedia a um impulso irreprimível e transferia para o papel ora uma passagem de Coriolanus ou do Hamlet, de Shakespeare, ora um pensamento de Pascal, ora um verso de Molière, de Corneille, de Racine, de Boileau, de André Chernier, de Marceline Desbordes-Valmore, Lamartine, Hugo, Musset, etc., senão de Dante, de Shelley ou de Longfellow. Quando começou a estudar alemão, não se conteve e transferiu para o pé de uma crônica versos de Goethe terminando por uma citação latina...[2]

Machado andava livremente pela biblioteca que guardava na cabeça: a primeira peça publicada, *Queda que as Mulheres Têm para os Tolos*, de 1861, como se sabe, é tradução e adaptação para o palco de uma comédia de Victor Hénaux, *De l'Amour des Femmes pour les Sots* (1859, Liege, Paris), por sua vez uma obra que referencia o *Peti Trité de l'Amour des Femmes pour les Sots* (1788), de Louis Champcenetz (1759-1794).

---

[1] *Quincas Borba*, Capítulo CLXIX; "A Semana", 2 jul. 1893.
[2] In: Raimundo Magalhães Júnior, "Machado de Assis Desconhecido". In: Idem, *Vida e Obra de Machado de Assis*. Rio de Janeiro, Civilização Brasileira, 1981, p. 212.

O poema "Minha Mãe" leva o subtítulo "Imitação de Cowper", do poema "On the Receipt of My Mother's Picture" (1790), popularizado no Brasil por Sainte-Beuve. Da mesma maneira, os oito poemas da "Lira Chinesa", de *Falenas*, constituem exemplo perfeito de uma dupla "transcriação", sendo uma re-escritura livre de traduções livres de poesia chinesa para o francês, de Judith Gautier, que a orientalista de *Le Livre de Jade* (1867), na época principante de língua chinesa, compilou à base de traduções que o Marquis d'Hervey-Saint-Denys publicou em *Poésies de l'Époque des Thang* (Paris, 1862). Entre outras adaptações machadianas: "O Corvo", de Poe, à base da tradução de Baudelaire, o monólogo de Hamlet, a morte de Ofélia e o libreto do *Barbeiro de Sevilha*.

Emendando a frase que abre o capítulo "Das Encomendas", de *Esaú e Jacó*, pode-se chegar a uma hipótese: "Machado não escreveria esta sua obra se ela fosse propriamente das encomendas do mundo ou das relações sociais, mas não é" (Chapter LVII). Ao contrário, Machado buscou os temas dos romances em fontes literárias: versos de Shakespeare, Dante e Goethe; de Sterne a Flaubert; nas cantigas da lírica peninsular, Camões, Bernardim Ribeiro a Almeida Garrett. Juntou gêneros diversos, desde a tradição oral, textos bíblicos e morais, aforismos e provérbios, sátira e ironia, comédia dramática, memórias, *Bildungsroman* e o ensaio filosófico. Esforçava-se por aprender os clássicos universais nas línguas originais. Até parecia que ele mesmo era a biblioteca.

Numa crônica de 1867, Machado declarou que amava os livros e acreditava neles; com a passagem das décadas formou uma biblioteca pessoal considerável no bangalô do Cosme Velho. Lá podia viver e escrever entre o papel e a imaginação, como faria Borges no bairro de Recoleta, em Buenos Aires, algumas décadas depois, documentado nesse depoimento de Maria Kodama: "É verdadeiramente uma biblioteca de Babel, cheia de livros velhos, cuja guarda anterior é riscada de notas na sua pequena letra de mão... Às vezes, como Borges, me pergunto qual é verdadeiro: o mundo que vejo da janela, banhado no esplendor da tarde, ou o suave fulgor do pôr do sol, com a casa que era de Borges na distância, ou o mundo da biblioteca de Babel, com estantes cheias de livros uma vez tocados pelas suas mãos?".³ A biblioteca mundial alexandrina poderia ter sido recriada ao juntar algumas coleções de autores das Américas, como propunha Haroldo de Campos, da capela de Alfonso Reyes, na cidade do México, da biblioteca de Mário de Andrade, na rua Lopes Chaves, em São Paulo, ou da velha casa de Lezama Lima, em La Habana.⁴ Mesmo com a perda de uma parte da coleção de Machado depois da sua morte, Jean-Michel Massa catalogou 723 livros representando onze áreas de conhecimento: grego, latim, a Bíblia e teologia, Orientalismo, história geral, filosofia, psicologia e as literaturas espanhola, italiana, portuguesa, inglesa, alemã, francesa e brasileira.⁵

Para Machado, a vida dos livros é paralela à vida humana: "[...] resta lembrar que a vida dos livros é vária como a dos homens. Uns morrem de vinte, outros de cinquenta, outros de cem anos, ou de noventa e nove.... Muitos há que, passado o século, caem nas bibliotecas, onde a curiosidade os vai ver, e donde podem sair em parte para a história, em parte para os florilégios. Ora, esse prolongamento da vida, curto ou longo, é um pequeno retalho de glória. A imortalidade é que é de poucos".⁶ Os livros simbolizam o começo, a gênese e a regeneração do pensamento e da vida. Com essa ideia na cabeça, Machado revitaliza a literatura mundial, graças às bibliotecas, passando pela arte e filosofia às verdades fundamentais sobre a humanidade e a existência. Cria a sua própria *Weltliteratur*. Resiste aos efeitos corrosivos do tempo e dos costumes e, com o tempo, consegue nos comunicar a sabedoria da experiência pessoal acumulada e as observações que formam uma visão do mundo. Machado não teve nenhuma ilusão de que as verdades tecidas na sua escrita teriam qualquer efeito transformativo nos leitores ou na natureza humana, mas manteve a consciência e a

---

³ Maria Kodama e Matteo Pericoli, "The World in the Library", *The New York Times*, New York, Jan. 1, 2011. (Windows on the World).

⁴ Haroldo de Campos, "Da Razão Antropofágica: A Europa sob o Signo da Devoração", *Colóquio/Letras*, n. 62 (Jul., 1981), p.10-25.

⁵ Jean Michelle Massa, "La Bibliothèque de Machado de Assis," *Revista do Livro*, VI, mar-jun. 1961, p. 223-24.

⁶ In Augusto Meyer, "Introdução", Exposição Machado de Assis, p.14; Machado de Assis, "A Semana", 16/8/1896; *Machado de Assis: Obra Completa*, vol. III. Rio de Janeiro, Nova Aguilar, 2004, p. 724.

confiança no seu valor e nas suas virtudes como arte e filosofia, e na sua condição de obras mestras de uma biblioteca mundial.

Autor de tantas traduções livres e adaptações de obras encontradas numa vida dedicada a leituras, Machado teria gostado de saber talvez que em 1970 a poeta norte-americana Ann Stanford publicou o poema "To Carolina. From the Portuguese of Machado de Assis" em tradução livre para o inglês, feita a pedido da conhecida estudiosa Helen Caldwell para o seu segundo livro sobre o mestre, ainda inédito no Brasil.

LEGENDA DAS FOTOS

1. Adriana Rouanet Bassi, Sergio Paulo Rouanet, Gianni Vattimo, Barbara Freitag Rouanet, Miroslav Milovic, Renato Janine Ribeiro e Wilson Levy Braga.
2. Sergio Paulo Rouanet e Miroslav Milovic.
3. Henrique Honigsztejn, Oswaldo Giacoia Junior e Geraldo Holanda Cavalcanti.
4. Sergio Paulo Rouanet.
5. Candido Mendes e Barbara Freitag Rouanet.
6. Ana Maria Machado, João Almino de Souza, Cristovam Buarque e Sergio Paulo Rouanet.
7. Fernando Henrique Cardoso e Sergio Paulo Rouanet.
8. Candido Antônio José Francisco Mendes de Almeida e Celso Lafer.
9. Convites e crachás dos palestrantes.
10. Candido Antônio José Francisco Mendes de Almeida e Celso Lafer.
11. Programa do Simpósio Internacional Rouanet 80 Anos.
12. Celso Lafer.
13. Adriana Rouanet Bassi, Barbara Freitag Rouanet e Sergio Paulo Rouanet.
14. Adriana Rouanet Bassi, Sergio Paulo Rouanet, Gianni Vattimo, Barbara Freitag Rouanet, Miroslav Milovic, Renato Janine Ribeiro e Wilson Levy Braga.
15. Sergio Paulo Rouanet e Miroslav Milovic.
16. Sergio Paulo Rouanet.
17. Candido Mendes e Barbara Freitag Rouanet.
18. Henrique Honigsztejn, Oswaldo Giacoia Junior e Geraldo Holanda Cavalcanti.
19. Luiz Fernando Gallego.
20. Henrique Honigsztejn, Oswaldo Giacoia Junior, Geraldo Holanda Cavalcanti e Luiz Fernando Gallego.
21. Oswaldo Giacoia Junior.
22. Ana Maria Machado, João Almino de Souza, Cristovam Buarque e Sergio Paulo Rouanet.
23. Antônio Torres e Geraldo Carneiro.
24. Berthold Zilly.
25. Ana Maria Machado.